あなたの予想と馬券を変える
革命競馬

馬券のサバイバル・スキル

こんな人気馬は買うな!

安井涼太

はじめに～「人気馬の取捨」は本命党、穴党いずれにも通じる必須スキル

「32・8％」

皆さんは、この数字が何を示しているかわかりますか？

この数字は、２０１４年から24年10月14日までの1番人気の勝率を指しています。

ちなみに、データがある１９８６年以降の1番人気の勝率まで遡ってみると、その数字は33・５％を記録しています。

年によって若干の誤差はあるものの、これは先ほどの数値とほぼ同じ。

つまり競馬における1番人気は、これからもほぼ30％強の勝率を記録し続けると考えて間違いありません。

なぜ1番人気の成績を示したのかというと、競馬を予想するうえで人気馬の取捨は本命党、穴党いずれにも通ずる必須スキルだからです。

詳しく解説しましょう。

まず、本命党のあなた。

あなたは人気馬の取捨が予想に直結することを、誰よりも理解しているはずです。

●1番人気馬の成績

（1986～2024年10月14日、障害戦含む）

年	総レース数	1着数	2着数	3着数	着外数	勝率	連対率	複勝率
2024年	2759	939	561	345	914	34.0%	54.4%	66.9%
2023年	3456	1142	633	434	1247	33.0%	51.4%	63.9%
2022年	3456	1180	659	422	1195	34.1%	53.2%	65.4%
2021年	3456	1139	639	433	1245	33.0%	51.4%	64.0%
2020年	3456	1111	628	431	1286	32.1%	50.3%	62.8%
2019年	3452	1134	641	461	1216	32.9%	51.4%	64.8%
2018年	3454	1099	665	436	1254	31.8%	51.1%	63.7%
2017年	3455	1158	638	450	1209	33.5%	52.0%	65.0%
2016年	3454	1146	641	456	1211	33.2%	51.7%	64.9%
2015年	3454	1043	679	432	1300	30.2%	49.9%	62.4%
2014年	3451	1129	619	445	1258	32.7%	50.7%	63.5%
2013年	3454	1103	651	419	1281	31.9%	50.8%	62.9%
2012年	3454	1085	688	430	1251	31.4%	51.3%	63.8%
2011年	3453	1096	662	446	1249	31.7%	50.9%	63.8%
2010年	3454	1102	670	446	1236	31.9%	51.3%	64.2%
2009年	3454	1070	688	437	1259	31.0%	50.9%	63.5%
2008年	3452	1142	622	446	1242	33.1%	51.1%	64.0%
2007年	3453	1113	697	444	1199	32.2%	52.4%	65.3%
2006年	3453	1112	677	449	1215	32.2%	51.8%	64.8%
2005年	3446	1164	627	455	1200	33.8%	52.0%	65.2%
2004年	3452	1164	683	446	1159	33.7%	53.5%	66.4%
2003年	3452	1163	686	419	1184	33.7%	53.6%	65.7%
2002年	3452	1184	646	449	1173	34.3%	53.0%	66.0%
2001年	3448	1154	694	421	1179	33.5%	53.6%	65.8%
2000年	3451	1242	643	404	1162	36.0%	54.6%	66.3%
1999年	3415	1154	697	425	1139	33.8%	54.2%	66.6%
1998年	3450	1190	643	434	1183	34.5%	53.1%	65.7%
1997年	3440	1182	700	420	1138	34.4%	54.7%	66.9%
1996年	3435	1180	637	439	1179	34.4%	52.9%	65.7%
1995年	3431	1176	658	442	1155	34.3%	53.5%	66.3%
1994年	3429	1175	675	430	1149	34.3%	54.0%	66.5%
1993年	3425	1180	669	427	1149	34.5%	54.0%	66.5%
1992年	3399	1179	633	450	1137	34.7%	53.3%	66.5%
1991年	3389	1200	681	452	1056	35.4%	55.5%	68.8%
1990年	3353	1133	734	418	1068	33.8%	55.7%	68.1%
1989年	3335	1139	706	408	1082	34.2%	55.3%	67.6%
1988年	3314	1142	640	453	1079	34.5%	53.8%	67.4%
1987年	3297	1184	643	406	1064	35.9%	55.4%	67.7%
1986年	3284	1178	688	399	1019	35.9%	56.8%	69.0%

2024年は特に記載がない限り、データの締めは10月14日。

なぜなら、買うべき人気馬を予想することがあなたの生命線だからです。

必然的に、予想をするうえで最初に人気馬をチェックするでしょう。


続いては穴党のあなた。

もしかしたら、あなたは人気馬の取捨には目をくれないかもしれません。

しかし、基本的に人気馬というのは能力が高いわけで、実際に1番人気はほぼ未来永劫30％強の勝率を記録する可能性が高いと考えられます。

つまり、穴党のあなたは人気馬が勝利しない（あるいは馬券内に来ない）約70％のレースを選ぶ必要があるというわけです。

これで、穴党のあなたにも、人気馬の取捨は重要になることがご理解いただけたかと思います。


1975年にアンドリュー・ベイヤーが提唱したスピード指数を筆頭に、競馬の予想は古くからさまざまな情報、データによって進化してきました。

特に近年は機械学習やディープラーニングといったＡＩ技術の発展により、競馬予想は飛躍的に進歩しているといっても過言ではありません。

そのため、以前なら穴馬として購入できたような馬でも、終わってみれば思ったより配当がつかないなと感じることは少なくありません。

今後も穴馬と呼ばれるような馬は、ドンドン減っていくと予想できます。

ただし、一方でどれだけ競馬予想の精度が上がったところで、1番人気の勝率が示すように馬券内に来る確率は変わりません。

それは、日本競馬がパリミチュエル方式を採用している限り続きます。

詳しくは1章で取り上げる予定ですが、パリミチュエル方式はいわば競馬を予想するすべての人間の集合知。AIでいうところの「特徴量」が競馬を予想するすべての人間の分だけ用意されているため、これを上回る勝率を記録できる指数は知る限り存在しないと思います。

その反面、パリミチュエル方式である以上、人気通りに購入していては「大数の法則」により、確実に控除分だけ負ける仕組みになっています。大数の法則とは、実験（試行）を増やしていくと、真の平均に近づいていくという法則です。

つまり、**最も精度の高い予想は、（控除率の壁を越えられないので）最も負けに近い予想でもある**というわけです。

たまに「回収率を上げるために的中率を下げる」という言葉を聞くこともあるかもしれませんが、それはこういうこと。的中率を上げれば上げるほど、パリミチュエル方式では負けに近づくわけです。

そうなると、競馬を予想するうえで重要になってくるのは、およそ3回に1回勝利し、3回に2回は馬券圏内に入る人気馬の取捨。

買うべき人気馬を選択し、買うべきではない人気馬を消すスキルが問われます。

ありがたいことに、現在netkeibaさんで**「安井涼太の危険な人気馬」**（毎週木曜日の20時公開）という動画を連載させていただいています。

自分でいうのも少し照れますが、好評をいただいているようで、週末には数ある動画の中で毎週のようにランキング1位をいただいています。

いつもご覧いただいている視聴者の皆さまには、この場を借りてお礼を申し上げます。

見たことがないという方は、ぜひこの機会に一度ご覧いただけると幸いです。

また、今秋からYouTubeチャンネル（https://www.youtube.com/@passion_yasui）も開設しましたので、そちらでも全頭診断やプロの競馬予想における考え方を発信していきます。

ぜひチャンネル登録をしていただけると嬉しいです。

本書では私自身がどのようにして買うべき人気馬、買うべきではない「危険な人気馬」を見極めているかについてお伝えできればと思っています。

何度もいいますが、現在の競馬において「人気馬の取捨」は重要な予想スキルです。

ぜひ最後まで、おつき合いいただけますよう、よろしくお願いします。

安井涼太

第1章

数字が証明する「人気馬を買っても儲からない！」

第2章

馬券に直結！危険な人気馬を見つける価値

第3章

スキル①　速い時計が得意か、遅い時計が得意か

第4章

スキル②　逃げ・先行が有利か、差し・追込が有利か

第5章 実践例に学ぶ！ 危険な人気馬の見つけ方

装丁●橋元浩明（sowhat.Inc.）　本文DTP●オフィスモコナ
写真●武田明彦　馬柱●優馬　コースイラスト●アトリエ・プラン
※データ集計期間の締めは、特に断りのない限り2024年10月14日です。
※名称、所属は一部を除いて2024年11月20日時点のものです。
※成績、配当、日程は必ず主催者発行のものと照合してください。
馬券は必ず自己責任において購入お願いいたします。

第1章

数字が証明する「人気馬を買っても儲からない！」

ＪＲＡのオッズは、どのようにして生まれるのか

「はじめに」でも少し触れましたが、ＪＲＡでは海外のブックメーカー方式とは異なり「パリミチュエル方式」というものを採用しています。

ブックメーカー方式というのは名前の通り、ブックメーカー自体が決定したオッズに賭ける方式となります。ブックメーカーは各国にさまざまありますが、代表的なところでは英国最大ともいわれる「ウィリアムヒル」が挙げられるでしょう。１９３４年に英・ブリテン島でギャンブルが公認される同時に設立された伝統のあるブックメーカーです。

もうひとつ、「bet365」はスポーツベッティングの業界では、世界最大といわれるオンラインブックメーカー。ここらあたりが有名かなと思います。

ブックメーカー方式のポイントとしては、先述したように胴元（ブックメーカー）が独自に倍率（オッズ）を決めるため、参加者の売買動向に左右されることはないという点です。

そのため各ブックメーカーによって配当が異なるケースがままあり、客（賭ける側）は自分にとって有利であると判断したブックメーカーと勝負をすることが可能です。

そしてもうひとつ、最大の特徴といえるのが「購入時点での配当率で計算された配当」を受け取ることができる点です。

配当は状況の変化などによって後に変更されることもありますが、馬券を買った時点でのオッズによって払い戻しが行なわれるため、例えば10倍のときに購入して最終オッズが5倍に落ちていたとしても10倍で払い戻されるのです。

このように、ブックメーカー式では**「ブックメーカーが独自にオッズを決めている」**というのが特徴です。

さて日本の競馬。こちらでは、購入時には万馬券だったものが、確定後に万馬券ではなくなっているという経験をした方も多いのではありませんか。

日本で採用されている「パリミチュエル方式」は、主催者が総賭け金から運営にかかる経費や利益を確保してから、その残りを当選者で分配するというスタイルです。

ブックメーカー方式では、主催者が自分のデータなどに基づいて事前にオッズを出して賭け金を集め、当選者にはそれぞれが馬券を買った時点の倍率で支払うのは先ほど解説した通り。その支払い額が賭け金の総額を超えないように、主催者側はオッズの調整をうまく繰り返すわけですが、これが読み違えると損失を被るリスクも発生します。

このようなリスクを回避するために、主催者が損をしない方式こそ、パリミチュエル方式なのです。

パリミチュエル方式では、自分の予想をベースとした馬券を購入しますが、この時点において配当はまだ確定されず、購入額（賭け金）はすべてプールされます。

その後、レースが行なわれ、当選番号と当選者（的中馬券）が確定するという流れ。

ＪＲＡの払戻システム＝パリミチュエル方式

●客の馬券購入

・支持数が多い＝人気馬
・支持数が少ない＝穴馬
⇓
オッズとなって示される

➡

●的中⇒払戻

・オッズ（配当）による金額が払戻となる
・払戻金はレースの賞金や国庫納付、JRAの運営費などを控除され、残った賭け金が充てられる

●JRAの各馬券の控除率

単勝	複勝	枠連	馬連	馬単	ワイド	3連複	3連単	WIN5
20.0%	20.0%	22.5%	22.5%	25.0%	22.5%	25.0%	27.5%	30.0%

例えば、元値100円の場合、単勝・複勝の払戻は控除分の20%を引かれた80円、WIN5なら払戻70円となる。

この時点でプールした金額から、主催者収入として所定の割合（これがいわゆる**控除率**と呼ばれるもの）が差し引かれます。ちなみに、控除率は馬券の種類で異なります（上の表）。

控除された賭け金は運営費などの経費に充てられ、残りのプール金を当選者（客）で分配するという方法になります。

そのため、賭け金の集まり具合や偏りに応じて直前までオッズが変動し、プレイヤー全員の賭けはその変動の影響を受けます。

パリミチュエル方式の最大のポイントは**「オッズは購入者（客）の支持数で決まる」**ということでしょう。

よって、ＪＲＡのオッズというのは、すべての競馬ファンの予想の集合知であり、その予想の結果の割合を示したものだと言い換えることが可能です。

過去データの勝率推移から知る1番人気の正体

では、ここで改めて1番人気の成績をおさらいしましょう。

先ほども解説した通り、オッズがすべての競馬ファンの集合知で

あるとするならば、1番人気馬というのは多くの競馬ファンがさまざまな指数やデータ、経験などを用いて最も勝つ確率が高いと考えた、ひとつの回答といえます。

「はじめに」でも紹介した1番人気の成績を改めて見てみましょう（P3の表）。

1番人気馬の勝率は、1986年～87年には35・9％という非常に高い数値を記録しています。

86年というと、メジロラモーヌが史上初となる牝馬三冠を成し遂げた年になりますね。

ちなみにですが、かつての牝馬三冠というのは桜花賞、オークス、エリザベス女王杯の3つのレースを指していました。

この旧・牝馬三冠を達成したのはメジロラモーヌだけとなります。

オグリキャップを筆頭にタマモクロス、スーパークリーク、イナリワンなどが活躍した88～90年は、1番人気の数値は少し下がりますが、91年には再度35・4％まで上昇。

ちなみに、私が生まれたのは88年。

プロ野球引退後、さまざまな分野で活躍されている斎藤佑樹氏や田中将大投手（楽天イーグルス）、そして今や馬主デビューも果たし我々競馬ファンにもなじみがある柳田悠岐選手（ソフトバンクホークス）と同じ世代です。

通称ハンカチ世代（そこに自分を入れるのもおこがましいですが……）がこの時期であり、生まれた年のダービー馬はサクラチヨノオー。個人的にウマ娘でひいきしています（笑）。

話を戻して、91年はメジロマックイーンが天皇賞（春）を勝利。父メジロティターン、祖父メジロアサマに続き3世代での天皇賞制覇を果たしました。

また同じ91年には、トウカイテイオーがデビューから6戦6勝の無敗で皐月賞と日本ダービーを制覇。父シンボリルドルフに続き無敗の二冠馬が誕生しましたが、残念ながらその後骨折が判明して菊花賞は断念となりました。

この時期は第二次競馬ブームといわれていたこともあり、売り上げの増加に伴い競馬ファンの予想の熱量も高まったことが、91年の1番人気の成績上昇につながったのかもしれません。

そして92年以降は、また34％台で推移。この時期というと、サンデーサイレンスが来日して種牡馬生活がスタートしたタイミングでもあります。いわずと知れた現在の日本競馬を築き上げた歴史的な名馬です。

初年度産駒からフジキセキ、マーベラスサンデーを輩出。

以降もサイレンススズカ、スペシャルウィーク、アドマイヤベガ、エアシャカール、アグネスタキオン、マンハッタンカフェ、ゼンノロブロイといった数多くの名馬を送り出しました。

私にとっても競馬にのめり込むきっかけとなった、一番好きな馬ディープインパクトもサンデーサイレンス産駒ですね。

サンデーサイレンスの登場以降、日本競馬のレベルがグンと引き上げられました。

競走馬全体の能力が底上げされたというイメージで、それによりどの馬にもチャンスが広がったように感じます。

実際に1番人気の成績を見ても、92年以降は徐々に低下。近年の水準でもある33％前後にかなり近づいていています。

そんな中、2000年には検証期間内で最も数値の高い勝率36・0％を記録しています。

この時期に活躍したのが〝世紀末覇王〟テイエムオペラオー。

4歳（当時の馬齢表記は5歳）初戦の京都記念を勝利すると、この年は8戦全勝で天皇賞（春）、宝塚記念、天皇賞（秋）、ジャパンC、有馬記念と中長距離の全GⅠ完全制覇の偉業を達成しました。

世紀末覇王と呼ばれる所以たる活躍は、この時期の競馬ファンにとって思い出深い一年だったのではないでしょうか。

その後は33％前後で推移しているのですが、2009年以降に31％台まで低下しています。

サンデーサイレンスが蹄葉炎を発症し、衰弱性心不全のため死亡したのが02年。産駒は03年生まれがラストクロップとなり、09年には6歳になるため多くのサンデーサイレンス産駒が引退してしまったことも大きく影響しているかと思います。

その後に覇権を握るディープインパクト産駒はまだデビュー前で、キングカメハメハ産駒もまだ2世代目。

09年当時の種牡馬リーディングは、1位がマンハッタンカフェ、2位がアグネスタキオン、3位がダンスインザダーク、4位がシンボリクリスエス、そして5位がクロフネとなっていました（次ページの表1）。

表1●2009年種牡馬リーディング

順位	種牡馬名	毛色	産地	出走	勝馬	出走	勝利	賞金
1	マンハッタンカフェ	青鹿毛	千歳市	261	79	1,122	117	2,556,824,000
2	アグネスタキオン	栗 毛	千歳市	279	77	1,171	108	2,281,986,000
3	ダンスインザダーク	鹿 毛	千歳市	312	85	1,496	103	2,272,624,000
4	シンボリクリスエス	黒鹿毛	米国	283	87	1,394	120	2,230,993,000
5	クロフネ	芦 毛	米国	280	95	1,326	120	2,127,659,000
6	スペシャルウィーク	黒鹿毛	門別町	266	73	1,241	99	2,127,045,000
7	フジキセキ	青鹿毛	千歳市	257	68	1,171	98	2,111,646,000
8	キングカメハメハ	鹿 毛	早来町	228	88	1,097	119	1,721,866,000
9	サクラバクシンオー	鹿 毛	早来町	239	69	1,106	93	1,629,426,000
10	タニノギムレット	鹿 毛	静内町	153	41	767	53	1,600,621,000
11	ステイゴールド	黒鹿毛	白老町	144	36	741	49	1,558,523,000
12	フレンチデピュティ	栗 毛	米国	191	64	871	85	1,397,150,000
13	ネオユニヴァース	鹿 毛	千歳市	202	44	853	61	1,394,897,000
14	ブライアンズタイム	黒鹿毛	米国	180	54	849	71	1,359,453,000
15	タイキシャトル	栗 毛	米国	202	69	933	84	1,302,679,000
16	ジャングルポケット	鹿 毛	早来町	174	45	804	55	1,294,952,000
17	ゴールドアリュール	栗 毛	追分町	141	50	707	67	1,266,893,000
18	アドマイヤベガ	鹿 毛	早来町	69	26	407	36	1,192,937,000
19	マーベラスサンデー	栃栗毛	新冠町	145	38	743	54	1,144,559,000
20	グラスワンダー	栗 毛	米国	161	31	675	44	1,140,028,000

2009 年、不良馬場のダービーを制したロジユニヴァース。父はネオユニヴァースである。

私は血統を予想の重要なファクターとして使用はしていませんが、それでもこれまで競馬を見続けてきただけに、だいたいの血統傾向などは理解しています。

そうして考えた場合に、この並びというのは明らかにスピードに乏しい面々。

サンデーサイレンス・ロスが大きく響いているのが、この時期ということでしょう。


そして、本格的に1番人気の成績が改善されたのが16年。

18年こそ31・8％になっていますが、基本的には33％前後で推移しています。

15～17年は、芝ではドゥラメンテの二冠制覇やゴールドシップの宝塚記念連覇、そしてキタサンブラックがＧⅠ7勝を達成するなどの活躍があります。

さらにダートでも、コパノリッキーがＧⅠ級11勝、ホッコータルマエがやはりＧⅠ級10勝を挙げるなど、毎年のように活躍馬が誕生しました。


特に近年はさらに1番人気の成績が向上しており、22年は勝率34・1％。

24年も本書を執筆時点で勝率は34・0％を記録しています。

２０２０年代には、ワールド・ベスト・レースホース・ランキングにおいてエルコンドルパサーのレーティング１３４ポンドを超える日本調教馬最高の１３５ポンドを獲得し、1年間トップを渡さなかった世界最強馬イクイノックスや、ディープインパクト以来の無敗の三冠馬コントレイルも登場。

牝馬もデアリンタクトにリバティアイランドと２頭の三冠馬が誕生するなど、日本競馬界の盛り上がりは近

2015 年のダービーを1番人気で制したドゥラメンテ。

2016 年、天皇賞（春）を勝ち、前年の菊花賞に次ぐＧＩ勝利となったキタサンブラック。

年、最高峰に達しています。

また、時代を取り巻く名馬としてここまで取り上げてきた馬たちを題材にしたウマ娘の影響もあって、まさに今は第三次競馬ブームといっても過言ではありません。

人が集まればお金が集まり、優秀な人材も集まります。

昨今は競馬ＡＩも増え、競馬予想の分野はますます盛り上がりを見せるでしょう。

そうなると、より人気馬の精度も上がってくるのではないかと予想します。

そして、ここまで1番人気の成績を見てきましたが、全レース、それも毎年この水準の勝率を記録することが並大抵のことではないのは、競馬をする人間からすると想像に難くないでしょう。

すべての指数や予想を網羅しているわけではないので、確実とはいえませんが、「1番人気の馬」は、おそらく世間で提供されているどの能力指数よりも、高い勝率といえるのではないのでしょうか。

もし、1番人気（オッズ）よりも精度の高い能力指数があれば、ぜひ教えてください。

私が知る限り、おそらく全レースを予想して、その勝率が1番人気を超える指数は、ほとんどないんじゃないかと考えています。

確かに強い――だが、人気馬を買っても儲からない

ここまで1番人気の優秀さを解説してきました。

表2●1番人気の回収値

年	単勝回収値	複勝回収値
2024年	77	86
2023年	79	83
2022年	81	84
2021年	79	84
2020年	78	82
2019年	78	83
2018年	74	81
2017年	79	84
2016年	78	84
2015年	75	82
2014年	79	84
2013年	77	83
2012年	75	84
2011年	76	83
2010年	76	84
2009年	74	82
2008年	78	83
2007年	74	83
2006年	76	83
2005年	77	83
2004年	74	82
2003年	75	82
2002年	76	82
2001年	75	82
2000年	79	82
1999年	76	84
1998年	75	81
1997年	75	83
1996年	76	82
1995年	75	83
1994年	75	83
1993年	76	82
1992年	76	83
1991年	76	84
1990年	75	84
1989年	75	84
1988年	74	83
1987年	77	83
1986年	78	85

しかし、1番人気は優秀ではあるものの、これをそのまま利用するだけでは負けてしまいます。

先ほどは1番人気の成績のみを表にしてまとめていましたが、今度は単勝・複勝の回収値を見てみましょう（右の表2）。

このように1番人気の回収値は単勝で平均73円、複勝で79円となっており、100円で馬券を買うと、だいたい20～25円分だけ負ける計算となります。

これが、この章の最初に挙げたパリミチュエル方式の「控除率」と呼ばれるものです。

すでに解説しているように、パリミチュエル方式では主催者収入として所定の割合が引かれます。

それが券種にもよりますが約25％となっており、払戻金として的中者に還元される際にはそれを差し引いた75％分になります。

そして、競馬は普通に購入していれば大数の法則により、控除率の分だけ負けていくというわけです。

もちろん、すでに解説している通り、1番人気の馬は一番強い（可能性が高い）馬であることは間違いありません。

これは過去の成績が物語っています。

そのため、1番人気の馬から馬券を組み立てれば的中することはある程度容易でしょう。

しかし、長期的に見ると日本の競馬がパリミチュエル方式である以上、大数の法則に従いお金は減っていきます。

それは1番人気がいくら強いといっても、勝率は大体33％前後。最も高くても36・0％だからです。

勝率33％だとおよそ3回に1回勝利するという計算になり、単勝オッズで3・4倍以上つく必要がありますが、実際はそこまでオッズがつきません。

また、仮に3・4倍以上ついた場合はその分だけ勝率も下がってしまうわけですから、結果的に同じわけです。

その証拠に、ここまで1番人気全体の成績を見てきましたが、例えば1倍台の馬の場合はいかが

表3●単勝1倍台の成績

総レース	1着	2着	3着	着外	勝率	連対率	複勝率	単回値	複回値
35338	17320	7376	3854	6788	49.0%	69.9%	80.8%	77	88

でしょうか（前ページの表3）。

多くの競馬ファンがこの馬は勝つ！　と自信を持った結果が1倍台の支持になるわけですが……。

結果は1986年以降で勝率49・0％。

おおよそ2回に1回勝つ計算ではありますが、1・9倍だと2回に1回以上勝たなければプラスにはなりません。

この勝率であれば、回収値は100％を下回るのは必然であり、実際に単勝回収値で77円となっています。

単勝オッズ1倍台でGⅠを制した馬には、ディープインパクトやイクイノックス、アーモンドアイなどがいますが、これらの馬でも勝率は100％ではありません。

ましてや、それ以外の平場のレースなどで出現する1倍台の馬の信頼度が下がることは想像に難くないでしょう。

競馬は1レース単体で勝負がつくので、その中で最も勝つ可能性が高いと思われた馬が1倍台になったりすることは往々にして起こりえますが、果たしてその馬がディープインパクトやイクイノックス、アーモンドアイのように信頼できるのか？　ということは、しっかりと考える必要があります。

2024年GⅠの1番人気馬は果たして……

それではこの章の最後に、2024年の秋華賞までのGⅠ（芝・ダート限定）における1番人気の成績とレースについて確認してみましょう（下の表４）。

まずは１番人気の成績ですが、期間内で**３勝・２着４回・３着１回・着外６回**という成績。

２回に１回は馬券内に好走しているので馬券を当てるという意味では、悪くない結果ではありますが、単勝回収値が54円で複勝回収値が65円。

馬券で儲けるという観点からは決して褒（ほ）められる結果ではありません。

フェブラリーSで１番人気に支持されたのはオメガギネス。

デビューから４戦して連対を外していないという底を見せていない点が評価されたわけですが、この時点で重賞未勝利ということを考えれば過剰人気は否めませんでした。

レースは前半３ハロン33・９秒のハイペースを先行する形で直線失速し、14着と大敗しています。

勝ったのは11番人気のペプチドナイル。

２着に５番人気ガイアフォース、３着に13番人気のセキフウが入線と大波乱となり、３連単は１５３万馬券の超特大馬券が発生しました。

表４●2024年ＧⅠ【１番人気】成績

レース名	１番人気馬名	着順
秋華賞	チェルヴィニア	1
スプリンターズS	サトノレーヴ	7
宝塚記念	ドウデュース	6
安田記念	ロマンチックウォリアー	1
日本ダービー	ジャスティンミラノ	2
オークス	ステレンボッシュ	2
ヴィクトリアマイル	マスクトディーヴァ	3
NHKマイルC	アスコリピチェーノ	2
天皇賞(春)	テーオーロイヤル	1
皐月賞	レガレイラ	6
桜花賞	アスコリピチェーノ	2
大阪杯	タスティエーラ	11
高松宮記念	ルガル	10
フェブラリーS	オメガギネス	14

10月13日秋華賞まで

2024年GⅠ－①●2月18日・フェブラリーS（東京ダ1600m）

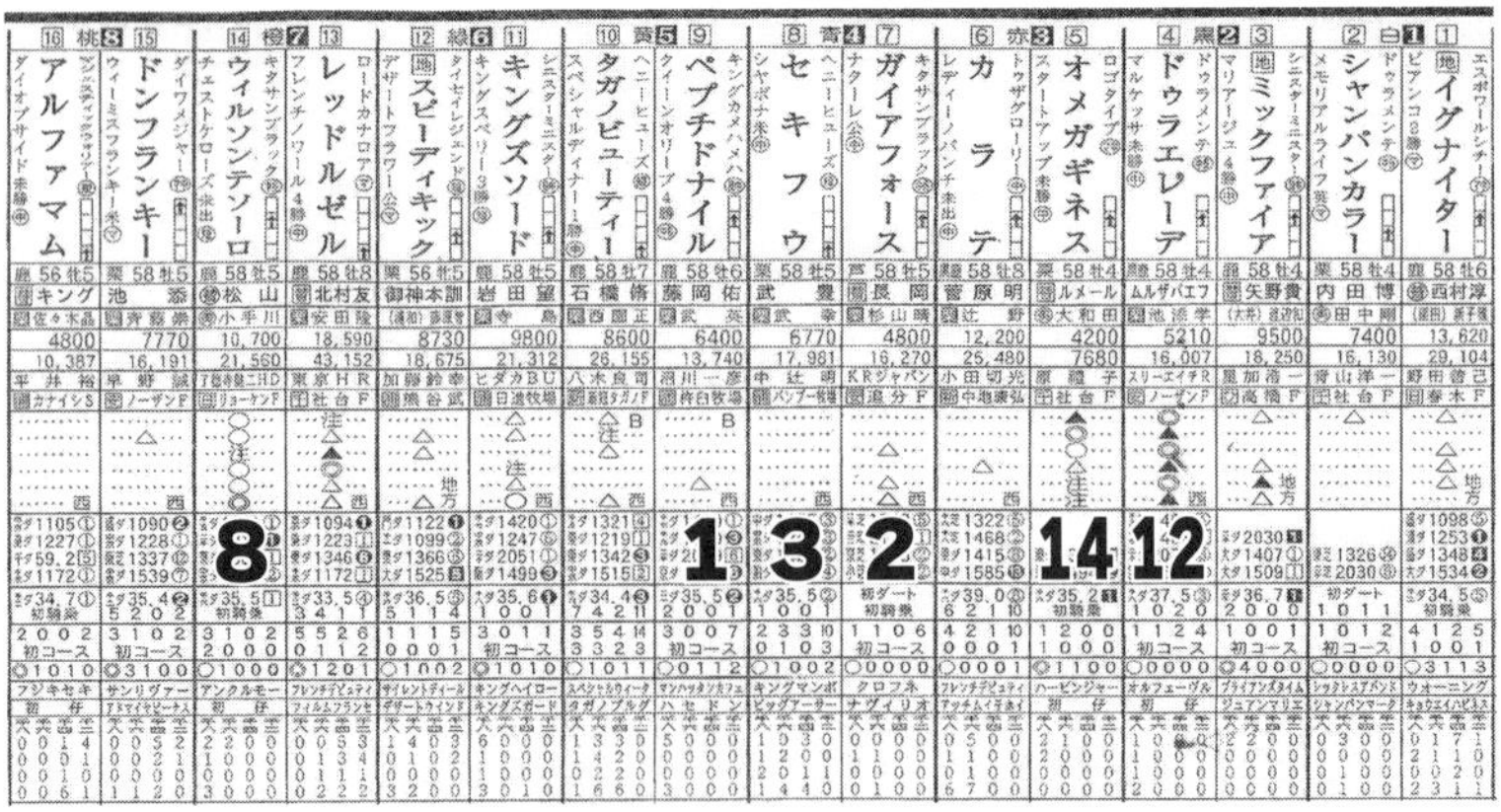

1番人気⑤オメガギネス⇒14着

2番人気⑭ウィルソンテソーロ⇒8着

3番人気④ドゥラエレーデ⇒12着

単勝⑨3800円　複勝⑨850円　⑦510円　⑧1030円

馬連⑦－⑨27850円　運単⑨→⑦62030円

3連複⑦⑧⑨197060円　3連単⑨→⑦→⑧1530500円

2024年GⅠ－②●3月24日・高松宮記念（中京芝1200m）

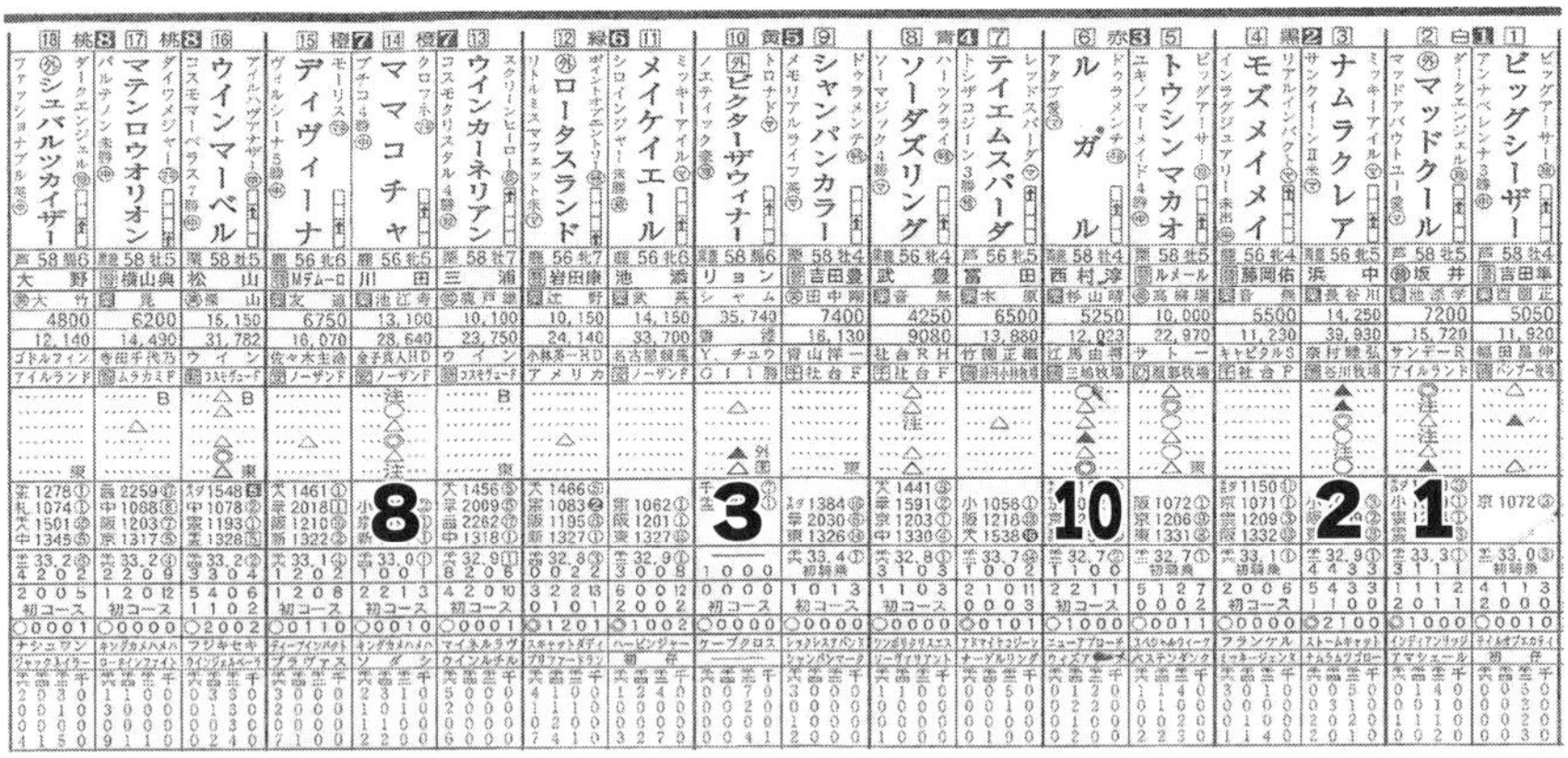

1番人気⑥ルガル⇒10着

2番人気③ナムラクレア⇒2着

3番人気⑭ママコチャ⇒8着

単勝②960円　複勝②300円　③180円　⑩340円

馬連②－③2110円　馬単②→③4920円

3連複②③⑩10020円　3連単②→③→⑩58740円

2024年GⅠ－③●3月31日・大阪杯(阪神芝2000m)

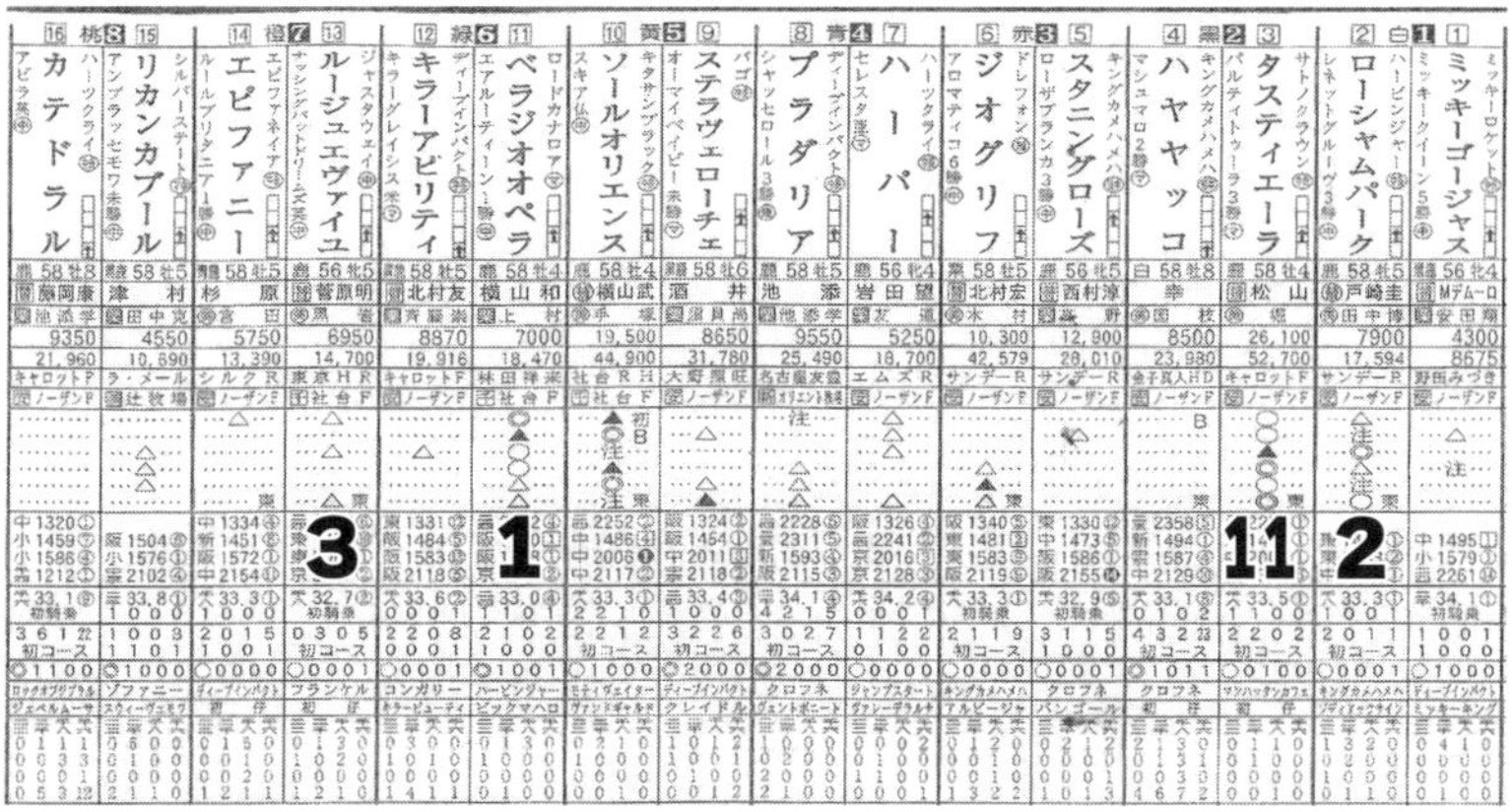

1番人気③タスティエーラ⇒11着

2番人気⑪ベラジオオペラ⇒1着

3番人気②ローシャムパーク⇒2着

単勝⑪550円　複勝⑪220円　②250円　⑬730円

馬連②－⑪1930円　馬単⑪→②3720円

3連複②⑪⑬22720円　3連単⑪→②→⑬93050円

2024年GⅠ－④●4月7日・桜花賞(阪神芝1600m)

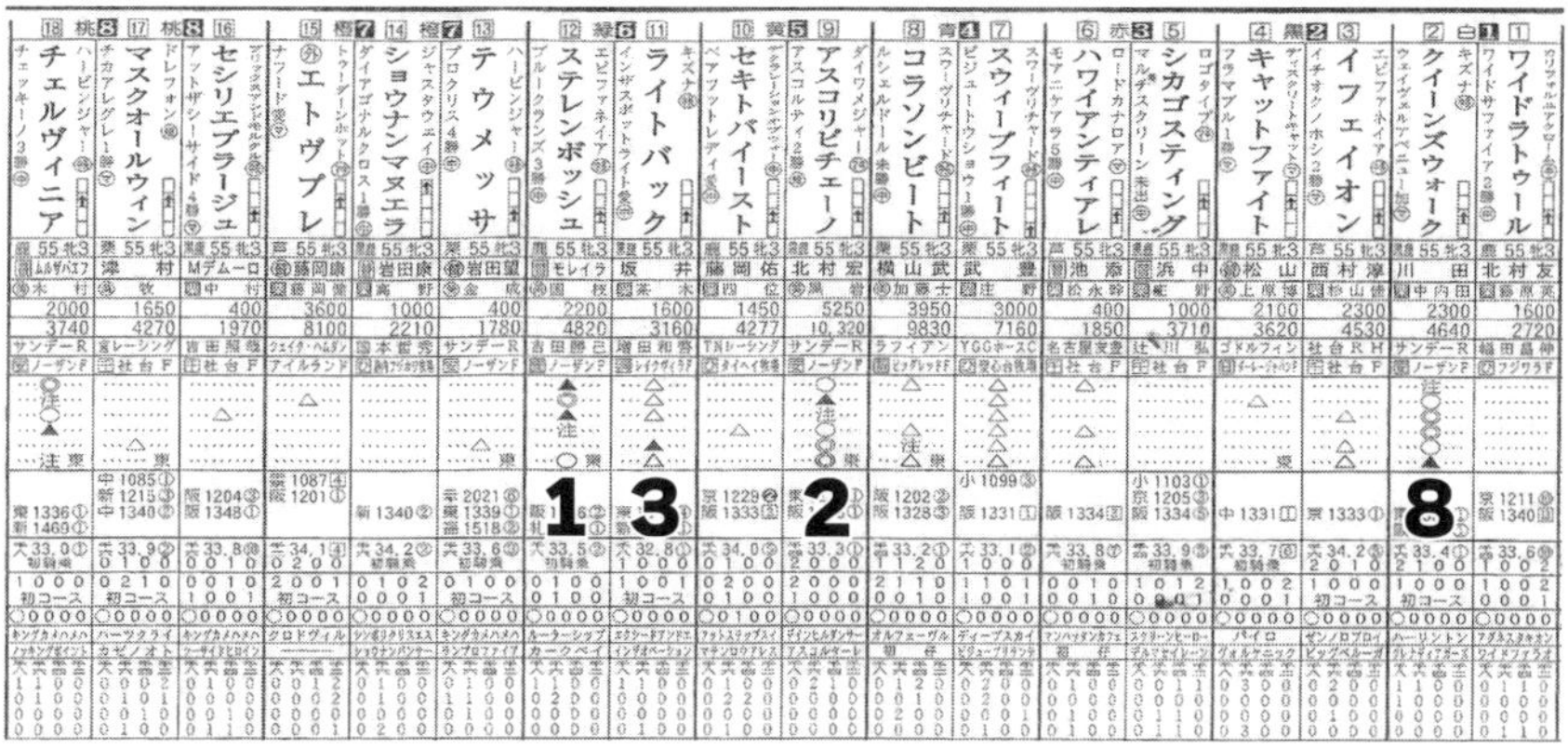

1番人気⑨アスコリピチェーノ⇒2着

2番人気⑫ステレンボッシュ⇒1着

3番人気②クイーンズウォーク⇒8着

単勝⑫430円　複勝⑫150円　⑨140円　⑪340円

馬連⑨－⑫620円　馬単⑫→⑨1240円

3連複⑨⑪⑫3260円　3連単⑫→⑨→⑪11470円

高松宮記念はルガルが1番人気。

3歳時に葵S2着、京阪杯2着と重賞で好走し、年明け初戦のシルクロードSを0・5秒差の圧勝。

一気にスプリント路線の注目株になり、GⅠでも1番人気に支持されることになりました。

しかしレースは、例年道悪になりやすい時期ということもあり、24年も重馬場に。

さらにレース中に骨折もしていたと判明し、不運も重なった結果、10着に敗れてしまいました。

勝ったマッドクールは6番人気で、2着ナムラクレアが2番人気。3着には3番人気の香港馬ビクターザウィナーが入線して、3連単は5万8740円となりました。


大阪杯で1番人気に支持されたのはタスティエーラ。

前年の3歳クラシック路線では皐月賞2着、日本ダービー1着、菊花賞2着とすべて連対。有馬記念でも不利を受けながら6着と強い競馬をしており、実績的には文句なしの1番人気といえるでしょう。

ただ、初の関西遠征ということもあったのか実力を発揮できず、11着と見せ場なし。

勝ったのは、同じ4歳馬の2番人気ベラジオオペラで、2着には3番人気ローシャムパーク。

そして3着には11番人気と人気薄のルージュエヴァイユが入線して、3連単は9万9050円の高配当となりました。


桜花賞で1番人気となったのはアスコリピチェーノ。

新潟2歳S、阪神JFを制して最優秀2歳牝馬に選ばれた素質馬で、3歳初戦となった桜花賞はゴール前わずかに及ばなかったものの、２着に好走しています。

勝利したステレンボッシュは２番人気で、昨年の阪神ＪＦにおいてもアスコリピチェーノと接戦を演じていました。

ここは人気馬２頭で決着しましたが、３着には７番人気だったライトバックが入線しています。


皐月賞で１番人気に支持されたのはレガレイラ。

牝馬による牡馬クラシック参戦が話題となりましたが、同じ舞台で行なわれる前年のＧⅠホープフルＳの勝ち馬ということで実績的には問題なし。

１番人気の評価もやむなしといったところでしたが、成長を見せるこの時期が影響したのか、それともルメール騎手が怪我により騎乗できなかったことが響いたのか、結果は６着まで。

勝ったのは、２戦２勝で共同通信杯を制したジャスティンミラノ。

２着には７番人気の伏兵コスモキュランダが台頭しましたが、３着は３番人気ジャンタルマンタルが入線しました。

当時のレコード記録ということもあり、今春のＧⅠの中でも記憶に残る一戦だったかなと思います。


天皇賞（春）で１番人気に支持されたのはテーオーロイヤル。

22年ジャパンＣ以来、長らく休養していましたが23年アルゼンチン共和国杯で復帰を果たすと、３戦目のダイヤモンドＳと４戦目の阪神大賞典を連勝。

2024年GⅠ－⑤●4月14日・皐月賞(中山芝2000m)

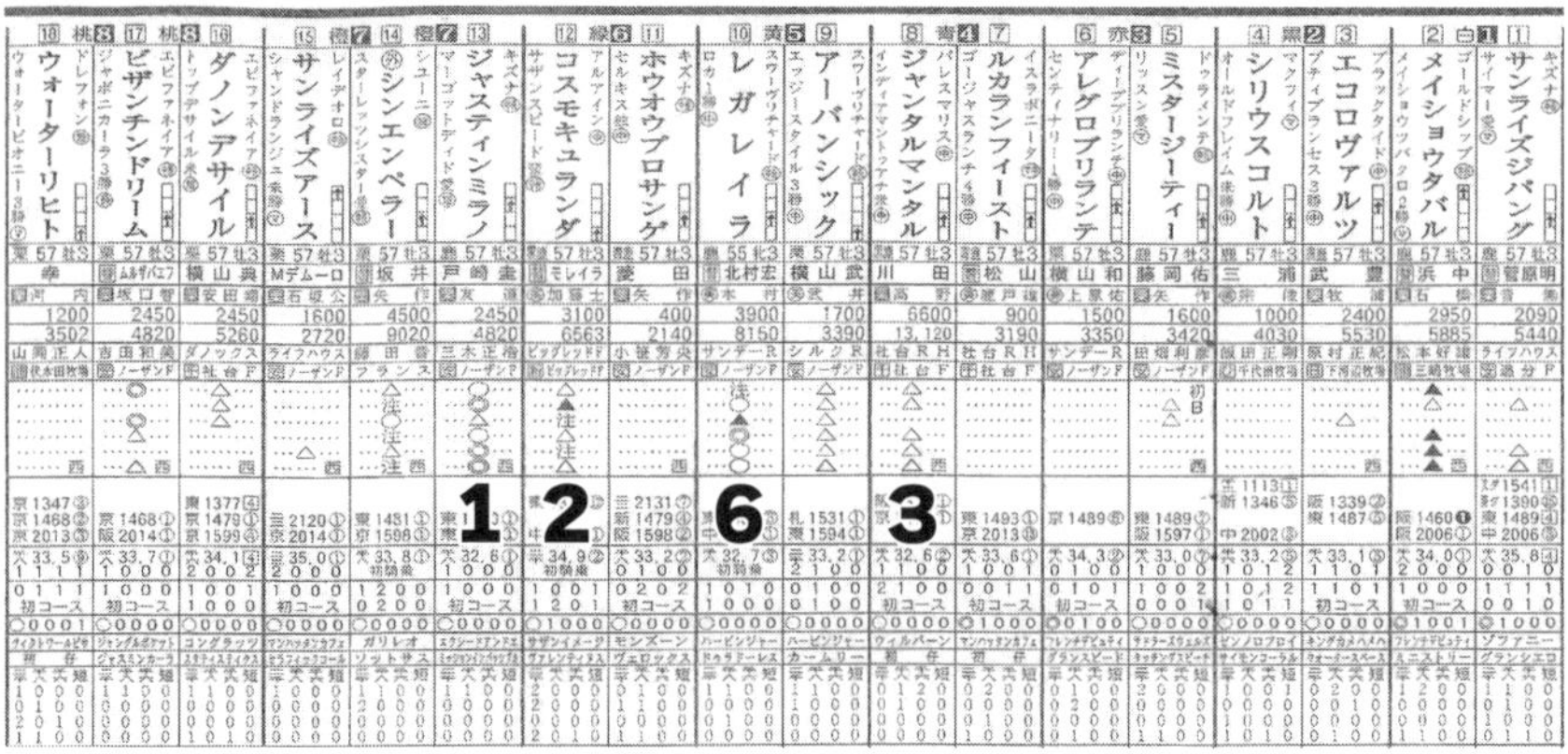

1番人気⑩レガレイラ⇒6着

2番人気⑬ジャスティンミラノ⇒1着

3番人気⑧ジャンタルマンタル⇒3着

単勝⑬480円　複勝⑬220円　⑫390円　⑧220円

馬連⑫－⑬3550円　馬単⑬→⑫5570円

3連複⑧⑫⑬5940円　3連単⑬→⑫→⑧29240円

2024年GⅠ－⑥●4月28日・天皇賞(春)(京都芝3200m)

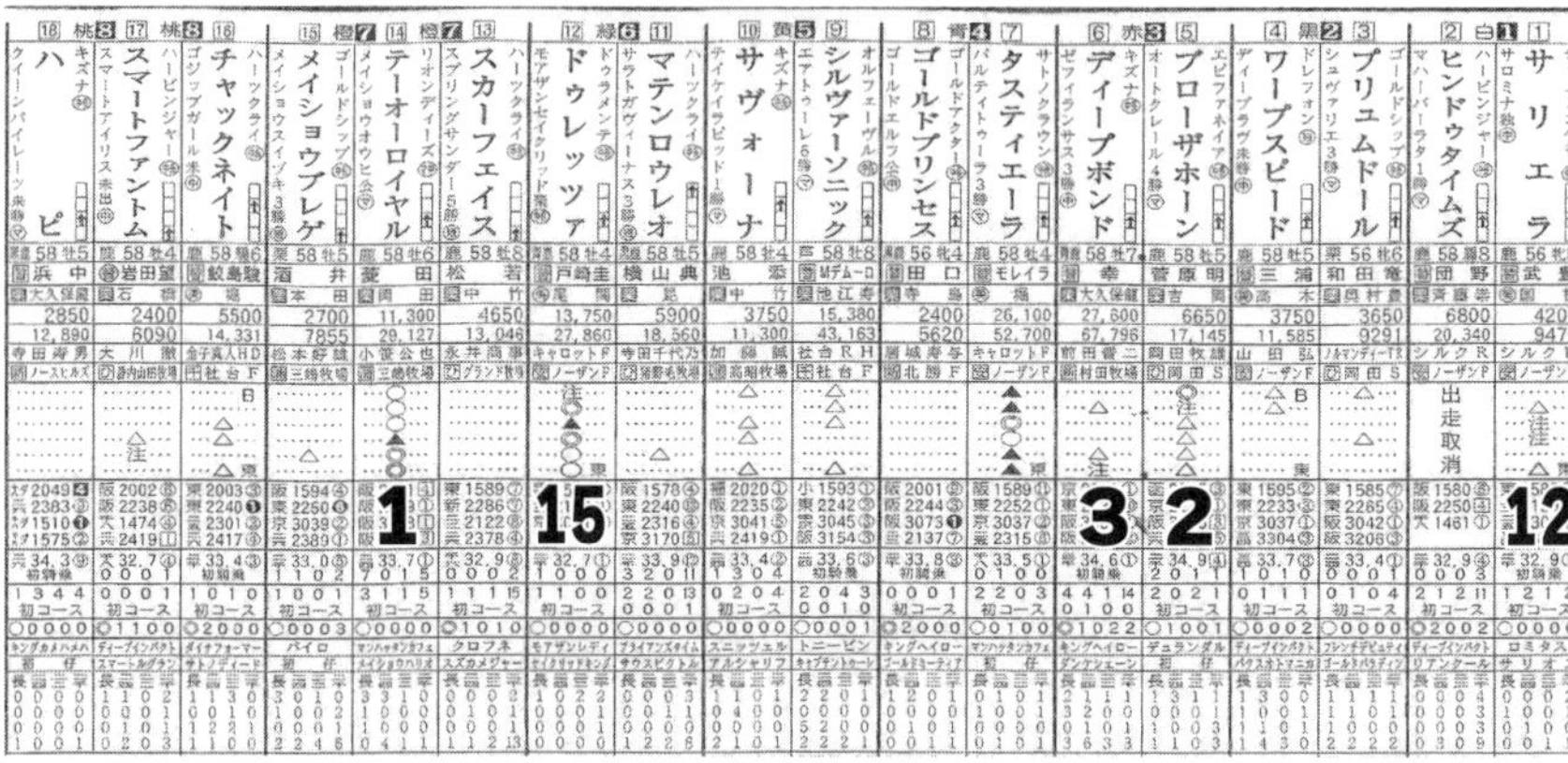

1番人気⑭テーオーロイヤル⇒1着

2番人気⑫ドゥレッツァ⇒15着

3番人気①サリエラ⇒12着

単勝⑭280円　複勝⑭140円　⑤250円　⑥490円

馬連⑤－⑭1070円　馬単⑭→⑤1450円

3連複⑤⑥⑭7750円　3連単⑭→⑤→⑥23960円

2024年GⅠ－⑦●5月5日・NHKマイルC（東京芝1600m）

馬番	馬名	騎手	着順
1	ダノンマッキンリー	北村友	
2	ノーブルロジャー	松山	
3	ディスペランツァ	鮫島駿	
4	イフェイオン	西村淳	
5	ボンドガール	武豊	17
6	ロジリオン	戸崎圭	3
7	チャンネルトンネル	岩田望	
8	エンヤラヴフェイス	菱田	
9	キャプテンシー	Mデムーロ	
10	ウォーターリヒト	菅原明	
11	アレンジャー	横山和	
12	ゴンバデカーブース	モレイラ	
13	シュトラウス	北村宏	
14	アスコリピチェーノ	ルメール	2
15	マスクオールウィン	岩田康	
16	ジャンタルマンタル	川田	1
17	ユキノロイヤル	石橋脩	
18	アルセナール	横山武	

1番人気⑭アスコリピチェーノ⇒2着

2番人気⑯ジャンタルマンタル⇒1着

3番人気⑰ボンドガール⇒17着

単勝⑯290円　複勝⑯130円　⑭120円　⑥410円

馬連⑭－⑯360円　馬単⑯→⑭700円

3連複⑤⑥⑭7750円　3連単⑭→⑤→⑥23960円

2024年GⅠ－⑧●5月12日・ヴィクトリアマイル（東京芝1600m）

馬番	馬名	騎手	着順
1	ライラック	戸崎圭	
2	フィアスプライド	ルメール	2
3	スタニングローズ	西村淳	
4	コンクシエル	岩田望	
5	ウンブライル	川田	6
6	マスクトディーヴァ	モレイラ	3
7	ハーパー	池添	
8	サウンドビバーチェ	松山	
9	テンハッピーローズ	津村	1
10	ナミュール	武豊	8
11	ルージュリナージュ	横山和	
12	キタウイング	杉原	
13	モリアーナ	横山典	
14	フィールシンパシー	横山琉	
15	ドゥアイズ	鮫島駿	

1番人気⑥マスクトディーヴァ⇒3着

2番人気⑩ナミュール⇒8着

3番人気⑤ウンブライル⇒6着

単勝⑨20860円　複勝⑨1950円　②320円　⑥130円

馬連②－⑨93690円　馬単⑨→②303260円

3連複②⑥⑨43750円　3連単⑨→②→⑥916640円

完全に立ち直った、いや本格化を見せたテーオーロイヤルが天皇賞（春）も制して、3連勝でGⅠを勝利しました。

テーオーロイヤルが24年最初の1番人気のGⅠ制覇。

2着は5番人気ブローザホーン、3着は6番人気ディープボンドで決着しています。

NHKマイルCで1番人気に支持されたのはアスコリピチェーノ。

桜花賞が1分32秒3という非常に速い時計で2着に好走したということに加えて、このレースからルメール騎手が騎乗と、人気になる要素たっぷり。

結果は2番人気のジャンタルマンタルに騎乗していた川田騎手が完璧なエスコートで、アスコリピチェーノにフタをする形。

その分だけ仕掛けが遅れましたが、最後2着まで浮上したあたりは、こちらも世代では抜けた能力を有していることがわかる一戦でした。
1、2番人気のワンツー決着となりましたが、3着には10番人気の穴馬ロジリオンが入線しました。
ヴィクトリアマイルで1番人気に支持されたのはマスクトディーヴァ。

前年のローズSをレコード決着で、のちのエリザベス女王杯勝ち馬ブレイディヴェーグを降し、秋華賞ではリバティアイランドよりも目立つ末脚で2着。

モレイラ騎手に乗り替わった前走の阪神牝馬Sを勝利しており、この本番でも直線でかなり進路がない状況ながらも3着に好走。

2着にも4番人気フィアスプライドが入線していますが、勝ったのがなんと14番人気のテンハッピーローズでした。

3連単も91万馬券と大荒れになり、24年もひと筋縄ではいかないヴィクトリアマイルとなりました。


オークスで1番人気に支持されたのはステレンボッシュ。

阪神JF2着、桜花賞1着とここまでほぼ完璧な戦歴ということもあり、オークスも2着と好走しました。

勝ったチェルヴィニアはクラシック候補と呼ばれていた1頭で、3着は桜花賞3着馬ライトバック。

1~3番人気の決着と、この春最も堅く収まったレースになりました。


日本ダービーで1番人気に支持されたのはジャスティンミラノ。

驚愕のレコードを記録して勝利した皐月賞馬ですが、新馬戦と共同通信杯はともに東京競馬場ということもあり、皐月賞以前は日本ダービー向きといわれていました。

そのため人気も必然ということで2・2倍に支持されましたが、スローペースを内でじっと脚を溜めていたダノンデサイルに騎乗の横山典弘騎手が完璧な競馬。9番人気の低評価ながら日本ダービーを制しました。

ジャスティンミラノは2着止まりで、3着には7番人気のシンエンペラーが入線と波乱の一戦になり、3連単も22万馬券となりました。

2024年GⅠ－⑨●5月19日・オークス（東京芝2400m）

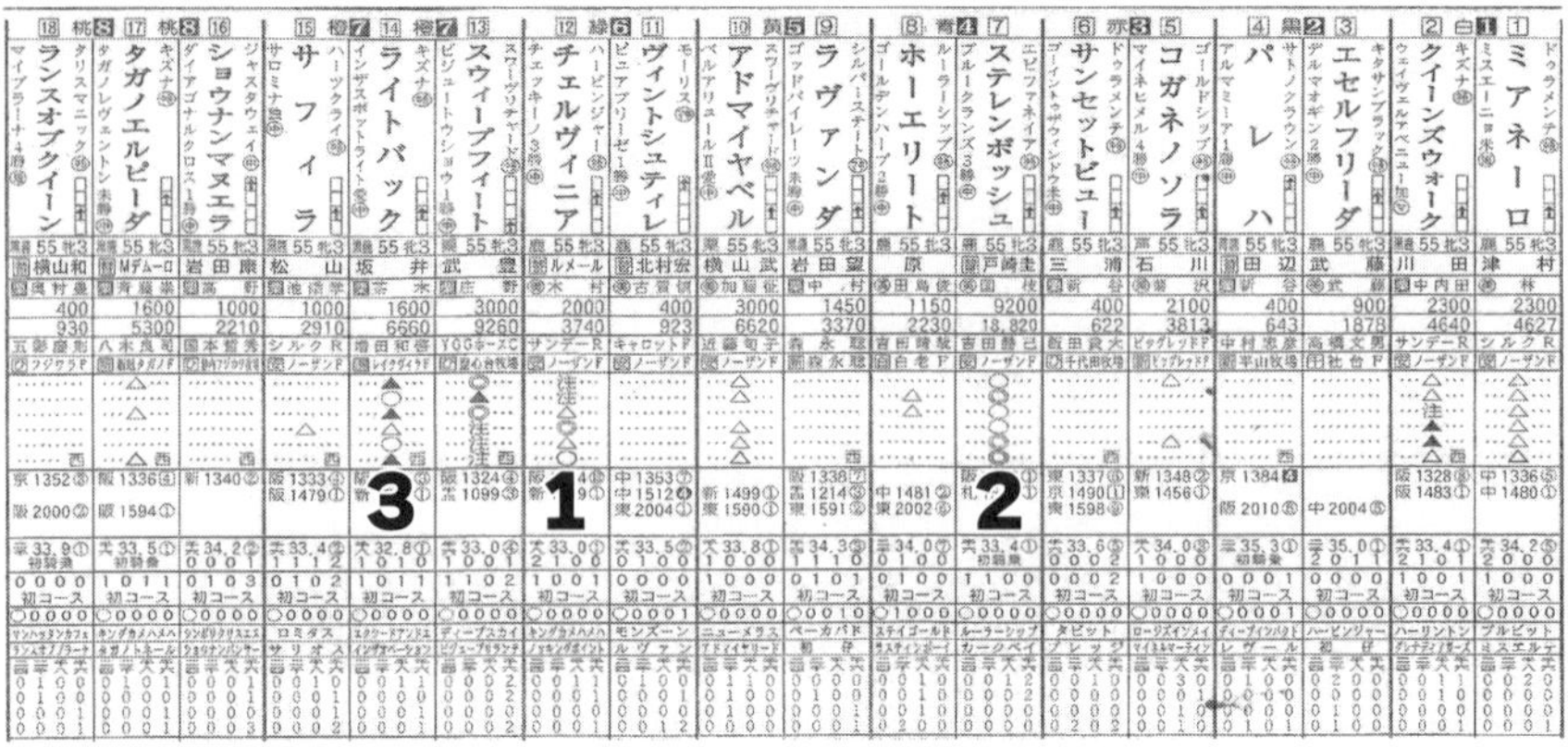

1番人気⑦ステレンボッシュ⇒2着

2番人気⑫チェルヴィニア⇒1着

3番人気⑭ライトバック⇒3着

単勝⑫460円　複勝⑫140円　⑦110円　⑭190円

馬連⑦－⑫590円　馬単⑫→⑦1300円

3連複⑦⑫⑭1690円　3連単⑫→⑦→⑭8060円

2024年GⅠ－⑩●5月26日・日本ダービー（東京芝2400m）

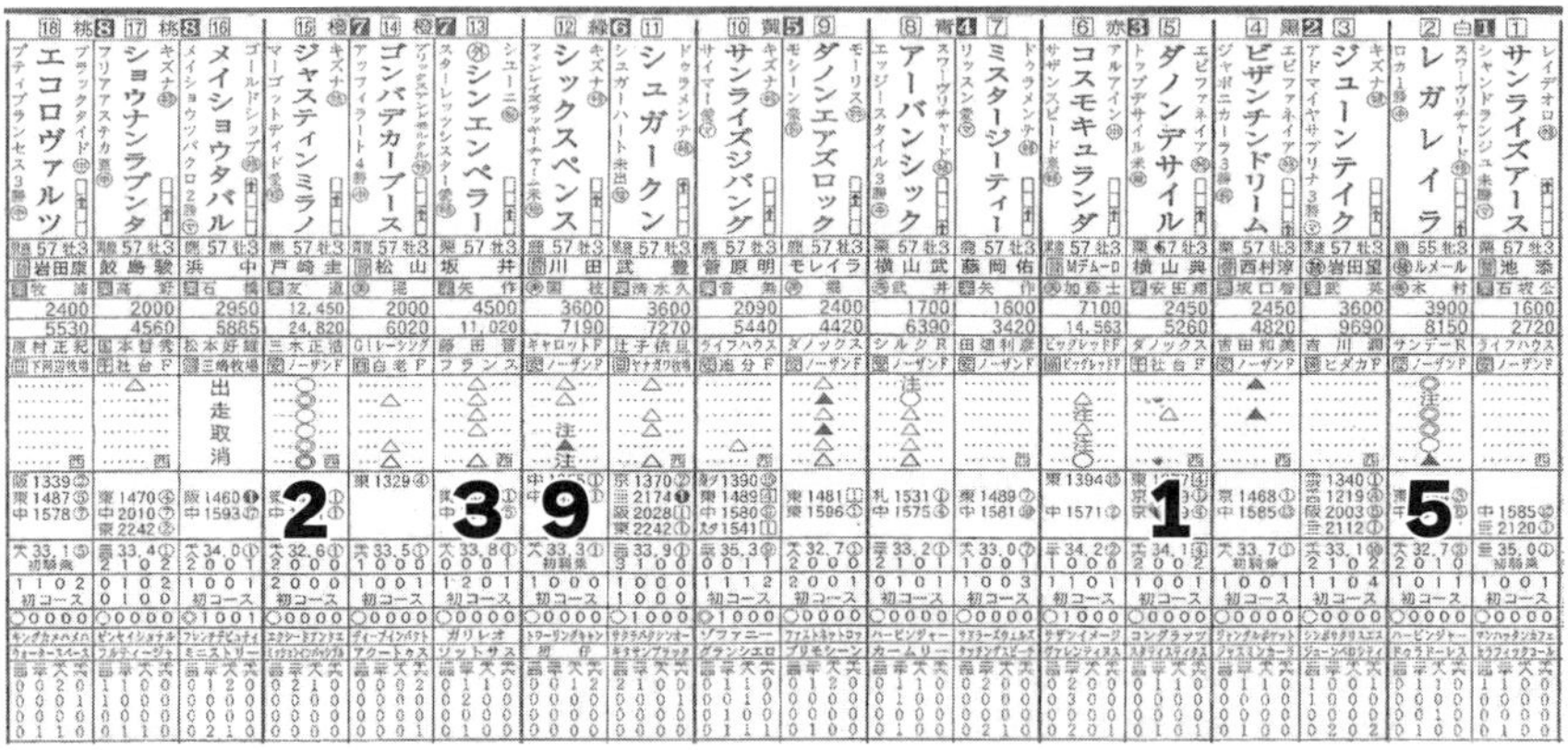

1番人気⑮ジャスティンミラノ⇒2着

2番人気②レガレイラ⇒5着

3番人気⑫シックスペンス⇒9着

単勝⑤4660円　複勝⑤700円　⑮120円　⑬380円

馬連⑤－⑮6860円　馬単⑤→⑮21490円

3連複⑤⑬⑮21250円　3連単⑤→⑮→⑬229910円

2024年GⅠ－⑪●6月2日・安田記念（東京芝1600m）

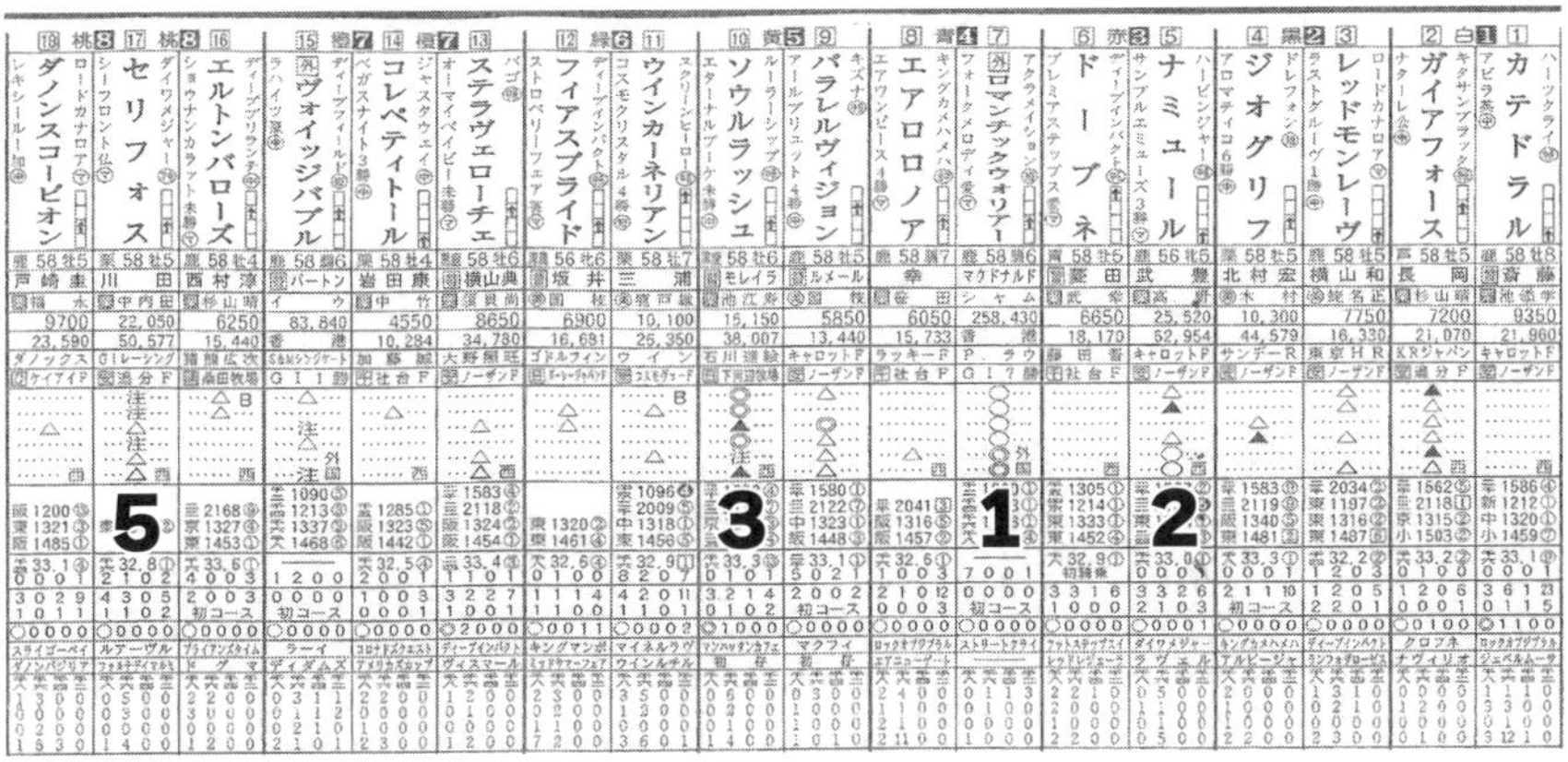

1番人気⑦ロマンチックウォリアー⇒1着

2番人気⑩ソウルラッシュ⇒3着

3番人気⑰セリフォス⇒5着

単勝⑦360円　複勝⑦160円　⑤300円　⑩150円

馬連⑤－⑦2850円　馬単⑦→⑤4220円

3連複⑤⑦⑩3280円　3連単⑦→⑤→⑩17740円

2024年GⅠ－⑫●6月23日・宝塚記念（京都芝2200m）

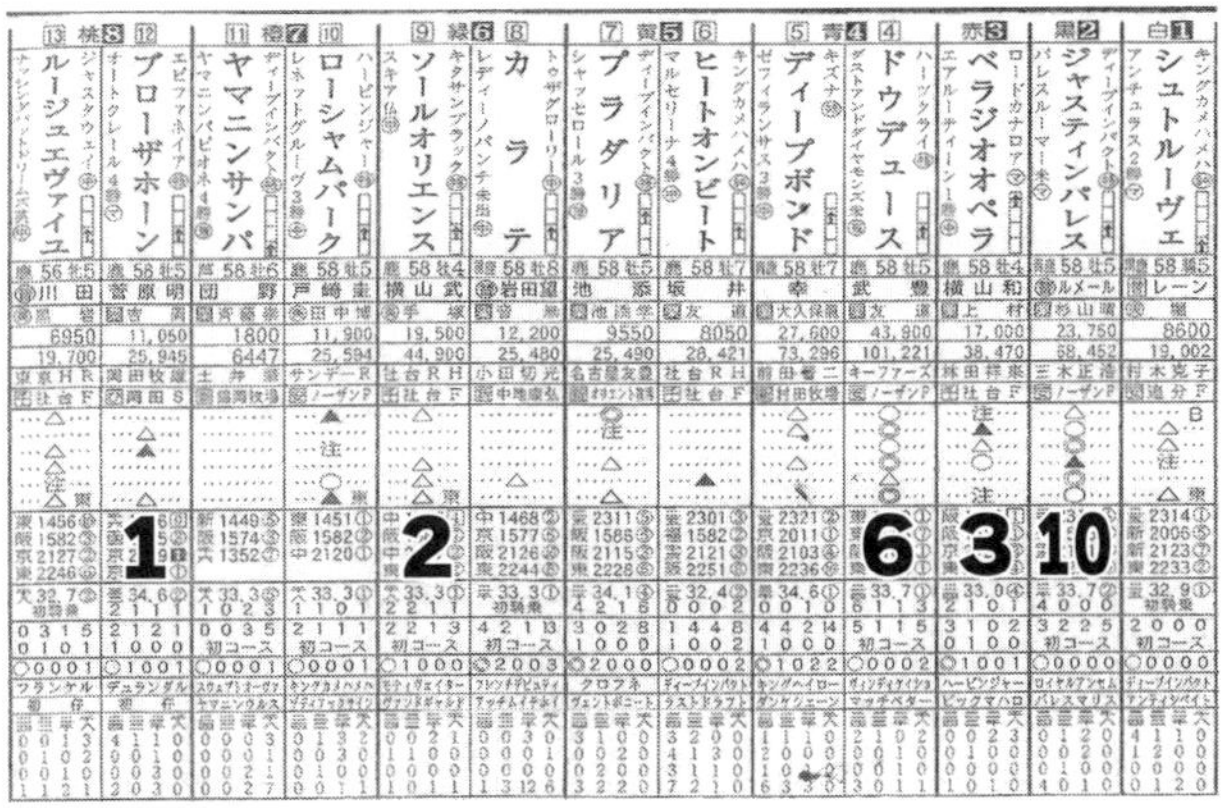

1番人気④ドウデュース⇒6着

2番人気②ジャスティンパレス⇒10着

3番人気⑫ブローザホーン⇒1着

単勝⑫750円　複勝⑫240円　⑨400円　③350円

馬連⑨－⑫4890円　馬単⑫→⑨9380円

3連複③⑨⑫16020円　3連単⑫→⑨→③91680円

安田記念で1番人気に支持されたのはロマンチックウォリアー。

香港で圧倒的な実力を見せていた実力馬で、久しぶりのマイル戦ということと、初の日本遠征という不安材料こそありましたが、1番人気に推されました。

その支持に応えて着差以上の完勝でした。

2着には4番人気のナミュールが入線し、3着は2番人気のソウルラッシュ。

上位人気馬が順頭に力を発揮した一戦となりました。


宝塚記念で1番人気に支持されたのはドウデュース。

昨年の有馬記念で奇跡の復活劇を見せた22年の日本ダービー馬で、前走のドバイでは直線でまったく追えずに参考外。

国内なら……と期待を集めましたが、レースはあいにくの雨模様。

重馬場で外しか伸びない馬場になってしまい、内を通ったドウデュースは完全に不利な形で6着に敗れてしまいました。

勝ったブローザホーンは3番人気で、2着ソールオリエンスは7番人気。

また、3着ベラジオオペラも5番人気とやや波乱となり、3連単は9万1680円の高配当となりました。


スプリンターズSで1番人気に支持されたのはサトノレーヴ。

デビューから阪急杯4着以外は連対しており、函館スプリントSとキーンランドCを連勝。

その前走で騎乗したレーン騎手を、この馬のためだけに短期免許を使用してまで騎乗させたということもあり、陣営の自信度の高さがうかがえるレースでした。

しかしレースでは、ピューロマジックの超ハイペースに対応できずに7着まで。

勝ったのは高松宮記念以来の実戦となった9番人気ルガル。

2着は5番人気トウシンマカオで、3着には4番人気ナムラクレアが入線しました。

そして最後に秋華賞で1番人気に支持されたのはチェルヴィニア。

オークス以来の実戦となりましたが、近年はこのローテーションが主流で、ノーザンファームをはじめとした外厩施設の充実により休み明けでも実力が出せるようになりました。

二度目の関西遠征も今回は問題なく、直線で抜け出して完勝。

2着には5番人気ボンドガールが入線しましたが、3着には2番人気の桜花賞馬ステレンボッシュ。

春のGI馬2頭がしっかりと好走したことで、波乱とはなりませんでした。

ここまでざっと振り返ってきましたが、なんと24年ここまでのGI14戦のうち、大阪杯、皐月賞、NHKマイルC、安田記念、秋華賞と5つのレースで人気馬2頭が馬券内に好走し、人気薄1頭が浮上するという形になっています。

つまり、上位人気（以下、本書では1～3番人気のことを指す）のうち、最低でも1頭は危険な人気馬が存在するということ。

2024年GⅠ－⑬●9月29日・スプリンターズS（中山芝1200m）

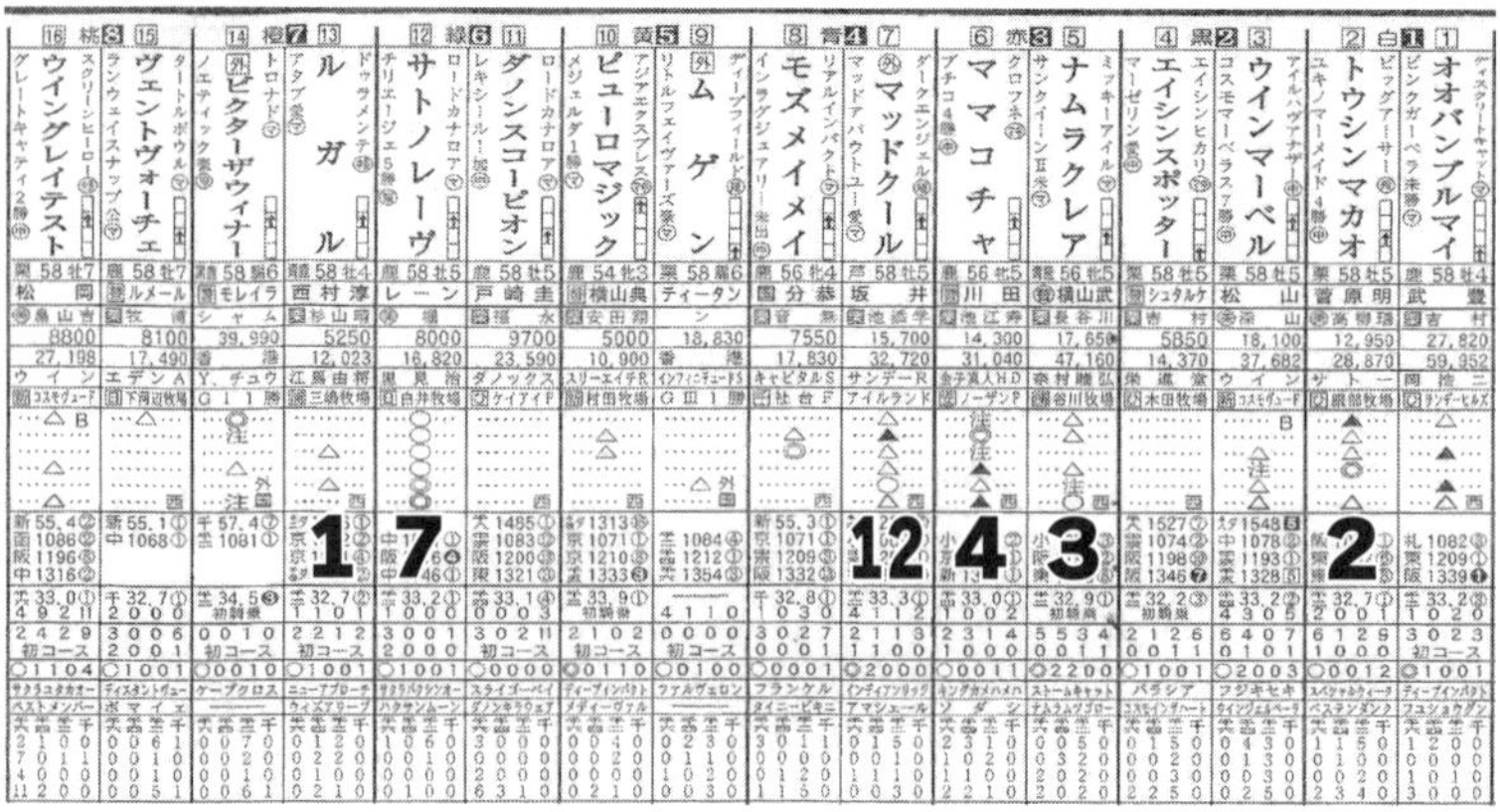

1番人気⑫サトノレーヴ⇒7着

2番人気⑥ママコチャ⇒4着

3番人気⑦マッドクール⇒12着

単勝⑬2850円　複勝⑬720円　②370円　⑤300円

馬連②－⑬15840円　馬単⑬→②39400円

3連複②⑤⑬36810円　3連単⑬→②→⑤299070円

2024年GⅠ－⑭●10月13日・秋華賞（京都芝2000m）

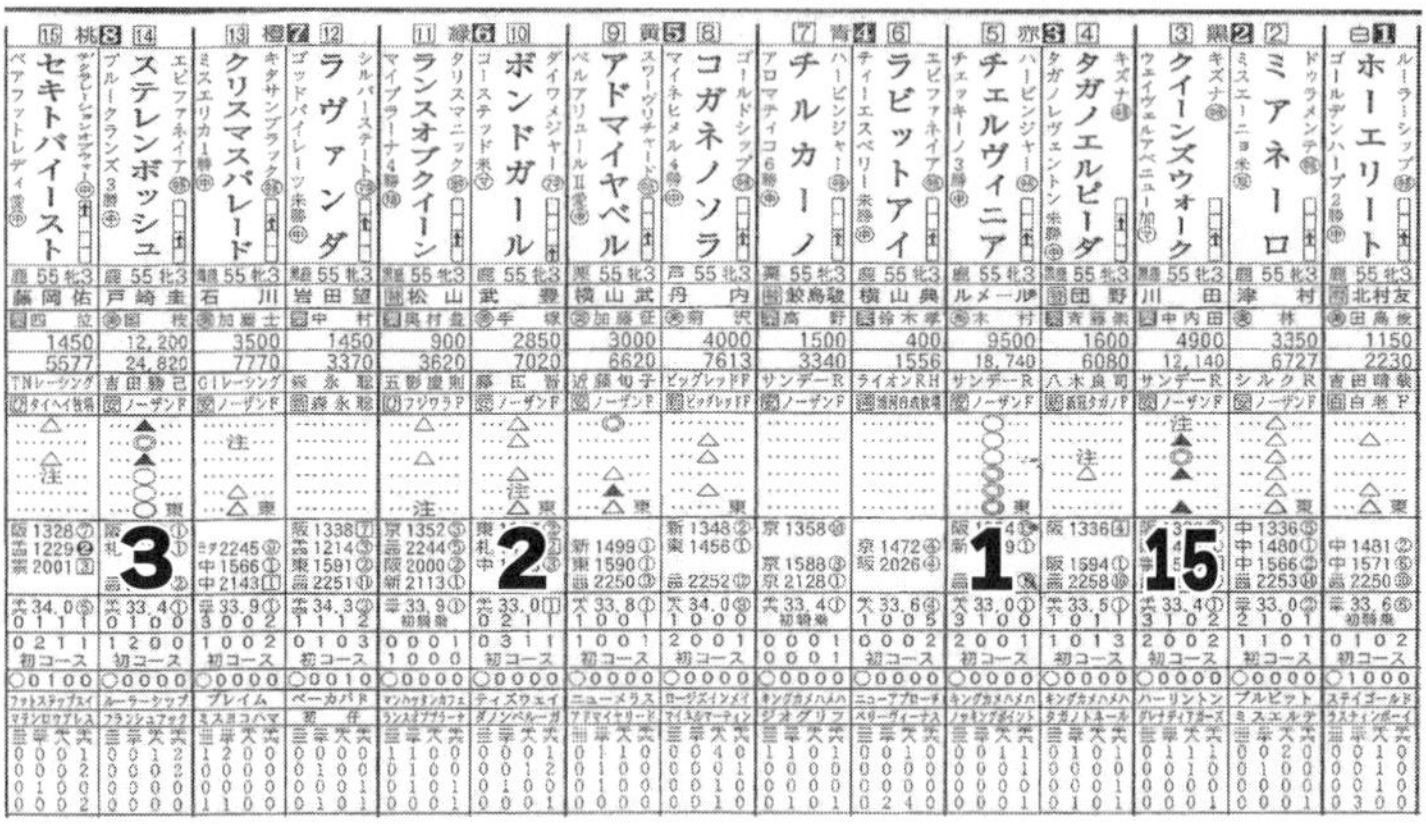

1番人気⑤チェルヴィニア⇒1着

2番人気⑭ステレンボッシュ⇒3着

3番人気③クイーンズウォーク⇒15着

単勝⑤230円　複勝⑤120円　⑩290円　⑭140円

馬連⑤－⑩2200円　馬単⑤→⑩2880円

3連複⑤⑩⑭2230円　3連単⑤→⑩→⑭11970円

そして、穴馬は多くの場合で1頭ほどしか馬券内に絡まず、穴狙いは合理的ではないことがわかります。

この章のポイントをまとめると、1番人気（あるいは上位人気）はすべての競馬ファンの集合知であり、非常に精度の高いデータだということ。

しかし、1番人気（あるいは上位人気）を買うだけでは儲かりません。

つまり馬券で儲けるには、**精度の高い1番人気（あるいは上位人気）が本当に信頼できるのか、あるいは実は危険なのかをしっかりと見極めること**というのが理解できたかと思います。

特に後者の有用性は、本書のメインテーマでもあります。

次章では、危険な人気馬を見つける有用性について、詳しく解説していきます。

第2章

馬券に直結！
危険な人気馬を
見つける価値

1～18番人気別成績を見てわかること

1章では、パリミチュエル方式というＪＲＡのオッズの成り立ちから、1番人気を中心とした人気馬の成績について解説してきました。

1番人気は非常に精度の高いデータであるのと同時に、控除率という壁に阻まれるため、馬券で儲けるためには、うまくつき合っていく必要があります。

そのため、この2章では危険な人気馬を見つける有用性を伝えていければと思っています。

ここまで1番人気馬の成績ばかりを見てきたため、次は人気別の成績を見てみましょう。

年ごとに微かな差はあるものの、基本的に人気と成績については大きなブレがないことは、1章で示した通りです。

あまり多すぎるデータを用いても仕方ないので、２０２1年1月～24年10月14日を集計期間として分析してみます。

左の表1をご覧ください。すでに何度と解説している通り、1番人気の勝率が最も高く33・5％を記録しています。

また、その複勝率は65・0％と高く、3回に2回は馬券内に来る計算になり、検証期間内の1番人気の平均着順は3・5着となりました。

表1●人気別成績

人気	総レース	1着	2着	3着	着外	勝率	連対率	複勝率
1番人気	13127	4400	2492	1634	4601	33.5%	52.5%	65.0%
2番人気	13127	2571	2365	1892	6299	19.6%	37.6%	52.0%
3番人気	13127	1715	1955	1807	7650	13.1%	28.0%	41.7%
4番人気	13128	1252	1531	1672	8673	9.5%	21.2%	33.9%
5番人気	13126	934	1238	1382	9572	7.1%	16.5%	27.1%
6番人気	13098	711	950	1188	10249	5.4%	12.7%	21.8%
7番人気	13033	471	712	913	10937	3.6%	9.1%	16.1%
8番人気	12827	347	570	739	11171	2.7%	7.1%	12.9%
9番人気	12387	231	396	586	11174	1.9%	5.1%	9.8%
10番人気	11766	187	308	400	10871	1.6%	4.2%	7.6%
11番人気	10949	126	220	315	10288	1.2%	3.2%	6.0%
12番人気	10004	88	170	203	9543	0.9%	2.6%	4.6%
13番人気	8882	49	88	154	8591	0.6%	1.5%	3.3%
14番人気	7862	30	59	124	7649	0.4%	1.1%	2.7%
15番人気	6451	22	48	81	6300	0.3%	1.1%	2.3%
16番人気	4902	12	17	35	4838	0.2%	0.6%	1.3%
17番人気	1047	1	4	6	1036	0.1%	0.5%	1.1%
18番人気	785	1	1	4	779	0.1%	0.3%	0.8%

平均してこの数値というのは驚きで、毎レース限りなく馬券対象に近いところまで絡んできているということがわかります。

勝率順に見ていくと、その後は2番人気が19・6%、3番人気が13・1%、4番人気が9・5%、5番人気が7・1%、6番人気が5・4%……というように、人気順と比例して勝率も下がっていることがわかります。

データというのは奇麗なグラフを描くほど、それが正しいデータの証明であることを示します。

つまり、人気と好走率の相関性は信頼に足るデータといって差し支えありません。

ちなみに、最低人気である18番人気に至っては、勝率がなんと0・1%。検証期間内で1勝！　しかしていません。

この本を手に取っていただいている皆さんは、どの馬が勝利したか覚えているでしょうか？

……正解は23年9月3日の新潟4Rを制したケイツークローンでした。

正直なところ、私は覚えていませんでした（笑）。

単勝328・1倍の大激走で、3連単は132万馬券となったレースです。う〜ん、これだけの超大穴が勝利したわりには、意外と配当もついていませんね。

なお、同馬の前に勝利したのが、20年7月19日の阪神11R中京記念を制したメイケイダイハード（単勝163・0倍）。

こちらは重賞レースなので、覚えている方も多いのではないでしょうか。

もちろん、私も覚えています（笑）。

つまり、約3年間は18番人気馬の勝利がなかったというわけです。

馬券を購入する方は単勝、あるいは馬単や3連単だけという方は、それほど多くはないでしょう。

馬券圏内に来れば的中する馬連や3連複を購入する方も多いはずです。続いては複勝率もチェックしてみましょう。

1番人気の複勝率は65・0％と高く、およそ3回に2回は馬券対象となっていることは先ほど触れた通り。

続く2番人気が52・0％で、こちらも2回に1回は馬券対象となっています。

3番人気も41・7％と、およそ3回に1回以上は馬券対象となる計算。やはり、人気馬が好走する可能性が高いことがわかります。

なお、5番人気の複勝率は27・1％で、1番人気の勝率が33・5％であったため、「1番人気が勝利するよりも、5番人気が馬券対象になるほうが実は確率としては低い」というのは、意外と意識している人は多くないと思います。

5番人気ともなると、単勝オッズで10倍以上になっているケースが大半で、いわゆる穴馬として数えられるゾーン。

穴馬が勝利する馬券を買うということは、それだけ確率の低い勝負だということがわかります。

そして9番人気以下になると複勝率も10％を下回り、馬券対象という範囲まで広げても10回に1回程度の確率しかありません。

このように、世界一を呼ばれる日本の競馬ファンがつくり出すオッズ、人気というのは非常に精度の高いデータであり、現在の競馬では**穴馬をピックアップする技術よりも、人気馬の取捨の精度を上げるほうが的中に近づく**ことは想像に難くありません。

1〜3番人気が揃って馬券圏内に来るケースは少ない

続いては、馬券内で決着した組み合わせをチェックしてみましょう。

こちらも2021年1月〜24年10月14日までを集計期間として分析してみます（左ページの表2）。

まず、1〜3番人気で馬券内が決着するパターン。

いわゆる危険な人気馬が1頭もいなかったパターンですが、これは発生確率が9・2%とかなり低くなっています。

検証期間外ではありますが、20年ジャパンCは1番人気アーモンドアイが1着で、2番人気コントレイルが2着。3着にも3番人気デアリンタクトが入線しました。

戦前から三冠馬対決と話題になった3頭で決着したことでレースは大変盛り上がりましたが、こうした決着は稀であるということがわかります。

ちなみに、20年ジャパンCの3連複は300円で、3連単でも1340円。

もちろん、根拠があって3頭で決まる可能性が限りなく高いと予想できれば買いですが、10回に1回も発生しない確率に対してオッズ的に見返りも少ないのが、このゾーンといえるでしょう。

逆に、馬券内の3頭がすべて4番人気以下で決着するパターン。

こちらも発生確率は6・7％と非常に低くなっています。

すでに前述している通り、日本の競馬ファンの予想精度は非常に高く、人気は限りなく競走馬の好走率を正確に表しています。

そのため、人気のない穴馬だけで決着するというケースは限りなく起こりえません。

もちろんこの組み合わせは、超高額配当が得られるパターンで、検証期間内でも24年6月2日に行なわれた京都12Rでは（P48〜49に馬柱）、9→8→16番人気で決着。3連単は430万9530円の超高額配当となりました。

とはいえ、さすがにこの決着を狙い続けるのは気の遠くなる作業でしょう。

……となるとやはり、馬券的にも最も発生確率の高い1〜3番人気が2頭と4番人気以下が1頭という組み合わせ。

ここに照準を合わせるのがベターでしょう。

つまり**人気馬3頭のうち、1頭は危険な人気馬がいる**というケースです。

表2●人気の組み合わせ発生確率

組み合わせ	発生確率
1〜3番人気3頭	9.2%
1〜3番人気2頭＋4番人気以下1頭	47.1%
1〜3番人気1頭＋4番人気以下2頭	37.1%
4番人気以下3頭	6.7%

12R（3歳上1勝クラス、芝1400m）

京都 12 発馬 16.15 三歳以上1勝クラス (混)定量

枠	馬番	馬名	父	母（母成績）	毛色・斤量・性齢	騎手	厩舎	賞金	総賞金	馬主	生産
1白	1	(外)(地)サトノプリエール	ダークエンジェル	ソウルオブフーディーニ 加	芦 53 牝5	替▲吉村	栗 斉藤崇	270	1427	里見治	アイルランド
1白	2	イッツオンリーユー	ハーツクライ	イッツオンリーアクティングダッド 米	鹿 56 牝4	替 荻野極	美 矢嶋	0	1810	G1レーシング	追分F
2黒	3	(地)バレル	シルバーステート	ミスエンピリカル 公	青鹿 58 牡5	替 松若	栗 鮫島	120	1659	CHEVALATTACHE	高岸順一
2黒	4	デルシエロ	レイデオロ	ネオヴィクトリア 2勝	黒鹿 55 牝3	替 鮫島駿	栗 清水久	400	1800	白石明日香	岡田S
3赤	5	トゥーレッツリー	キングカメハメハ	コンテッサトゥーレ 2勝	栗 54 牝5	替◇永島	栗 小栗	400	940	社台RH	社台F
3赤	6	ファルシオン	レッドファルクス	ヒバリエクスプレス 公	黒鹿 56 牝4	替 藤懸	栗 羽月	400	933	ターフS	村上雅規
4青	7	ラフシー	ブラックタイド	ティップトップ 3勝	青鹿 58 牡5	替 和田竜	美 大竹	400	1220	ゴドルフィン	ダーレージャパンF
4青	8	(地)リアライズ	シルバーステート	ネーラベルレ 1勝	鹿 57 牡4	替☆角田河	栗 石橋	270	1669	GETNEXT	須崎牧場
5黄	9	スイーツバイキング	ヴィクトワールピサ	サトノラミア 未勝	黒鹿 56 牝4	替 浜中	美 大竹	400	840	YTレーシング	千代田牧場
5黄	10	デイトナモード	アメリカンペイトリオット	セクレタ 未勝	鹿 58 牡4	替 団野	栗 千田	400	1405	前原敏行	チャンピオンズF
6	11	(地)レッドルヴァンシュ	ロードカナロア	レッドアヴァンセ 4勝	黒鹿 58 牡4	替 松山	栗 音無	120	279	東京HR	ノーザンF

予想印

馬番	持木秀康	広田晶彦	加茂聡	市場丈也	田崎泰	本紙須藤	備考
1	▲	△	△	○		△	
2		△	△		△	△	初B 東
3	注	◎	△	△	△	△	
4	○	△	注	▲	注	注	
5			注				B
6				△			
7					◎		東
8	△	○	○	◎		◎	
9					▲		東
10	△	注	▲	△		▲	
11	◎		△			△	

本紙予想：2・6・8・12

距離別持ち時計・上り最高・騎乗成績・クラス実績・当該条件

馬番	持ち時計（芝1200/1400/1600/1800）	上り最高	騎乗成績	クラス実績	当該条件
1	小1080② 新1212③ 東1362⑮ 千四ダ1320②	千二33.2③	初騎乗	0111	初コース
2	京ダ1131⑤ 千八2020③ 東1335② 東1474②	千八33.7③	初騎乗	0022	初コース
3	[illegible] 阪1490⑩	千六34.2④	0013	0218	0101
4	阪[illegible]③ 京[illegible]④ 京1484④	千六33.6④	初騎乗	0022	0011
5	中ダ1124⑨ 東1248③ 東1360⑩ 中京ダ1535⑥	千四34.3③	初騎乗	00014	初コース
6	京1223④ 阪1334⑦ 千七ダ1527⑪	千六33.8⑨	初騎乗	0005	初コース
7	千七ダ1504⑬ 新1241⑩ 京ダ1372⑦ 千八2019⑨	千八34.7⑨	初騎乗	0008	初コース
8	[illegible]② [illegible]④ 京[illegible]③ 千四ダ1277⑬	千二34.5②	0322	0010	初コース
9	千七ダ1502⑨ 東1221⑧ 東1338⑦ 函1478①	千四33.7⑧	1002	0006	初コース
10	小[illegible]① 京[illegible]⑨ 阪[illegible]② 京ダ1568③	千四34.3⑨	初騎乗	0002	0001
11	千二ダ1297④ 阪1352③ 千六ダ1455④	千六34.5③	0001	0000	初コース

近走成績

馬番	前走4	前走3	前走2	前走
1	園田 12月12日 ④三才上12 B2 11ﾄ12頭 千四ダ1343 52佐々木世 M②②④ 477 人気6 競合う15¾ 内426 グランドルチル 1317 2.6	1小 1月21日 ④八幡4 1勝 6ﾄ15頭 千二1106 56鮫島駿 S⑥⑦⑥ 464 人気9 中位差詰2身 360中346 トーセンエスク 1103 0.3	2小 2月17日 ③四才上2 1勝 2ﾄ18頭 千二1080 56幸 M⑫⑪⑪ 470 人気6 中位伸クビ 342中338 シャウビンダー 1080 0.0	3京 5月12日 ⑧四才上3 1勝 3ﾄ14頭 千二内1080 56幸 S⑩⑦⑦ 474 人気2 中位伸3¾ 348中332 ディアドコス 1074 0.6
2	2小 2月17日 ③四才上3 1勝 2ﾄ12頭 千八1482 55北村友 S①①② 472 人気6 逃粘る½身 368中359 ポルカリズム 1481 0.1	2小 2月25日 ⑥四才上7 牛ヒ1勝 6ﾄ10頭 千八1517 55丹内 S⑧⑥⑤ 468 人気1 後方まま2½ 392外347 ユイ 1513 0.4	2東 5月5日 ⑥四才上3 1勝 8ﾄ13頭 千六ダ1381 56モレイラ H②②② 484 人気4 先行粘る5¼ 352中386 ゲットアップ 1372 0.9	3京 5月12日 ⑧四才上5 牛ヒ1勝 6ﾄ12頭 千二ダ1131 56幸 M⑤④③ 476 人気2 好位一杯4身 356中375 ノットファウン 1124 0.7
3	4中京 12月3日 ②三才上13 1勝 7ﾄ15頭 千四1227 58松若 M①①① 484 人気5 逃一杯9身 338内372 ショウナンナダ 1212 1.5	2小 2月10日 ①四才上11 1勝 11ﾄ18頭 千二1088 58北村友 M⑤⑥⑥ 476 人気5 中位一杯6¾ 341中347 リシャールケリ 1077 1.1	2阪 3月24日 ❷四才上2 1勝 6ﾄ14頭 千四内1221 58幸 M①①① 482 人気2 逃粘るクビ 346内359 ルヴァンノワー 1221 0.0	3京 4月21日 ②四才上 1勝 13ﾄ13頭 千四外 中止 58川田 S③②⑥ 482 人気1 ゴール手前 疾病発症 エマヌエーレ 1215
4	5阪 12月23日 ⑦万両3 1勝 12ﾄ13頭 千四内1210 56坂井 M⑩⑩⑨ 404 人気4 出遅る1½ 351外346 ロゼフレア 1207 0.3	1京 1月8日 ③シンザン17 GIII 4ﾄ18頭 千六外1363 57坂井 M⑭⑬⑬ 404 人気12 後方まま10¾ 354中370 ノーブルロジャ 1345 1.8	3京 4月28日 ④三才4 1勝 4ﾄ11頭 千四外1212 57武豊 S⑩⑨⑨ 408 人気3 出遅る5½ 362内341 クランフォード 1202 1.0	3京 5月18日 ⑨メルボル4 1勝 10ﾄ13頭 千六内1333 57岩田望 S⑦⑧⑦ 408 人気9 中位差詰2¼ 364外336 スマートワイス 1329 0.4
5	川崎 10月11日 ③ロスター6 交流B2 6ﾄ9頭 千六ダ1457 55森泰 M⑦⑥⑦ 452 人気7 後方まま14身 383外421 アッチャゴーラ 1429 2.8	2京 1月27日 ①四才上8 牛ヒ1勝 6ﾄ9頭 千八ダ1570 56松山 M③③④ 448 人気3 好位一杯17身 374中408 ハイランドリン 1542 2.8	1阪 2月24日 ①四才上9 牛ヒ1勝 7ﾄ11頭 千八ダ1558 56幸 M⑦⑧⑩ 456 人気11 中位一杯大差 382中397 プレッジ 1527 3.1	1中京 3月16日 ③四才上10 1勝 6ﾄ13頭 千六1360 56幸 S⑧⑦⑦ 448B 人気8 出遅る6½ 377内343 アクートゥス 1351 0.9
6	4阪 10月1日 ⑨三才上5 1勝 3ﾄ16頭 千六外1341 54幸 S②③④ 446 人気8 先行一息2¾ 365内340 アルナージェイ 1337 0.4	2京 10月22日 ⑦三才上14 1勝 4ﾄ16頭 千六外1351 54幸 M⑥⑨⑪ 448B 人気10 中位一杯14身 341内370 ビヨンドザヴァ 1328 2.3	1小 2月4日 ⑧四才上11 牛ヒ1勝 2ﾄ12頭 千七ダ1527 55丸山 M①②⑤ 452 人気8 4角不利大差 363内456 アルタビスタ 1457 7.0	1新 5月11日 ⑤三歳9 1勝 9ﾄ12頭 千六外1369 56斎藤 S⑨⑨⑩ 454 人気8 後方まま3¾ 383外338 エンファサイズ 1362 0.7
7	2札 8月20日 ④三才上13 1勝 4ﾄ13頭 千七ダ1504 58池添 S⑨⑧⑩ 532 人気9 S後躓く17¼ 396中395 メイショウシナ 1477 2.7	1中 1月7日 ②四才上4 1勝 10ﾄ16頭 千八ダ1552 58ビーヒュレク S⑤⑤④ 542 人気12 好位一息4¼ 382中388 マンノステータ 1544 0.8	1中 1月20日 ⑥四才上13 1勝 11ﾄ15頭 千八ダ1573 58ビーヒュレク H⑥⑧⑧ 542 人気7 中位一杯17¾ 376中421 ジャックパール 1543 3.0	1新 5月19日 ⑧四才上10 1勝 5ﾄ16頭 千四内1241 55小林勝 S⑮⑯⑮ 538 人気11 後方差詰4½ 367中352 サトノヴィレ 1233 0.8
8	姫路 3月5日 ❸四才上2 C1 2ﾄ12頭 千四ダ1333 56川原正 S③②② 513 人気2 二位付粘10身 中401 ダズリングダン 1317 1.6	園田 3月26日 ❶四才上1 C1 3ﾄ9頭 千四ダ1316 56川原正 M①①① 516 人気2 逃切る2½ 内396 エアグリフォン 1320 0.4	園田 4月18日 ③四才上1 C1 12ﾄ12頭 千四ダ1317 57川原正 H③②② 506 人気1 好位抜出1¾ 内403 パフオブウイン 1320 0.3	3京 5月19日 ⑩四才上3 1勝 14ﾄ17頭 千六外1335 58太宰 M④⑥⑦ 508 人気8 好位伸2身 349外349 サクセスアイ 1332 0.3
9	5東 11月12日 ④三才上8 1勝 5ﾄ11頭 千八1484 53原 S②②② 440 人気11 先行一杯5身 367中349 ジェイパームス 1476 0.8	1東 2月3日 ③四才上7 1勝 1ﾄ13頭 千六1338 56西村淳 S④③④ 450 人気7 内々回る6身 355内343 ベリファーニア 1328 1.0	1東 2月18日 ⑧四才上8 2勝 9ﾄ12頭 千四1221 56西村淳 S⑩⑨⑧ 456 人気11 出遅る6½ 369内337 シャドウフュー 1211 1.0	2東 5月18日 ⑨四才上11 1勝 8ﾄ16頭 千六1343 55原 S①①① 454 人気6 逃一杯5½ 351内360 ダッチアイリス 1333 1.0
10	3小 8月12日 ①三才4 未勝 8ﾄ16頭 千七ダ1472 56川田 S①①① 520 人気1 逃一息12½ 373内388 メイショウクー 1451 2.1	3小 8月20日 ④三才1 未勝 9ﾄ18頭 千二1084 56藤岡康 H⑤⑤③ 522 人気4 好位抜出½身 333中351 タマモメガジョ 1085 0.1	3京 11月5日 ②三才上9 1勝 5ﾄ17頭 千四外1215 57横山和 S⑤⑤⑤ 522 人気10 好位一杯2¾ 357中343 オードリーバロ 1210 0.5	1新 5月19日 ⑧四才上12 1勝 9ﾄ16頭 千四内1243 58菊沢 S③③③ 534 人気10 直線不利5½ 354中367 サトノヴィレ 1233 1.0
11	笠松 1月23日 ②三才上4 C18 3ﾄ8頭 千四ダ1322 56岡部誠 M④③③ 494 人気1 伸一息2¾ 390内410 ケイラブマッハ 1317 0.5	笠松 2月8日 ④三才上1 C16 4ﾄ8頭 千四ダ1307 56今井貴 M②②② 495 人気3 先行差切2身 381内398 ラヴィングメモ 1311 0.4	笠松 2月23日 ⑤三才上4 C1 5ﾄ9頭 千六ダ1455 56岡部誠 S④②③ 497 人気6 好位一息10½ 内406 エアミュニュレ 1434 2.1	笠松 3月7日 ④三才上1 C6 2ﾄ6頭 千四ダ1300 56岡部誠 S①①① 495 人気2 逃切る1½ 388内382 ユナヴィール 1303 0.3

レコード 1.19.0 15年5月 ウリウリ 55浜中

京都12R

組番	オッズ
1-1	72.3
1-2	11.2
1-3	65.5
1-4	12.4
1-5	31.0
1-6	13.2
1-7	44.6
1-8	68.5
2-2	13.2
2-3	37.5
2-4	7.1
2-5	17.7
2-6	7.5
2-7	25.5
2-8	39.2
3-3	☆
3-4	41.4
3-5	☆
3-6	44.1
3-7	☆
3-8	☆
4-4	42.6
4-5	19.6
4-6	8.3
4-7	28.2
4-8	43.4
5-5	☆
5-6	20.9
5-7	70.5
5-8	☆
6-6	42.7
6-7	30.0
6-8	46.2
7-7	☆
7-8	☆
8-8	☆

軸馬 8
単穴 4
連 2 1210

3頭すべて4番人気以下のケース●2024年6月2日・京都

1着⑮メイショウコギク

（9番人気）

2着⑩デイトナモード

（8番人気）

3着⑭ジークシュベルト

（16番人気）

……………………………

6着⑧リアライズ

（1番人気）

8着②デルシエロ

（2番人気）

12着③バレル

（3番人気）

単⑮ 2650円

複⑮ 670円

⑩ 820円

⑭ 3300円

馬連⑩－⑮ 24740円

馬単⑮→⑩ 58630円

3連複⑩⑭⑮ 535320円

3連単⑮→⑩→⑭ 4309530円

16 桃8	15	14 橙7	13	12 緑
キズナ㊙ エリカフェリーチェ フォトジェニック 未勝㋮	サトノクラウン㊙ メイショウコギク メイショウミソラ 公㊥	ファインニードル(短) ジークシュベルト レオソレイユ 1勝(短)	アメリカンペイトリオット㋮ ガットネロ ブラックシュガー 公㋮	ラブリーデイ㊥ ハッピーアズラリー エンドレスノット 4勝㋮
鹿 56 牝5	黒鹿 55 牝4	鹿 55 牡4	黒鹿 56 牝4	鹿 56 牝4
替池添	替☆田口	▲高杉	替岩田望	替藤岡佑
栗吉岡	栗石橋	栗高橋一	栗上村	栗安田翔
400	400	400	400	500
690	1970	255	1873	1810
三木正浩	松本好雄	ライオンRH	山口敦広	金子真人HD
築紫洋	富田牧場	谷口牧場	大狩部牧場	坂東牧場
……B ……… ……… …△… ……… ………	……… ……… ……… ……… ……… ………	……… ……… ……… ……… ……… ………	…△… ……… ……… …△… ……… …△…	…△… …▲… …◎… …△… …○… …○…
小1091⑯ 京ダ1268⑬ 京1349⑦ 阪1495⑬	京…4⑩ 阪1…5② 京…⑩ 13	小…⑰ 京…⑬ 京…⑩ 小1533⑪	1318❼ 2020② 京1334② 京1468②	小1088② 東ダ1245① 京1350⑨ 阪1480②
33.7⑪ 初騎乗	33.0⑩ 初騎乗	34.4⑩ 0001	33.8⑦ 0202	33.7② 初騎乗
0009 初コース	02210 初コース	0019 初コース	0014 初コース	1003 初コース
3京 11月5日 ② 三才上 13 1勝 4ト15頭 ダ1268 56 西村淳 H ⑩⑩⑪ 474 B 人気8 中位一杯 11¼ 356内390 シンゼンイズモ 1247 2.1	1京 1月13日 ④ 四才上 16 1勝 14ト18頭 外1368 55 浜中 S ⑦⑦⑦ 450 人気12 好位一杯 10¼ 356外363 スズカダブル 1351 1.7	1小 1月14日 ② 四才上 17 1勝 2ト17頭 1093 58 藤懸 M ⑦⑦⑦ 462 人気17 中位一杯 8¼ 334内359 ニシノコウダイ 1079 1.4	2札 8月27日 ❻ 三才上 7 1勝 6ト14頭 1318 53 横山武 M ⑫⑭⑬ 490 人気❸ 後方差詰 4¼ 373外366 セーヌドゥレー 1310 0.8	4阪 9月16日 ③ 三才上 6 牝1勝 14ト15頭 ダ1130 54 横山典 M ⑮⑭⑭ 430 人気❸ 後方差詰 2¼ 370外360 ダイリュウホマ 1126 0.4
1小 1月27日 ⑤ 四才上 7 1勝 17ト18頭 1095 56 藤岡康 S ⑤⑦⑦ 472 B 人気15 中位まま 3¼ 347外348 サトノグレイト 1090 0.5	1小 2月4日 ❽ 四才上 3 1勝 1ト14頭 1099 56 富田 H ⑫⑫⑩ 438 人気10 後方伸 2¼ 348外351 バラードインミ 1095 0.4	1小 2月4日 ❽ 鳥 11 1勝 5ト11頭 1533 57 秋山稔 S ⑥⑧⑪ 470 人気11 中位一杯 大差 382外393 ロードマンハイ 1500 3.3	3福 11月4日 ① 14 牝1勝 3ト16頭 1499 54 石橋脩 M ②③④ 472 人気❸ 体細化 11¾ 359内381 エクロール 1480 1.9	4東 10月7日 ① 三才上 1 1勝 11ト15頭 ダ1245 54 ルメール M ⑨⑦⑧ 428 人気4 中位差切 ½身 365外361 トリフィス 1246 0.1
2小 2月18日 ④ 四才上 16 1勝 5ト17頭 1091 56 浜中 M ⑩⑨⑩ 470 B 人気12 中位一杯 6身 340内351 トリップトゥム 1080 1.1	2小 2月24日 ⑤ 11 1勝 13ト14頭 1103 56 富田 S ⑦⑦⑦ 436 人気5 中位一杯 7¼ 349外354 レッドアヴァン 1092 1.1	3京 5月5日 ⑥ 四才上 7 1勝 3ト9頭 外1352 55 吉村 M ④④⑤ 468 人気9 中位一杯 7身 354内355 モズアンタレス 1340 1.2	5阪 12月23日 ⑦ 三才上 7 1勝 9ト14頭 外1348 55 岩田望 S ④⑤③ 478 人気8 好位一杯 4身 367中338 バトルハーデン 1341 0.7	1中京 3月24日 ❻ 四才上 10 1勝 8ト13頭 1373 56 ルメール M ⑩⑩⑩ 440 人気❷ S後不利 6¾ 372外364 アルゲンテウス 1362 1.1
3ヵ月余 放牧 乗込み4週間 仕上り○ 連対体重 454キロ 3ヵ月以上休 ①②③外 0013	3京 5月12日 ⑧ 四才上 10 1勝 7ト14頭 内1084 56 浜中 S ⑫⑪⑧ 446 人気7 後方まま 6½ 354中330 ディアドコス 1074 1.0	3京 5月19日 ⑩ 四才上 10 1勝 3ト17頭 外1341 55 高杉 M ⑬⑯⑭ 470 人気17 後方差詰 5¾ 357内344 サクセスアイ 1332 0.9	1中京 3月16日 ③ 四才上 12 牝1勝 9ト16頭 ダ1267 53 高杉 H ⑥⑥⑥ 472 人気7 中位一杯 8¼ 347内398 エリーズダイヤ 1253 1.4	2東 4月20日 ① 四才上 4 1勝 1ト15頭 ダ1262 56 戸崎圭 S ③④③ 436 人気❶ 先行一息 2½ 369内368 スペンサーバロ 1257 0.5

5日・東京11R NHKマイルC（GⅠ、芝1600m）

317

6 11	10 黄5	9	8 青4	7	6 赤3	5	4 黒2	3	2 白1	1	前売 2回東京6日 11R
リアルスティール アレンジャー キーウエスト1勝	ドレフォン ウォーターリヒト ウォーターピオニー3勝㊦	モーリス キャプテンシー アドマイヤリード6勝㊥	エイシンヒカリ エンヤラヴフェイス タイキアプローズ米出㊦	グレーターロンドン チャンネルトンネル ギャルソンヌ未勝㊦	リオンディーズ ロジリオン ビービーバーレル2勝㊥	ダイワメジャー ボンドガール コーステッド米㊦	エピファネイア イフェイオン イチオクノホシ2勝㊦	ルーラーシップ ディスペランツァ ルパンII米㊥	パレスマリス㊥ (外)ノーブルロジャー ノーブルレディ米㊦	モーリス ダノンマッキンリー ホームカミングクイーン愛㊦	父・母・馬・実績・距離 距名脚質 発馬 15.40 第29回
鹿 57 牡3	栗 57 牡3	鹿 57 牡3	黒鹿 57 牡3	鹿 57 牡3	青鹿 57 牡3	鹿 55 牝3	芦 55 牝3	鹿 57 牡3	黒鹿 57 牡3	鹿 57 牡3	毛色・斤量
横山和	菅原明	Mデムーロ	菱田	岩田望	戸崎圭	武豊	西村淳	鮫島駿	松山	北村友	騎手
昆	河内	松永幹	森田	福永	古賀慎	手塚	杉山佳	吉岡	吉岡	藤原英	厩舎
1200	1200	1600	1150	400	2350	2100	2300	2950	3250	2950	賞金
3460	3502	3280	2220	3315	4790	4220	4530	5502	6420	6090	総賞金
安原浩司	山岡正人	サンデーR	STレーシング	窪田芳郎	久米田正明	藤田晋	社台RH	ターフS	ノルマンディーTR	ダノックス	馬主名
ヒサイF	伏木田牧場	ノーザンF	チャンピオンズF	大栄牧場	坂東牧場	ノーザンF	社台F	谷川牧場	アメリカ	ノーザンF	牧場名
		△	B		△	▲		△	注		佐藤直
					△	△			注	△	小野智
						◎		△	△		久光
	△					▲			△		西田
				△		△			注	△	中田
西	西	西	西	西		注	西	▲ 西	△ 西	△ 西	本紙武井
中1083② 阪1214② 中1331④ 名ダ1258❼	幸1592⑯ 京1347③ 京1468②	芸1330[2] 中1325① 札1523②	京1209⑧ 新1347⑦ 東1493⑨	東1220① 中1329② 中1501④	東[illegible]② 新[illegible]②	東1337[illegible]	阪1329①	阪1334① 幸2000⑥	京1345① 阪1470❷	京1202① 阪1343③	芝 1200 1400 1600 1800
芙32.9② 初騎乗	芙33.5⑨ 初騎乗	芙34.0① 0001	芙33.7⑦ 1001	芙32.5③ 初騎乗	芸33.0② 1000	芙33.0[1] 0100	芙34.2③ 2011	芙32.4① 初騎乗	芙33.3① 初騎乗	芸33.6① 1000	上り最高 騎乗成績
0101 初コース	0112 初コース	1001 初コース	0105 初コース	0111 0001	1101 初コース	0200 1100	1001 初コース	1002 初コース	1100 1000	1002 初コース	クラス実績 当該条件
1中 1月6日 ①ジュニア 4 L 2ト10頭 芙外1331 57横山典 S⑥⑥⑥ 472 人気8 中位伸も 3¾ 354内346 キャプテンシー 1325 0.6	1京 1月8日 ③シンザン 3 GIII 14ト18頭 芙外1347 57 幸 M⑱⑰⑱ 458 人気17 後方伸 1¼ 358外352 ノーブルロジャ 1345 0.2	3京 11月25日 ⑦芝 2 未勝 3ト13頭 芙内1363 56鮫島駿 S⑩⑦④ 466 人気2 漸進伸 1身 370外347 フェリーニ 1361 0.2	5阪 12月17日 ⑥朝日FS 13 GI 15ト17頭 芙外1347 56 幸 M⑩⑦⑧ 488 人気8 中位一杯 5½ 352外356 ジャンタルマン 1338 0.9	1中 1月6日 ①ジュニア 2 L 4ト10頭 芙外1329 57松岡 S②③③ 484 人気5 好位伸 2身 352内347 キャプテンシー 1325 0.4	4東 10月15日 ⑤芝 1 未勝 6ト12頭 芸1231 56戸崎圭 S⑥⑤③ 476 人気1 好位楽抜 2½ 362中348 メイザーキック 1235 0.4	兄弟 ダノンベルーガ（現） コスタレイ（現）	2京 10月7日 ①芝 3 牝馬新馬 9ト18頭 芙内1352 55西村淳 S⑫⑪⑪ 482 人気6 中位伸 ¾身 362内342 ブシブシーナ 1350 0.2	3京 11月25日 ⑦京都2歳S 6 GIII 12ト14頭 芝内2000 56Mデムーロ H⑭⑬⑬ 522 人気9 後方差詰 1¼ 377外352 シンエンペラー 1598 0.2	近親 ウエスタンアリストクラット ジンダヤ	3京 11月19日 ⑥デイリー杯 1 1勝 3ト8頭 芸外1207 56川田 S[6][6]⑤ 464 人気1 中位一気 2½ 356外340 タイセイレスポ 1211 0.4	2,000 コ ア 1,300 55レーン 記号の説明 厩舎左側の㊊㊋は ㊊＝関東・美浦所属 ㊋＝関西・栗東所属 賞金左の記号は重の巧拙を表します ◎…得意△…苦手
2京 1月27日 ①白梅 4 1勝 5ト6頭 芙内1352 57横山典 M⑥⑤⑤ 466 人気2 後直だけ 5¾ 362中365 スマートスピア 1343 0.9	2京 2月4日 ④きさらぎ 2 GIII 3ト12頭 芙外1468 57 幸 S⑩⑨⑨ 458 人気10 内つき伸 ハナ 365内338 ビザンチンドリ 1468 0.0	5阪 12月9日 ③芝 1 未勝 3ト9頭 芙外1338 56松山 S①①① 462 人気1 逃切る 1½ 360内340 ガロンヌ 1341 0.3	1東 2月11日 ⑥共同通信 9 GIII 10ト10頭 芙1493 57キングスコー S⑦③② 488 人気10 追上一杯 8¼ 377中339 ジャスティンミ 1480 1.3	1東 2月18日 ⑧芝 4 1勝 5ト12頭 芙1360 57松岡 S⑧⑥[8] 480 人気1 脚余す 1½ 368中338 ボッドテオ 1357 0.3	5東 11月4日 ①京王杯2歳 2 GII 2ト12頭 芸1207 56北村宏 M⑦⑧[8] 474 人気8 G前競い クビ 356中330 コラソンビート 1206R0.1	3東 6月4日 ②芝 1 牝馬新馬 4ト11頭 芙1346 55レーン S③③③ 446 人気2 好位差切 ¾身 375内330 チェルヴィニア 1347 0.1	3京 11月4日 ①芝 1 牝馬未勝 10ト13頭 芙内1333 55西村淳 S⑥⑤⑤ 484 人気2 中位差切 2身 354外343 サロニコス 1336 0.3	5中 12月28日 ⑨ホープフル 9 GI 12ト16頭 芝内2011 56モリス M⑩⑤⑧ 516 人気10 中位まま 5½ 364中362 レガレイラ 2002 0.9	5東 11月12日 ④芝 1 新馬 5ト11頭 芙1368 56石川 S②②② 476 人気1 先行抜出 1¾ 383中333 ジーゲル 1371 0.3	5阪 12月17日 ⑥朝日FS 8 GI 8ト17頭 芙外1343 56ルメール M③⑤④ 468 人気3 好位一杯 3¼ 350中353 ジャンタルマン 1338 0.5	馬場表示 ❶❶①① 開催日の馬場状態 不良・重・稍重・良 乗替り記号 ㊟…ベスト10外の騎手からベスト10への乗替り ㊟…それ以外
3中 3月23日 ①芝 2 1勝 2ト10頭 芙外1083 57横山典 M[7]⑥⑥ 462 人気3 中位伸 1½ 341中342 エリカカリーナ 1080 0.3	2中 3月17日 ⑧スプリング 9 GII 3ト10頭 芙内1503 57 幸 S[8][8][8] 462 人気2 直線下がる 5½ 390外335 シックスペンス 1494 0.9	1中 1月6日 ①ジュニア 1 L 1ト10頭 芙外1325 57キング S①①① 462 人気2 逃切る 2身 348内346 チャンネルトン 1329 0.4	1中京 3月16日 ③ファルコン 8 GIII 12ト17頭 芸1209 57菊沢 S⑥⑫⑫ 488B 人気13 中位まま 4¼ 349外345 ダノンマッキン 1202 0.7	2中 3月17日 ⑧スプリング 4 GII 5ト10頭 芙内1501 57松岡 S④④④ 480 人気6 中位差詰 4½ 383外338 シックスペンス 1494 0.7	1東 1月27日 ①クロッカス 1 L 6ト10頭 芸1209 57三浦 S⑥⑥⑤ 488 人気2 G前差す アタマ 361中332 オーキッドロマ 1209 0.0	4東 10月7日 ①サウジアラビア 2 GIII 3ト9頭 芙1337 55川田 S[7]⑦⑥ 454 人気1 中位伸 2身 355中341 ゴンバデカーブ 1334 0.3	1中 1月7日 ②フェアリー 1 牝馬GIII 13ト14頭 芙外1340 55西村淳 M④④④ 480 人気5 好位抜出 クビ 351中348 マスクオールウ 1340 0.0	1阪 3月10日 ⑥芝 1 1勝 5ト11頭 芙外1334 57Mデムーロ S⑪⑫⑪ 520 人気3 直線一気 ¾身 360外331 マイネルティグ 1335 0.1	1京 1月8日 ③シンザン 1 GIII 5ト18頭 芙外1345 57川田 M⑫⑩⑦ 484 人気3 中位一気 1¼ 351外357 エコロブルーム 1347 0.2	1東 1月27日 ①クロッカス 5 L 4ト10頭 芸1212 57ルメール S③③③ 468 人気1 折合欠 2身 357中337 ロジリオン 1209 0.3	開催場所・月日 開催日・着順 条件・枠・頭数 距離・タイム 斤量・騎手名 ペース・通過順 馬体重・人気 戦評・馬身差 前半・上り③F ①②着時計・秒
2阪 4月13日 ⑦アーリントン 2 GIII 2ト16頭 芙外1341 57横山典 S②②③ 460 人気15 一旦先頭 ½身 361内329 ディスペランツ 1341 0.0	3中 4月14日 ⑧皐月 16 GI 18ト17頭 芝内1592 57 幸 H⑬⑭⑯ 462 人気17 後方まま 12身 366中356 ジャスティンミ 1571R2.1	3中 4月6日 [5]ニュージーランド 16 GII 11ト16頭 芙外1357 57Mデムーロ S[5]②② 468 人気2 S後退る 7¾ 364中367 エコロブルーム 1344 1.3	3中 4月6日 [5]ニュージーランド 9 GII 6ト16頭 芙外1350 57北村宏 S⑫⑪⑨ 488B 人気8 中位まま 3¼ 372中352 エコロブルーム 1344 0.6	2阪 4月13日 ⑦アーリントン 3 GIII 7ト16頭 芙外1341 57坂井 S⑦⑦⑤ 476 人気4 漸進伸 ½身 366中325 ディスペランツ 1341 0.0	1中京 3月16日 ③ファルコン 5 GIII 1ト17頭 芸1208 57三浦 S⑫⑩[7] 488 人気2 前塞る 3½ 347内346 ダノンマッキン 1202 0.6	3中 4月6日 [5]ニュージーランド 2 GII 3ト16頭 芙外1345 55武豊 S⑤④④ 450 人気1 好位伸 ¾身 367内351 エコロブルーム 1344 0.1	2阪 4月7日 ⑥桜花賞 11 牝馬GI 3ト18頭 芙外1329 55西村淳 S⑤⑧⑤ 472 人気8 中位一杯 4身 353中342 ステレンボッシ 1322 0.7	2阪 4月13日 ⑦アーリントン 1 GIII 3ト16頭 芙外1341 57モレイラ S⑧⑧⑧ 514 人気1 G前差す ½身 367中324 アレンジャー 1341 0.0	2阪 3月23日 ❶毎日杯 2 GIII 1ト10頭 芙外1470 57川田 S②②② 478 人気1 先行粘る 6身 355中353 メイショウタバ 1460 1.0	1中京 3月16日 ③ファルコン 1 GIII 15ト17頭 芸1202 57北村友 S⑮⑬⑭ 468 人気7 直線一気 ½身 354外336 オーキッドロマ 1203 0.1	開催場所・月日 開催日・着順 条件・枠・頭数 距離・タイム 斤量・騎手名 ペース・通過順 馬体重・人気 戦評・馬身差 前半・上り③F ①②着時計・秒
0220	0011	2210	0110	0101	0031	0120	0110	0021	0210	0111	㊌㊍㊎㊏連対数
全左ダ右東	全左ダ右東	全左ダ右東	全左ダ右東	全左ダ右東	全左ダ右東	全左ダ右東	全左ダ右東	全左ダ右東	全左ダ右東	全左ダ右東	コース
10010	10010	20020	11000	11001	22002	11001	20020	30030	21011	31020	1着
30030	10010	30030	10010	10010	22001	21011	00000	00000	10010	00000	2着
20020	30030	00000	00000	10010	00000	00000	10010	00000	00000	00000	3着 東京芝コース
20020	00000	00000	00000	21011	11000	00000	00000	00000	00000	00000	4着
00000	10010	00000	00000	00000	11000	00000	00000	10010	00000	11001	5着
10100	20020	10010	53021	00000	00000	00000	10010	20020	00000	10010	着外
入着級	連なら	連なら	入着級	連なら	連なら	☆特注	入着級	▲単穴	△連下	△連下	最終情報

NHKマイルカップ GⅠ
牡・牝（指）三才オープン・馬齢

軸 二 分

1～3番人気2頭＋4番人気以下1頭のケース●2024年5月

結果

1着⑯ジャンタルマンタル

（2番人気）

2着⑭アスコリピチェーノ

（1番人気）

3着⑥ロジリオン

（10 番人気）

………………………………

17 着⑤ボンドガール

（3番人気）

単⑯ 290 円

複⑯ 130 円

② 120 円

⑥ 410 円

馬連②－⑯ 360 円

馬単⑯→② 700 円

3連複②⑥⑯ 2540 円

3連単⑯→②→⑥ 8520 円

こうしたレースの中で危険な人気馬をしっかりと見極めて軽視し、信頼できる人気馬を評価するのが合理的。

本命党の方なら、危険な人気馬1頭を見つけられれば、あとは2頭を軸に穴馬へ流せば的中することが可能です。

この場合でも結構、美味しい配当となるケースは多いのです。

例えば、24年NHKマイルC（P50～51に馬柱）は皐月賞3着馬ジャンタルマンタルと桜花賞2着馬アスコリピチェーノの2頭を信頼したとしましょう。

そうすると故障明けで重賞未勝利のボンドガールは、危険な人気馬と予想することが可能です。

1頭は穴馬が来ると考えれば2頭を軸に穴馬へ流せばよく、10番人気のロジリオンを拾うことも可能でした。

これで3連複2540円なら、十分な配当といえるのではないでしょうか。


もちろん、穴党の方は穴馬から人気馬に流すというのが戦略となりますし、この時に危険な人気馬を1頭見つけられていれば買い目を一気に減らせます。

これも例えばですが、24年ヴィクトリアマイルで（P54～55に馬柱）、穴馬としてフィアスプライドに注目できていたとしましょう。

そうすると、人気馬3頭の中で重賞勝ちがあるマスクトディーヴァ、ナミュールを信頼するとします。

そうなれば、3番人気のウンブライルは消しになります。

せっかく穴馬から入るのであれば、1～3番人気1頭＋4番人気以下2頭の組み合わせが最も美味しく、ヴィクトリアマイルのケースであれば、ヒモを手広く流せば14番人気テンハッピーローズを拾うことも十分可能

14 番人気でヴィクトリアマイルを制したテンハッピーローズ。

12日・東京11Rヴィクトリアマイル(ＧⅠ、芝1600m)

東京 11R WIN5⑤ 発馬 15.40 第19回 ヴィクトリアマイル 牝 (指) 四才上 オープン・定量 GⅠ

	白1 ①	黒2 ②	黒2 ③	赤3 ④	赤3 ⑤	青4 ⑥	青4 ⑦	黄5 ⑧	黄5 ⑨
父	オルフェーヴル	ディープインパクト	キングカメハメハ	キズナ	ロードカナロア	ルーラーシップ	ハーツクライ	ドゥラメンテ	エピファネイア
馬名	ライラック	フィアスプライド	スタニングローズ	コンクシエル	ウンブライル	マスクトディーヴァ	ハーパー	サウンドビバーチェ	テンハッピーローズ
母・母実績	ヴィーヴァブーケ 1勝	ストロベリーフェア 英	ローザブランカ 3勝	ザナ 未勝	ラルケット 4勝	マスクオフ 1勝	セレスタ 亜	スクービドゥー 独	フェータルローズ 3勝
毛色・斤量	鹿 56 牝5	青鹿 56 牝6	鹿 56 牝5	黒鹿 56 牝4	鹿 56 牝4	黒鹿 56 牝4	鹿 56 牝4	黒鹿 56 牝5	栗 56 牝6
騎手	戸崎圭	ルメール	西村淳	岩田望	川田	モレイラ	池添	(替)松山	津村
厩舎	(美)相沢	(美)国枝	(栗)高野	(栗)清水久	(美)木村	(栗)辻野	(栗)友道	(栗)高柳大	(栗)高柳大
賞金	4850	4300	12,900	4300	5800	8450	5250	4400	3800
総賞金	13,980	11,481	28,010	10,533	11,900	16,520	18,700	11,020	13,400
馬主名	芹澤精一	ゴドルフィン	サンデーR	前田晋二	サンデーR	社台RH	エムズR	増田雄一	天白泰司
牧場名	(日)杵臼牧場	(日)ダーレージャパンF	(安)ノーザンF	(新)ノースヒルズ	(安)ノーザンF	(千)社台F	(安)ノーザンF	(新)三嶋牧場	(千)社台F
佐藤直	△	▲	…	△B	△	◎	△	…	…
小野智	△	△	…	…	▲	○	△	…	…
久光	…	注	…	◎	△	▲	…	…	…
西田	△	△	△	…	◎	○	△	…	…
中田	…	…	△	…	▲	◎	△	△	△
本紙武井	△	△	… 西	▲ 西	注	◎ 西	△ 西	… 西	… 西
1200 / 芝1400 / 1600 / 1800	芝二1594⑩ 芝二二2127⑰ 阪1340⑯ 東1462③	**2** 新12[illegible]④ 東[illegible]	芝二1586① 京1233② 東1330⑫ 中1473⑤	芝二2020⑨ 阪1216④ 京1323① 阪1442⑫	**6** 阪[illegible]① 東[illegible]⑨	**3** 芝二[illegible]⑦ 東[illegible]⑥ 阪[illegible]①	芝二1595⑬ 芝二二2128③ 阪1326④ 函2241②	新1211⑥ 東1327⑤ 芝二1590⑦	**1** 小10[illegible]4① 京[illegible]6④ 阪1[illegible]4⑥
上り最高	芝八33.0③	芝八32.6④	芝六32.9⑤	芝八33.5①	芝六32.9②	芝六33.0①	芝六34.2④	芝六33.8⑤	芝四32.3④
騎乗成績	0023	1001	0001	2001	0100	1000	初騎乗	1001	1013
クラス実績	1 1 2 10	1 0 1 4	3 1 1 6	1 1 0 3	1 3 0 3	2 1 0 2	1 1 2 3	1 1 0 6	1 1 2 9
当該条件	初コース	1 0 0 0	0 0 1 1	0 1 1 2	0 1 0 2	0 0 0 1	1 0 0 0	0 0 0 3	0 1 1 0
前走4	4東 10月14日 ④府中牝馬3 牝GⅡ 8ト13頭 芝八1462 55戸崎圭 S④⑥⑤ 448 人気10 中位伸 クビ 368中330 ディヴィーナ 1461 0.1	3新 8月13日 ②関屋4 GⅢ 7ト17頭 芝六外1324 55北村宏 S⑪⑩⑨ 486 人気12 中位伸も 2身 357中330 [illegible]ヴェラーレ 1321 0.3	5阪 22年11月 ❹エリザベ14 牝GⅠ 10ト18頭 芝二二内2155 54坂井 M⑤⑤⑥ 488 人気2 好位一杯 14¾ 358中382 ジェラルディー 2130 2.5	2京 10月15日 ⑤秋華18 牝GⅠ 14ト18頭 芝二内2030 55幸 S⑬⑬⑬ 470B人気13 追走一杯 11½ 375中350 リバティアイラ 2011 1.9	3中 23年4月 ⑤ニュージ2 GⅡ 15ト16頭 芝六外1339 54ルメール M⑨⑩⑧ 472B人気5 中位伸 1¼ 360外353 エエヤン 1337 0.2	4阪 9月17日 ④ローズS1 牝GⅡ 12ト17頭 芝八外1430 54岩田望 M⑫⑨⑦ 444 人気7 中位一気 1½ 352外332 ブレイディヴェ 1432 0.2	2京 10月15日 ⑤秋華3 牝GⅠ 2ト18頭 芝二内2016 55ルメール S⑤④⑤ 482 人気2 好位伸 3½ 369中343 リバティアイラ 2011 0.5	2東 5月14日 ⑧ヴィクト5 牝GⅠ 3ト16頭 芝六1327 56松山 S②③⑤ 494 人気8 好位一息 3½ 345中338 ソングライン 1322 0.5	3東 6月25日 ⑧パラダイ3 L 14ト15頭 芝四1207 54津村 S⑨⑦⑧ 454 人気3 中位伸 クビ 363外327 ビューティフル 1206 0.1
前走3	3京 11月12日 ④エリザベ4 牝GⅠ 11ト15頭 芝二二外2129 56戸崎圭 S⑩⑪⑫ 442 人気4 後方追上 1½ 379中342 ブレイディヴェ 2126 0.3	4東 10月14日 ④府中牝馬4 牝GⅡ 13ト13頭 芝八1462 55北村宏 S⑪⑫⑪ 486 人気11 一瞬鋭 ½身 374中326 ディヴィーナ 1461 0.1	2中 23年2月 ②中山記念5 GⅡ 12ト14頭 芝八内1473 55吉田隼 S③③③ 494 人気3 好位一息 1¼ 369中354 ヒシイグアス 1471 0.2	1東 1月28日 ②節分12 3勝 13ト14頭 芝六1338 55戸崎圭 S③②② 474B人気7 好位一杯 7¾ 357中349 クルゼイロドス 1325 1.3	2東 23年5月 ⑥NHKマイル2 GⅠ 3ト17頭 芝六1338 55横山武 M⑯⑯⑯ 464B人気8 外強襲 アタマ 360外340 シャンパンカラ 1338 0.0	2京 10月15日 ⑤秋華2 牝GⅠ 7ト18頭 芝二内2012 55岩田望 S⑬⑩⑫ 444 人気3 G前鋭い 1身 375中335 リバティアイラ 2011 0.1	3京 11月12日 ④エリザベ3 牝GⅠ 3ト15頭 芝二二外2128 54川田 S③③③ 484 人気3 好位粘る 1身 371内348 ブレイディヴェ 2126 0.2	5中 12月16日 ⑤ターコイ15 牝GⅢ 9ト16頭 芝六外1341 56浜中 S③③③ 502 人気3 好位一杯 7½ 354中355 フィアスプライ 1327 1.4	3新 8月27日 ⑥朱鷺1 L 14ト17頭 芝四内1208 55津村 S⑨⑧⑦ 454 人気3 中位一気 クビ 354中335 サーマルウイン 1209 0.1
前走2	5中 12月24日 ⑧有馬13 GⅠ 8ト16頭 芝二五内2318 56戸崎圭 M⑬⑮⑫ 448 人気10 後方まま 5¾ 382外349 ドウデュース 2309 0.9	5中 12月16日 ⑤ターコイ1 牝GⅢ 6ト16頭 芝六外1327 54ルメール S④④⑤ 478 人気1 好位抜出 1¼ 356中339 フィールシンパ 1329 0.2	2東 5月14日 ⑧ヴィクト12 牝GⅠ 5ト16頭 芝六1330 56坂井 S⑫⑮⑮ 490 人気7 出遅る 5¾ 358内334 ソングライン 1322 0.8	1東 2月11日 ⑥初音1 牝3勝 5ト13頭 芝八1455 55岩田望 S②②② 472B人気5 先行抜出 3身 360内335 ホウオウラスカ 1460 0.5	1東 2月4日 ④東京新聞9 GⅢ 9ト16頭 芝六1327 55ルメール S⑧⑥⑦ 486B人気3 中位一杯 3½ 354中340 サクラトゥジュ 1321 0.6	1東 2月4日 ④東京新聞6 GⅢ 6ト16頭 芝六1325 56岩田望 S⑬⑪⑪ 454 人気1 出遅る 2¼ 358外332 サクラトゥジュ 1321 0.4	5中 12月24日 ⑧有馬9 GⅠ 11ト16頭 芝二五内2316 54岩田望 M⑤②③ 474 人気11 好位一杯 4½ 368中353 ドウデュース 2309 0.7	1東 2月4日 ④東京新聞14 GⅢ 14ト16頭 芝六1340 56浜中 S③③③ 506 人気12 好位一杯 11身 348中358 サクラトゥジュ 1321 1.9	2京 2月17日 ⑦京都牝馬7 牝GⅢ 4ト18頭 芝四外1206 55津村 S⑬⑯⑭ 462 人気8 後方差詰 2¼ 362外336 ソーダズリング 1203 0.3
前走	2阪 4月6日 ⑤阪神牝馬10 牝GⅡ 11ト11頭 芝六外1342 55戸崎圭 S⑥⑤④ 432 人気6 体細化 8¼ 361中342 マスクトディー 1330 1.2	2中 3月9日 ⑤中山牝馬9 牝GⅢ 13ト16頭 芝八内1494 56ルメール S⑨②③ 478 人気1 マクるも 2½ 387外366 コンクシエル 1490 0.4	2阪 3月31日 ④大阪杯8 GⅠ 5ト16頭 芝二内1587 56西村淳 S①①① 490 人気6 逃一杯 3身 358内355 ベラジオオペラ 1582 0.5	2中 3月9日 ⑤中山牝馬1 牝GⅢ 7ト16頭 芝八内1490 53岩田望 S①①① 474B人気5 逃切る ½身 374中362 ククナ 1491 0.1	2阪 4月6日 ⑤阪神牝馬2 牝GⅡ 9ト11頭 芝六外1331 55川田 S⑦⑦⑦ 476B人気4 中位伸 ½身 365外329 マスクトディー 1330 0.1	2阪 4月6日 ⑤阪神牝馬1 牝GⅡ 1ト11頭 芝六外1330 56モレイラ S③④④ 456 人気1 好位抜出 ½身 360中330 ウンブライル 1331 0.1	2阪 3月31日 ④大阪杯13 GⅠ 7ト16頭 芝二内1595 56岩田望 S⑥⑨⑨ 470 人気9 中位一杯 7¾ 365外355 ベラジオオペラ 1582 1.3	3カ月余 放牧 乗込み4週間 仕上り○ 連対体重 462～498 3カ月以上休 ①②③外 0103	2阪 4月6日 ⑤阪神牝馬6 牝GⅡ 3ト11頭 芝六外1334 55津村 S⑦⑦⑦ 462 人気9 中位まま 2¾ 364内332 マスクトディー 1330 0.4

2,000 コア
1,300 55レーン

記号の説明
厩舎左側の(美)(栗)は (美)＝関東・美浦所属 (栗)＝関西・栗東所属
賞金左の記号は重の巧拙を表します ◎…得意△…苦手

馬場表示
❶❶①① ↓↓↓↓ 不重稍良 良場馬場 馬重 — 開催日の馬場状態

乗替り記号
(替)…ベスト10外の騎手からベスト10への乗替り
(替)…それ以外

開催場所・月日 / 開催日・着順 / 条件・枠・頭数 / 距離・タイム / 斤量・騎手名 / ペース・通過順 / 馬体重・人気 / 戦評・馬身差 / 前半・上り③F / ①②着時計・秒

1～3番人気1頭＋4番人気以下2頭のケース●2024年5月

1着⑨テンハッピーローズ

（14 番人気）

2着②フィアスプライド

（4番人気）

3着⑥マスクトディーヴァ

（1番人気）

……………………………

6着⑤ウンブライル

（3番人気）

8着⑩ナミュール

（2番人気）

単⑨ 20860 円

複⑨ 1950 円

② 320 円

⑥ 130 円

馬連②－⑨ 93690 円

馬単⑨→② 303260 円

3連複②⑥⑨ 43750 円

3連単⑨→②→⑥ 916640 円

15 桃8	14	13 橙7	12	11 緑6	10
ルーラーシップ	ベーカバド㊥	エピファネイア	ダノンバラード㊥	スピルバーグ㊥	ハービンジャー
ドゥアイズ	フィールシンパシー	モリアーナ	キタウイング	ルージュリナージュ	ナミュール
ローズマンブリッジ2勝	スマートシンパシー1未勝㊥	ガルデルスリール2勝㊥	キタノリツメイ未勝	パンツァネッラ(公)	サンブルエミューズ3勝
鹿 56 牝4	鹿 56 牝5	鹿 56 牝4	黒鹿 56 牝4	鹿 56 牝5	鹿 56 牝5
鮫島駿	横山琉	横山典	杉原	横山和	武豊
庄野	小島茂	武藤	小島茂	宗像	高野
3150	3950	3600	3850	2400	25,520
11,390	11,345	12,670	7430	5867	62,954
GIレーシング	岡田牧雄	高橋文男	ミルF	東京HR	キャロットF
ノーザンF	岡田S	ノーザンF	ミルF	信岡牧場	ノーザンF
△ △ 西	△ △ △	○ 注 △ 注 注 △			注 ◎ ○ ▲ ○ ○ 西
2021⑩ 2252⑨ 京 1326① 札 1501②	1301⑤ 東 1319① 新 1460③	1580① 2168④ 東 1331③ 札 1500①	福 1116④ 1597⑭ 阪 1330⑫ 札 1472⑧	1593⑥ 新 1325② 東 1461①	② ⑤ 東 ① ③
33.0⑤ 初騎乗	33.4① 4 4 1 8	32.9③ 1 0 1 3	33.0① 2 0 0 7	33.1② 1 0 0 2	33.0① 初騎乗
1 4 1 4 0 1 0 0	0 2 0 5 1 1 0 0	2 0 2 5 1 0 1 1	2 0 0 10 初コース	0 0 0 4 0 0 0 1	3 3 2 5 2 1 0 2
2京 10月15日 ⑤ 10 GI 12ト18頭 内 2021 55 西村淳 S ⑨⑩⑨ 458 人気10 中位まま 6¼ 372中344 リバティアイラ 2011 1.0	5中 12月16日 ⑤ ターコイ 2 GⅢ 2ト16頭 外 1329 53 横山琉 S ①①① 450 人気8 逃粘る 1¼ 352内345 フィアスプライ 1327 0.2	4中 9月9日 ① 1 GⅢ 2ト17頭 内 1580 54 横山典 H ⑮⑮⑭ 474 人気4 直線一気 ½身 375中343 ヒップホップソ 1581 0.1	5中 12月16日 ⑤ ターコイ 13 GⅢ 13ト16頭 外 1339 53 江田照 S ⑫⑬⑭ 432 人気13 後方まま 6½ 367中344 フィアスプライ 1327 1.2	5東 11月12日 ④ ユートピ 1 3勝 5ト14頭 1461 56 横山和 S ⑬⑫⑩ 446 人気3 後方追込 ¾身 372外331 ラリュエル 1462 0.1	4東 10月21日 ⑥ 1 GⅡ 6ト12頭 1314 55 モレイラ M ⑨⑧⑧ 454 人気1 中位一気 1¼ 350中338 レッドモンレー 1316 0.2
5阪 12月9日 ③ リゲルS 2 L 9ト13頭 外 1331 54 ルメール S ⑦⑤⑤ 460 人気1 中位伸 ¾身 363外331 マテンロウスカ 1330 0.1	1中 1月13日 ④ ニューイ 9 L 12ト16頭 外 1330 56 横山琉 S ③⑤④ 452 人気4 好位一杯 3¾ 353中348 パラレルヴィジ 1323 0.7	2京 10月15日 ⑤ 5 GI 8ト18頭 内 2017 55 横山典 S ⑨⑬⑬ 478 人気7 中位伸も 3¾ 373内339 リバティアイラ 2011 0.6	1中 1月6日 ① 中山金杯 14 GⅢ 1ト17頭 内 1597 53 杉原 S ⑫⑪⑩ 434 人気12 1角不利 4½ 373内346 リカンカブール 1589 0.8	5中 12月16日 ⑤ ターコイ 11 GⅢ 11ト16頭 外 1334 53 横山和 S ⑮⑮⑭ 442 人気12 S後ヨレ 3¾ 371外337 フィアスプライ 1327 0.7	3京 11月19日 ⑥ マイルCS 1 GI 16ト16頭 外 1325 56 藤岡康 S ⑭⑭⑮ 454 人気5 後方一気 クビ 358中330 ソウルラッシュ 1325 0.0
2京 2月10日 ⑤ 1 L 15ト18頭 外 1326 54 ルメートル M ⑧⑧⑥ 468 人気2 中位抜出 ½身 352中343 トランキリテ 1326 0.0	2中 3月9日 ⑤ 中山牝馬 4 GⅢ 15ト16頭 内 1493 53 横山琉 S ②②② 456 人気11 先行一息 1½ 376中365 コンクシェル 1490 0.3	1中 1月21日 ⑦ AJCC 4 GⅡ 3ト12頭 外 2168 54 横山典 M ⑫⑫⑧ 482 人気4 後方追上 1¼ 387外369 チャックネイト 2166 0.2	2中 3月9日 ⑤ 中山牝馬 14 GⅢ 4ト16頭 内 1499 53 杉原 S ⑫⑮⑮ 438 人気15 S後接触 5¼ 388内358 コンクシェル 1490 0.9	1東 2月4日 ④ 東京新聞 8 GⅢ 4ト16頭 1327 55 横山和 S ⑪⑪⑪ 448 人気13 後方差詰 3½ 358中334 サクラトゥジュ 1321 0.6	12月10日 香港マイル 3 GI 良 14頭 右 1345 555 ピュイック S ⑬⑬⑩ シャティン 450 香港 後方追上 2¾ ゴールデンシッ 1341 0.4
2阪 4月6日 ⑤ 阪神牝馬 5 GⅡ 7ト11頭 外 1334 55 ムルザバエフ S ⑨⑨⑨ 468 人気2 後方追上 2½ 367外330 マスクトディー 1330 0.4	1福 4月20日 ⑤ 福島牝馬 2 GⅢ 14ト16頭 1469 55 横山琉 S ③②② 454 人気8 好位伸 クビ 359外349 コスタボニータ 1469 0.0	2阪 4月6日 ⑤ 阪神牝馬 3 GⅡ 6ト11頭 外 1333 56 横山典 S ⑩⑨⑨ 482 人気3 後方伸 1¾ 368中329 マスクトディー 1330 0.3	1新 4月28日 ② 8 L 3ト15頭 外 1345 56 杉原 S ⑫⑫⑫ 438 人気8 後方差詰 5½ 369内341 メイショウチタ 1336 0.9	2中 3月9日 ⑤ 中山牝馬 13 GⅢ 2ト16頭 内 1497 53 丸田 S ⑨⑪⑫ 446 人気8 中位一杯 4身 387中361 コンクシェル 1490 0.7	3月30日 ドバイターフ 2 GI 良 16頭 左 1459 55 Cデムーロ ⑭⑭⑫ メイダン アラブ首長国 外一気 アタマ ファクトゥール 1459 0.0

だったのではないでしょうか。

もちろん、これはあくまで結果をわかったうえでの、いわば感想戦。

実際に結果がわからない状態でこのように組み立てるには予想力も必要ですが、もし仮に危険な人気馬が２頭だった場合は、より高配当も狙えます。

ヴィクトリアマイルは、まさにそのケースですね。

これも危険な人気馬が最低１頭はいるという前提を意識していれば、たどり着ける可能性が高まります。

人気馬が圏外になったら、どれだけ配当が上昇するか

ここまでで人気について理解が深まったかなと思います。

ではここからは、具体的に危険な人気馬を見つけることでどれだけ得をするか見ていきましょう。

競馬をするうえで得といえば、もちろん配当ですよね。

人気馬が馬券外になったら、どれだけ配当が上昇するか見ていきます。

まずはシンプルに全券種の平均配当を確認してみます。

検証期間は先ほど同じく２０２１年１月～24年10月14日とします。

下の表3をご覧になればわかるように、**単勝**の平均配当は全体が967・7円ですが、1番人気が飛んだレースに限定すると1335・1円に上昇します。

やはり1番人気が馬券外になるようなレースは波乱度が高いので、1着を当てる馬券は配当が伸びます。配当の伸び率は、全券種の中で最も大きくなっています。

逆に、**複勝や枠連**は1番人気が飛んだ場合でも、配当の伸びが大きくありません。

例えば、複勝の場合だと相手次第では安い配当になりますし、枠連は1番人気が飛んでも枠を指定しているという都合上、1番人気が配当に与える影響は大きくありません。

馬連、馬単は単勝に次ぐ伸び率を見せています。

馬連は5335・1円から6607・9円に、馬単は1万550・9円から1万3173・1円となっています。

これは、人気馬が3頭すべて馬券外に飛ぶケースが極めて少ないことが影響していると考えられます。

先に解説していた通り、1~3番人気のうち1頭が絡むケースは84・2%。

10回レースがあれば、8回以上は1~3番人気のうち1頭は馬券内に好走しているのです。

表3●各券種の平均配当

平均配当	全体	1番人気が飛んだ場合	配当の伸び率
単勝	967.7円	1335.1円	138.0%
複勝	333.9円	390.2円	116.9%
枠蓮	2083.3円	2447.3円	117.5%
馬連	5335.1円	6607.9円	123.9%
馬単	10550.9円	13173.1円	124.9%
3連複	19939.2円	23370.8円	117.2%
3連単	124970.0円	147804.1円	118.3%

そのため、1頭が絡む場合が3着だったときに、配当がハネるのが馬連および馬単ということになります。

それが単勝に次ぐ配当の伸びにつながっているのでしょう。


そして、おそらく多くの方が購入しているであろう**3連複と3連単**。

こちらは思ったより伸び率は大きくなく、3連複が117・2％増で3連単が118・3％増となっています。

これは先ほどの解説の通り、1～3番人気のうち1頭が絡むケースは84・2％と高い点が影響していると考えられます。

最低1頭は馬券圏内に絡むわけですから、その1頭は人気馬ということ。

当然、人気馬が絡むケースは配当的にどうしても下がってしまいます。

これが単勝や馬連、馬単の場合だと、人気馬が来ても関係ない買い目が存在しますが、3連複や3連単となるとそうはなりません。

その分だけ伸び率に影響を与えているということでしょう。

とはいえ、元の金額自体が大きいわけですから、増加分という意味では馬連や馬単とそこまで差はありません。

これは1番人気が馬券外になった場合のデータ。

続いては、次の4つのパターンの平均配当を見てみましょう。

●1～3番人気3頭で決着

●1～3番人気2頭＋4番人気以下1頭で決着
●1～3番人気1頭＋4番人気以下2頭で決着
●4番人気以下3頭で決着

なお、こちらも検証期間は先ほどと同じ21年1月～24年10月14日までとします。また、券種については3連複とします（下の表4）。

まず、「1～3番人気3頭で決着したケース」ですが、この場合の3連複の平均配当は857円。

やはり人気上位3頭で決着すると、かなり安い配当となってしまいます。

しかも、1～3番人気3頭で決着するのはわずか9・2％しかありません。

10回に1回もないケースにも関わらず、仮に当たったとしてもリターンは少ないという、まさにハイリスク・ローリターンなゾーン。

この組み合わせは来ても仕方ないと割り切ったほうがよさそうです。

続いては「1～3番人気2頭＋4番人気以下1頭」で決着したケース。

こちらの3連複の平均配当は4806円となり、先ほどの1～3番人気3頭で決着したケースと比べて一気に配当がハネ上がりました。

表4●3連複のパターン別平均配当

組み合わせ	発生確率	平均配当
1～3番人気3頭	9.2%	857円
1～3番人気2頭＋4番人気以下1頭	47.1%	4,806円
1～3番人気1頭＋4番人気以下2頭	37.1%	25,479円
4番人気以下3頭	6.7%	121,440円

発生確率は47・1%なので、およそ2回に1回はこのケースで決まります。

それでいて、人気馬が1頭飛んだだけで一気に配当がハネるのですから、やはり危険な人気馬を探すことに大きな意味があることを証明しています。


さらに「1～3番人気1頭＋4番人気以下2頭」で決着だと、3連複の平均配当は2万5479円とさらに大きなものとなります。

平均で万馬券オーバーというわけですから、ここまで来ると破壊力は大きいですね。

先ほども紹介した通り、このゾーンを狙うには穴馬を見るける予想力も重要にはなってきますが、発生確率も37・1%とおよそ3回に1回程度は発生するわけですから、危険な人気馬が2頭見つかった場合や美味しい穴馬が見つかった場合はチャレンジしたいところです。


最後に「4番人気以下3頭で決着したケース」。

こちらは3連複の平均配当が12万1440円となっており、3連単なら100万円も狙えるゾーンです。

ただ、このゾーンの発生確率はわずか6・7%。

1～3番人気3頭で決着したケースよりも少なく、基本的にはこのゾーンで決着した場合は運が悪かったとあきらめるのも精神衛生上、合理的でしょう。

よほど人気馬3頭に不安材料がある場合や、美味しい穴馬を見つけた際のボーナス的な要素として取り入れるのがいいかと思います。

このように、危険な人気馬を探すことが的中率、そして配当面でも非常に重要であることがわかるかと思います。

危険な人気馬を見つけた場合の馬券の組み方

それでは、この章の最後は危険な人気馬を見つけた際の馬券の組み方について紹介できればと思っています。

現在の競馬は予想力も重要ですが、それ以上に買い目をつくる馬券力も重要だと考えています。

私自身も日々、馬券力の向上に努め、トライアンドエラーを重ねています。

その中で自分自身の考えも整理しつつ、皆さんのヒントになれば幸いです。


まずは**人気と着順の関係性**について。

これまで勝率、連対率、複勝率というデータを用いてきましたが、連対率には1着と2着の馬が、複勝率には1着と2着と3着の馬が対象となります。

つまり、連対率でも1着の率か2着の率か、そのうちどちらが多いのか?

複勝率だと、1着の率か、2着の率か、3着の率か、そのうちどれが一番多いのか?

——こうしたことも意識しておく必要があります。

これを踏まえると、より馬券の組み立て方がイメージできるかと思います。

表5●人気別の1着率・2着率・3着率

人気	1着率	2着率	3着率
1番人気	33.5%	19.0%	12.4%
2番人気	19.6%	18.0%	14.4%
3番人気	13.1%	14.9%	13.8%
4番人気	9.5%	11.7%	12.7%
5番人気	7.1%	9.4%	10.5%
6番人気	5.4%	7.3%	9.1%
7番人気	3.6%	5.5%	7.0%
8番人気	2.7%	4.4%	5.8%
9番人気	1.9%	3.2%	4.7%
10番人気	1.6%	2.6%	3.4%
11番人気	1.2%	2.0%	2.9%
12番人気	0.9%	1.7%	2.0%
13番人気	0.6%	1.0%	1.7%
14番人気	0.4%	0.8%	1.6%
15番人気	0.3%	0.7%	1.3%
16番人気	0.2%	0.3%	0.7%
17番人気	0.1%	0.4%	0.6%
18番人気	0.1%	0.1%	0.5%

やはり2021年1月～24年10月14日を集計対象として、今度は各人気の1着率、2着率、3着率をそれぞれ見てみましょう（右の表5）。

1番人気は1着率が最も高く33・5％で、次に2着率が19・0％となり、最後に3着率が12・4％という順番になっています。

つまり、1番人気は3着よりも2着、そして2着よりも1着になる確率が高いということがわかります。

2番人気も1着率が19・6％、2着率は18・0％、3着率は14・4％。

1番人気と同様に3着より2着、2着よりも1着になりやすい傾向が見られます。

ちなみに、3着率は1番人気よりも2番人気のほうが高いというのも面白い傾向でしょう。

しかし、**3番人気**から少し傾向が変わってきます。

1着率は13・1％で、14・9％の2着率が上回っています。

3着率も13・8％なので、これも1着率よりわずかに高くなっており、3番人気の場合は1着よりも、3着や2着になることのほうが多いというわけです。

そして**4番人気**になると、1着率9・5％に対して2着率は11・7％。

さらに3着率は12・7％とわずかではありますが、2着率をも上回っており、1着よりも2着、2着よりも3着になる確率のほうが高いということを表しています。

この傾向は**5番人気以下**も続いており、例えば5番人気は1着率が7・1％に対して、2着率は9・4％。3着率は10・5％となります。

明らかに1着よりも2着、2着よりも3着という傾向が出ているといっていいでしょう。

つまり、基本的に人気薄が上の着順に来る可能性というのは極めて少ないというわけです。

1着率＝勝率の66・2％は1～3番人気が占めており、10番人気以下はわずか5・4％。

つまり、3場開催で36レースあったとすると、1～2頭くらいしか勝たないというのが全体的な傾向というわけです。

当たり前ではありますが、改めて人気であるほど勝つ可能性が高く、人気薄であるほど2～3着の可能性が高いということがデータからもわかりました。

この傾向をしっかりと押さえたうえで、ＪＲＡで発売されている券種別に考えてみましょう。

●単勝の場合

単勝とは、1着になる競走対象を予想する投票法です。

この場合は単純に勝ち馬を予想するだけなので、基本的に人気馬であるほど的中率の高い券種になります。

前述しているように、勝率は1番人気が最も高く33・5%を記録しています。

一方、1～3番人気以外に目を移すと、4番人気の勝率は9・5%しかありません。

しかし、1番人気でさえ10回に7回は勝てないわけで、さらに1番人気が飛んだ場合の配当の伸び率は最も高くなっていました。

そのため、**単勝は、美味しい穴馬を見つけた際は積極的に取り入れたい券種**になります。

●複勝の場合

複勝とは、出走馬が5頭以上7頭以下の場合は2着以内に入る馬1頭を、出走馬が8頭以上の場合は3着以内に入る馬1頭を予想する投票法です。

つまり、出走馬が7頭以下の場合は、予想した馬が1、2着のいずれかであること。

出走馬が8頭以上の場合は、予想した馬が1～3着のいずれかであれば的中となります。

こちらは単勝と違い、基本的に1～3着に入れば的中という券種のため、穴馬は1着より2着、2着より3着になりやすい傾向からも、美味しい穴馬を見つけた際に使いやすい券種です。

ただし、配当面で他の好走馬の影響を受けやすく、1番人気が飛んだ場合の伸び率も低くなっていました。

そのため、個人的には別の券種を活用することをオススメします。

●馬連の場合

馬連とは1着、2着になる馬の組み合わせ2つを、それらの着順は問わず順不同で予想する投票法です。

例えば1着が①番、2着が②番の場合、①-②が的中となります。

馬連の場合は順不同で問題ないので、人気馬から入る場合でも穴馬から入る場合でも使いやすいというメリットがあります。

また馬連は、後述する馬単と同じく1番人気が飛んだ場合の伸び率が大きな券種でした。

これは発生率の高い「1～3番人気2頭＋4番人気以下1頭で決着」「1～3番人気1頭＋4番人気以下2頭で決着」の場合でも、穴馬が絡むケースが多くなるためです。

馬連でこの3つのケースだと「人気馬－人気馬」「人気馬－穴馬」「穴馬－穴馬」のパターンが存在し、「人気馬－人気馬」のケース以外で高配当が狙えます。

上位人気馬は3着より2着、2着より1着になる可能性が高く、逆に穴馬は1着より2着、2着より3着になる確率が高いわけですから、**「人気馬－穴馬」の組み合わせが最も狙いやすいゾーン**だと考えています。

●馬単の場合

馬単とは1着、2着になる競走対象の組み合わせ2つを、それらの着順通りに予想する投票法です。

例えば1着が②番、2着が①番の場合、②→①が的中となるが、①→②は不的中となります。

基本的には前述した馬連と同様の考え方ですが、馬連と違うのは着順を指定しないといけないということ。

すでに何度も解説している通り、上位人気馬は3着より2着、2着より1着になる可能性が高く、逆に穴馬は1着より2着、2着より3着になる確率が高くなります。

そのため確率としては「人気馬→穴馬」というのが最も発生しやすいところではありますが、それならば馬連のほうが配当的にも、それほど差がなく重視すべきだと考えています。

●3連複の場合

3連複とは1着、2着、3着になる組み合わせ3つを、着順は問わずに順不同で予想する投票法です。

例えば1着が①番、2着が②番、3着が③番の場合、①②③が的中となります。

ここまで見てきたパターンで組み合わせとしては「1~3番人気3頭で決着」「1~3番人気2頭+4番人気以下1頭で決着」「1~3番人気1頭+4番人気以下2頭で決着」「4番人気以下3頭で決着」の4つのパターンが存在します。

そのうち、「1~3番人気3頭で決着」は配当面で美味しくなく、「4番人気以下3頭で決着」はそもそも発生自体が少ないという傾向がありました。

そのため**「1~3番人気2頭+4番人気以下1頭で決着」「1~3番人気1頭+4番人気以下2頭で決着」**が狙

いどころであり、その意味でも危険な人気馬を探した際に使用しやすい券種になるかと思います。

具体的にはまず危険な人気馬を探し、本命党の方は残り2頭の人気馬を信頼して「1～3番人気2頭＋4番人気以下1頭で決着」を想定した組み合わせをつくります。

穴党の方は、残り2頭の人気馬を相手に指名して「1～3番人気1頭＋4番人気以下2頭で決着」を想定した組み合わせをつくるのが合理的かと思います。

この章の前半で、前者の例として24年ＮＨＫマイルＣ、後者の例として24年ヴィクトリアマイルを紹介していますね。

●3連単の場合

3連単とは1着、2着、3着になる競走対象の組み合わせ3つを着順通りに予想する投票法です。

例えば1着が①番、2着が②番、3着が③番の場合、①→②→③が的中となり、②→①→③や①→③→②など、たとえ3着以内であっても着順通りの組み合わせ以外は

2024年、NHKマイルCを2番人気で制したジャンタルマンタル。2着が1番人気アスコリピチェーノ、3着が10番人気のロジリオンだった。

不的中となります。

こちらも3連複と同様、狙うべきは「1～3番人気2頭＋4番人気以下1頭で決着」「1～3番人気1頭＋4番人気以下2頭で決着」の2つのゾーン。

そのため、まずは**危険な人気馬を1頭見つけることが大事**です。

そのうえで3連単の場合、最も懸念すべきはその買い目の多さになるでしょう。

そのため個人的には**「1～3番人気2頭＋4番人気以下1頭で決着」**のパターンのみ、オススメかなと思っています。

このケースでは2頭は絞れているので、手を広げる箇所は穴馬ゾーンの1カ所のみ。

また、基本的に人気馬は3着より2着、2着より1着になる可能性が高いわけですから、1着欄は人気馬に絞ってもよさそうです。

人気馬2頭のうち、どちらかを1着に固定し、2着欄にもう1頭の人気馬として、3着欄に穴馬のフォーメーション。

そして1着は同じで2着欄に穴馬、3着欄にもう1頭の人気馬とするフォーメーションを組み立てるというのもオススメです。

この場合なら、ある程度点数を絞りつつ、高配当も狙える買い目が組み立てられるかと思います。本書のスタッフの方が、こちらの方法で24年秋華賞の3連単万馬券を的中したそうです。P70に掲載したので参考になさってください。

ここまで主要な券種を元に買い目を検討してきました。

個人的には**人気馬を信頼するケースでは3連複、あるいは3連単で勝負し、美味しい穴馬を見つけた場合は単勝、馬連、3連複を組み立てる**ことを推奨します。

いずれにしても危険な人気馬を1頭見つけることで、軸、相手まではある程度オートマチックに決めることが可能になります。

そして、過去の傾向からも最低でも1頭は危険な人気馬がいるという点から、的中の可能性も高くなることは間違いありません。

もちろん、配当がハネることも確認できました。

このように、危険な人気馬を探すメリットは、予想するうえで非常に重要で意義のあることだというのが理解できたかと思います。

それでは、次章から本書のメインテーマである、危険な人気馬を探す具体的な方法を紹介していきます。

11R	3連単 フォーメーション	1着：05 2着：14 3着：01,02,03,04,05,06,07,08,09,10,11,12,13,14,15	各 100円 計1,300円	－	－	0円
11R	3連単 フォーメーション	1着：05 2着：01,02,03,04,05,06,07,08,09,10,11,12,13,14,15 3着：14	各 100円 計1,300円	05→10→14	11,970円	11,970円
11R	3連単 フォーメーション	1着：05 2着：14 3着：02,03,04,08,10,11,13,15	各 200円 計1,600円	－	－	0円
11R	3連単 フォーメーション	1着：05 2着：02,03,04,08,10,11,13,15 3着：14	各 200円 計1,600円	05→10→14	11,970円	23,940円

2024年10月13日・京都11R秋華賞（GⅠ、芝1200ｍ）の3連単的中画像。1着に1番人気⑤チェルヴィニアを固定、2、3着に⑭ステレンボッシュ（2番人気）を置いた3連単。最初の2つは万一を考えてのヒモ総流し（1点100円）。そのうえでヒモを8頭に絞った馬券を購入している（1点200円）。結果は1着⑤、2着⑩ボンドガール（5番人気）、3着⑭ステレンボッシュとなり、3連単1万1970円が的中した（払戻は3万5910円）。

万馬券的中証明書

[redacted]

2024年10月13日
JRA日本中央競馬会

あなたは下記の万馬券を的中させましたので
ここに証明いたします。

記

2024年　5回京都4日　11R
3連単 05→10→14　100円購入
払戻金単価　@11,970円
払戻金合計　11,970円

2024年　秋華賞
3連単100円的中
⇒払戻１万1970円

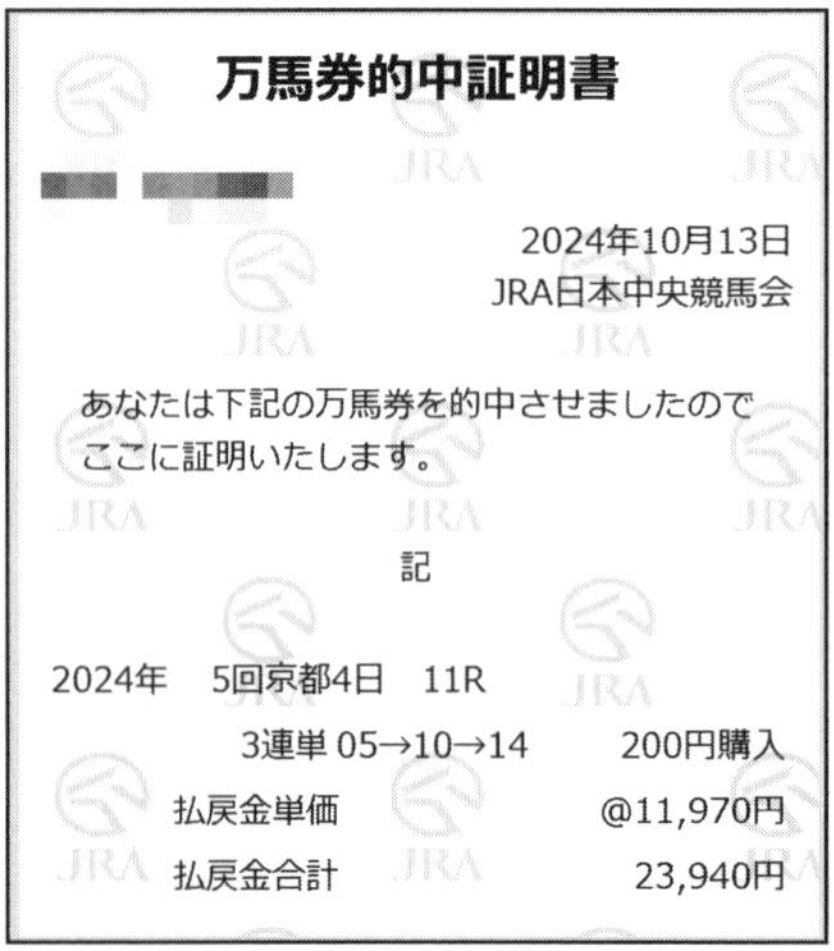

万馬券的中証明書

[redacted]

2024年10月13日
JRA日本中央競馬会

あなたは下記の万馬券を的中させましたので
ここに証明いたします。

記

2024年　5回京都4日　11R
3連単 05→10→14　200円購入
払戻金単価　@11,970円
払戻金合計　23,940円

2024年　秋華賞
3連単200円的中
⇒払戻２万3940円

第3章

スキル①
速い時計が得意か、
遅い時計が得意か

人気馬が取りこぼしやすい条件とは……

1～2章で人気について振り返ってきましたが、3章からが本番。具体的に危険な人気馬を見つける方法をお伝えしていきます。

そもそも、人気馬が危険だなと思うシチュエーションはどのようなものが思い浮かぶでしょうか？

・ハンデ戦の人気馬
・道悪時の人気馬
・牝馬限定戦の人気馬
・ローカルの人気馬

――などが代表的なところでしょうか。

これらの条件において、1番人気の成績にどれだけ差が出ているか調べてみました。

なお、1番人気の成績に関しては2章と同じく、２０２１年1月～24年10月14日を集計期間としています（左の表1）。

●危険な人気馬——ハンデ戦の場合

まず、ハンデ戦ですがこちらは明確に成績に差が出ていますね。

1番人気の勝率が全体だと33・5%ですが、ハンデ戦に限定すると25・9%まで減少しています。

ハンデ戦は、出走予定馬の実績や最近の状態などを考慮し、各出走馬に勝つチャンスを与えるよう決められた重量を負担させるレースとされています。

通常のレースよりも能力差が少なくなることから、人気薄の馬でも勝つチャンスが大きくなる分、1番人気の勝率が下がっているわけです。

そしてハンデ戦のもうひとつの特徴として考えているのが、全馬が積極的に勝ちにいく競馬をするという傾向です。

そのため、全体的にペースが速くなりやすいのです。

実際にハンデ戦では、逃げた馬が苦戦するというデータも存在します。

極端なペースになりやすいというのも、人気馬が苦戦して穴馬が台頭しやすい要素だと考えられます。

●危険な人気馬——道悪の場合

続いては道悪時の1番人気ですが、芝の重と不良で顕著な傾向が見られます。

先ほどハンデ戦の1番人気の勝率は25・9%でしたが、芝の不良馬場になると、

表1●1番人気の条件別成績

条件	総レース	1着	2着	3着	着外	勝率	連対率	複勝率
1番人気全体	13127	4400	2492	1634	4601	33.5%	52.5%	65.0%
ハンデ戦	729	189	117	102	321	25.9%	42.0%	56.0%
芝・重	401	105	74	54	168	26.2%	44.6%	58.1%
芝・不良	90	19	13	10	48	21.1%	35.6%	46.7%
ダ・重	738	264	123	93	258	35.8%	52.4%	65.0%
ダ・不良	425	147	74	50	154	34.6%	52.0%	63.8%
牝馬限定戦	1916	617	366	245	688	32.2%	51.3%	64.1%
ローカル	6395	2069	1204	785	2337	32.4%	51.2%	63.5%

これをさらに下回って21・1％まで低下しています。

人間で考えるとわかりやすいですが、50ｍを９秒台で走る人に８秒で走れといっても、到底できません。

競走馬も同じで、芝の場合だと良馬場では時計が速くなり、必然的に脚の遅い馬は淘汰されてしまいます。

基本的に脚の速い馬は人気馬に多いですから、良馬場なら人気馬の好走率は上がります。

しかし、重や不良になって時計が遅くなると、速い時計で淘汰されてきた馬でも走り切ることが可能になります。

そのため、穴馬が台頭しやすく人気馬が凡走しやすいというわけです。

逆にダートは、重や不良で成績が向上。

これも時計が速くなって速く走れない馬が淘汰されることで、結果的に人気馬が活躍するという流れの証明といえるでしょう。

●危険な人気馬――牝馬限定戦の場合

牝馬限定戦も人気馬が凡走しやすい条件のひとつ。

勝率は32・２％と少し下がっています。

こちらに関しては、そもそも牡馬との能力の違いという点が大きいかと思います。

また、多くの牝馬は牡馬よりも馬格が劣るため、タフさで劣ります。

そのため、牝馬は一瞬の切れに長けた馬が多く、末脚を引き出すようなレース展開になりやすいと考えています。

騎手もその持ち味を活かすために道中は無理をさせないケースが多く、結果的にスローペースになりやすいという傾向があります。

そうなると展開的な紛れも起こりやすく、人気馬が凡走してしまうのです。

他には、牝馬重賞の多くはマイル戦を中心に組まれており、（距離区分は人によって若干の解釈の違いはjありますが）中距離となる２０００ｍ以上の重賞はわずか7レースしかありません。

そのため、マイラーが出世しやすい環境が整っているのですが、そうした馬がエリザベス女王杯など２０００ｍ以上のレースに出走して敗戦するというケースも見られます。

●危険な人気馬──ローカル場のレースの場合

ローカルも人気馬が凡走しやすい条件で、1番人気の勝率は32・4％と低下しています。

一般的にローカルというと札幌、函館、福島、新潟、中京、小倉といった競馬場のことを指します（コース・イラストは巻末に掲載）。

そのうち、新潟競馬場の外回りコースと中京競馬場以外は直線の短い競馬場という括りになります。よく小回りコースと表現されることも多いですが、直線が短いことと小回りであることはイコールではありません。

むしろ新潟競馬場や中京競馬場のほうが小回りで、札幌競馬場は大回りに分類されるのですが……ちょっと話が逸れました。

基本的に人気馬は脚の速い馬、直線でトップスピードを発揮できる馬が多くなります。

それは大レースの多くが、東京競馬場など直線の長いコースで開催されるため、それらのレースを制することを大きな目標にして生産、育成されているからです。

ただ、こうした特性のある人気馬も直線が長くないコースでは、物理的に持ち味を発揮できません。

そのため、ローカルでは人気馬が取りこぼしやすいというわけです。

サラブレッドは「時計の速い決着が得意か」、「遅い決着が得意か」の二択

前項では、人気馬が取りこぼしやすい条件を確認しつつ、なぜそうなるのか？　について私なりに解説してきました。

そして、これらの要素を大きな枠組みで考えると、次の2点になります。

●時計の速い決着が得意か、遅い決着が得意かという適性的な要素
●逃げ・先行馬が有利か差し・追込馬が有利かという展開的な要素

この2つの要素とその馬の特性を精査することで、危険な人気馬かどうかを探るというのが本書で伝えたいテーマとなります。

この3章では、その中でも「時計の速い決着が得意か、遅い決着が得意か」という点に絞って解説していき

ます。

それでは具体的に「時計の速い、遅い」を判断するには、どこを見るべきか。

私としては走破時計よりも上がりを見るべきだと考えています。

特に**上がり2ハロンに競走馬のすべてが表れている**と考えています。


上がり2ハロンについては、前著の『安井式上がりXハロン攻略法』（秀和システム）でも、その重要性を解説しているので、すでにお読みいただいている方は重複することをご容赦ください。


レースにおいてまず間違いなく、スタート後の1ハロン目はタイムが遅く、2ハロン目はタイムが速いという形になります。

これは、スタート時は各馬が止まっている状態で、そこから計測されるため（厳密にはスタート後、数mの助走区間があります）ダッシュがつかず、遅いラップが刻まれるというわけです。

静から動に切り替わるタイミングというわけですね。

そして、ダッシュが効く2ハロン目に速いタイムが刻まれます。

その後、3ハロン目からはスタートダッシュも終わり、ポジション争いも落ち着くため徐々に緩んでいき、後半にかけてまたレ

『安井式上がりXハロン攻略法』
（秀和システム）

ースが動くという流れが一般的です。

そして、ほとんどのレースにおいて、最初の2ハロン目（静から動に切り替わって一番スピードに乗っているタイミング）以外で最も速いラップが刻まれるのが、上がりの2ハロン目。

諸説ありますが、競走馬は全速力で走れる距離がおよそ400mしかないといわれています。

400mということは、ハロンに換算すると2ハロンに該当します。

最終コーナーから直線へと入っていく上がり2ハロン目に最高速度が記録されるため、**上がり2ハロンが競走馬の全速力の区間**と考えて間違いないかと考えています。

また、スポーツ医科学の世界では、人間が筋肉を動かすためのエネルギーに「ATP」と呼ばれる高エネルギー性の化合物が利用されることがわかっています。

そして、筋内に貯蔵されているATPの量はごく限られており、運動を続けるにはATPの再合成や産生が必要となります。

そのATPを再合成、あるいは産生する経路は大きく3つあるとされており、それぞれ「ATP―CP系」「乳酸系」「有酸素系」と呼ばれています。

その中でも、短時間かつ高強度のエネルギー合成を必要としているのが「ATP―CP系」と呼ばれるものになります。

そして、「ATP―CP系」はより爆発的な運動をする際に用いられるものであり、持続時間は30秒以内だといわれています。

上がり2ハロンは、おおよそ「ATP—CP系」の持続時間にあたります。

つまり私は、**競走馬が全速力で走っている上がり2ハロンにこそ、その馬の特性が表れる**と考えています。

なお、前著の『安井式上がりXハロン攻略法』では上がり2ハロンにはスピードが、上がり1ハロンにはスタミナがそれぞれ表われると解説しました。

確かにその考えは今でも間違っていないと思いますが、執筆後もさらに分析を進めていく中で、上がり1ハロンのタイムも入っている上がり2ハロンの数値で、スピードもスタミナも判別することが可能だという考えに至りました。

もちろん、よりわかりやすくするという意味でも、上がり2ハロンに集約することは意義があるといえるでしょう。

そして、過去のレースの平均値や私個人としての経験・感覚などを加味して、芝の場合は上がり2ハロン23・5秒を閾値（しきいち＝分岐点となる数字）として、**「23・4秒以下のレースを時計の速いレース、23・5秒以上のレースを時計の遅いレース」**と本書では定義しています。

ちなみにダートの場合は、25・4秒以下を時計の速いレース、25・5秒以上を時計の遅いレースと定義します。

最もわかりやすい例として取り上げたいのが、少し古いですが２０１９年の有馬記念です。

このレースには、圧倒的1番人気となるアーモンドアイが出走していました。

引退までにＧＩを９勝した、まさに日本競馬史におけるレジェンドホースですが、生涯唯一、馬券圏内どころか掲示板すら外してしまったのが、この有馬記念なのです。

■２０１９年有馬記念出走馬と人気（Ｐ82〜83に馬柱）
①スカーレットカラー（11番人気）
②スワーヴリチャード（５番人気）
③エタリオウ（10番人気）
④スティッフェリオ（13番人気）
⑤フィエールマン（６番人気）
⑥リスグラシュー（２番人気、単勝６・７倍）⇒１着
⑦ワールドプレミア（４番人気）
⑧レイデオロ（９番人気）
⑨アーモンドアイ（１番人気、単勝１・５倍）⇒９着
⑩サートゥルナーリア（３番人気）
⑪キセキ（７番人気）
⑫クロコスミア（16番人気）

⑬アルアイン（15番人気）
⑭ヴェロックス（8番人気）
⑮アエロリット（12番人気）
⑯シュヴァルグラン（14番人気）

有馬記念というレースは、2500mの長丁場に加えて、最後の直線には高低差2・2mの上り坂が待ち受けています。

そのため時計が遅くなりやすく、この19年有馬記念もレースの上がり2ハロンは24・2秒と時計を要していました。

アーモンドアイは19年有馬記念までにGⅠを6勝していましたが、そのうち5戦は上がり2ハロンが23・4秒以下のレースでした（P84の表2）。

唯一、23・5秒以上になったのは秋華賞。

オークス以来の休養明けで体調が万全ではなかったなど、さまざまな要因はあったにせよ、ミッキーチャーム相手に0・2秒差しかつけられなかったのは、アーモンドアイの能力を考えれば、実力を最大限に発揮できたレースとはいえなかったと思います。

つまり、アーモンドアイは時計の遅いレースではパフォーマンスを発揮できないと考えることができました。

中山 11R WIN5⑤

発馬 15.25

第64回 有馬記念（グランプリ）GI

㊈三才上オープン・定量

	1	2	3	4	5	6	7	8	9	10
枠	白1	白1	黒2	黒2	赤3	赤3	青4	青4	黄5	黄5
父	ヴィクトワールピサ	ハーツクライ	ステイゴールド	ステイゴールド	ディープインパクト	ハーツクライ	ディープインパクト	キングカメハメハ	ロードカナロア	ロードカナロア
馬名	スカーレットカラー	スワーヴリチャード	エタリオウ	スティッフェリオ	フィエールマン	リスグラシュー	ワールドプレミア	レイデオロ	アーモンドアイ	サートゥルナーリア
母	ヴェントス	ピラミマ	ホットチャチャ	シリアスアティテュード	リュヌドール	リリサイド	マンデラ	ラドラーダ	フサイチパンドラ	シーザリオ
毛色	鹿毛	栗毛	青鹿	鹿毛	鹿毛	黒鹿	黒鹿	鹿毛	鹿毛	黒鹿
斤量	55 牝4	57 牡5	57 牡4	57 牡5	57 牡4	55 牝5	55 牡3	57 牡5	55 牝4	55 牡3
騎手	岩田康	マーフィー	横山典	丸山	替池添	レーン	武豊	替三浦	ルメール	スミヨン
厩舎	栗高橋亮	栗庄野	栗友道	栗音無	美手塚	栗矢作	栗友道	美藤沢和	美国枝	栗角居
賞金	5450	24,450	6350	9700	16,400	35,340	6900	28,325	60,330	12,900
総賞金	13,030	93,904	19,570	25,042	34,400	89,543	16,730	91,547	123,268	28,700
馬主名	前田幸治	NICKS	GリビエールR	社台RH	サンデーR	キャロットF	大塚亮一	キャロットF	シルクR	キャロットF
牧場名	ノースヒルズ	ノーザンF	ノーザンF	社台F	ノーザンF	ノーザンF	ノーザンF	ノーザンF	ノーザンF	ノーザンF
佐藤直	…	△	…	…	△	▲	△	…	○	◎
小野智	…	△	…	…	△	注	△	…	○	◎
久光	…	注	◎	…	△	△	△	△	○	▲
西田	…	△	…	…	△	◎	△	△	○	▲
伊利	…	△	…	…	△	▲	△	初	○	注
本紙武井	…西	△西	B…西	…西	▲	○西	△西	B△	◎	注西
1800	東1445[1]	中1457④	芸2238④	小1467①	福1462②	東1447②	京1473①	芸2239②	天1467①	京1496①
2000	阪2004③	東1571⑦	京2012①	東1579⑫	札2003③	芊[illegible]9③	京[illegible]③	東1568①	東[illegible]①	東[illegible]⑥
2200	京2147⑦	阪2116③	阪2126⑨	中2120①	中2137②	阪2[illegible]8①	芸2[illegible]③	中2112①	芸[illegible]③	芸12[illegible]①
2500	芸1338⑧	東2300①	中2344[2]	芊3225■	芸2395⑫	芸[illegible]⑤	芊[illegible]①	中2322[2]	芸[illegible]①	芸[illegible]①
芝上り	天33.2[1]	芸33.5②	芸33.5④	芊33.7④	芊33.9①	天32.6②	芸32.3③	芊33.6①	芸32.4③	芸32.3①
ダート上り										
ダ1600 / ダ1800										

2 9 3 1

前走	1	2	3	4	5	6	7	8	9	10
4走前	3阪 6月9日 ④マーメイ 3 / GIII 15ﾄ16頭 / 芝内2004 / 53岩田康 / M⑩⑩⑨ / 470 人気5 / 中位伸 3/4身 / 368中352 / サラス / 2003 0.1	3月30日 シーマクラシック 3 / GI 良 8頭 / 2274 / 57モレイラ / ⑦⑧⑧ / メイダン / アラブ首長国 / 後方伸 2身 / オールドペルシ / 2271 0.3	3京 4月28日 ③天皇賞 4 / GI 2ﾄ13頭 / 芸外3160 / 58Mデムーロ / S⑬⑨⑤ / 472B 人気2 / 後方追上 6 1/2 / 393外352 / フィエールマン / 3150 1.0	2阪 3月31日 ④大阪杯 7 / GI 13ﾄ14頭 / 芝内2015 / 57田辺 / S③②③ / 450 人気13 / 先行一杯 3 1/4 / 368中359 / アルアイン / 2010 0.5	1中 1月20日 ⑦AJCC 2 / GII 4ﾄ11頭 / 三外2137 / 57ルメール / S⑥⑥⑥ / 480 人気1 / 中位伸 アタマ / 377中340 / シャケトラ / 2137 0.0	2中京 3月10日 [2]金鯱賞 2 / GII 11ﾄ13頭 / 2003 / 55シュタルケ / S[7]⑥⑥ / 458 人気5 / 直線伸 1 1/4 / 372外341 / ダノンプレミア / 2001 0.2	2京 2月16日 ⑦つばき賞 1 / 500万 1ﾄ8頭 / 千外1473 / 56武豊 / H④③④ / 476 人気2 / 中位差切 1身 / 351中361 / ユニコーンライ / 1475 0.2	3月30日 シーマクラシック 6 / GI 良 8頭 / 2291 / 57ルメール / ①①① / メイダン / アラブ首長国 / 逃一杯 12 1/2 / オールドペルシ / 2271 2.0	5東 18年11月 ⑧ジャパン 1 / GI 1ﾄ14頭 / 2206 / 53ルメール / M②②② / 472 人気1 / 先行抜出 1 3/4 / 363内341 / キセキ / 2209 0.3	3中 4月14日 ⑧皐月 1 / GI 12ﾄ18頭 / 芝内1581 / 57ルメール / M⑦⑦⑦ / 496 人気1 / 中位差切 アタマ / 357外341 / ヴェロックス / 1581 0.0
3走前	1札 7月28日 ②クインS 2 / GIII 6ﾄ14頭 / 天1470 / 55岩田康 / S[9]⑩⑩ / 464 人気5 / 中位伸 クビ / 379内334 / ミッキーチャー / 1470 0.0	3阪 6月23日 ⑧宝塚 3 / GI 11ﾄ12頭 / 三内2116 / 58Mデムーロ / S④③③ / 524 人気6 / 好位伸 5身 / 361中357 / リスグラシュー / 2108 0.8	3阪 6月23日 ⑧宝塚 9 / GI 3ﾄ12頭 / 三内2126 / 58横山典 / S⑩⑧⑧ / 474B 人気4 / 追上一杯 10 3/4 / 369外364 / リスグラシュー / 2108 1.8	3阪 6月23日 ⑧宝塚 7 / GI 6ﾄ12頭 / 三内2124 / 58丸山 / S④⑤⑤ / 442 人気8 / 好位一杯 9 3/4 / 361中363 / リスグラシュー / 2108 1.6	3京 4月28日 ③天皇賞 1 / GI 10ﾄ13頭 / 三外3150 / 58ルメール / S⑤④① / 480 人気1 / 直線競勝 クビ / 377中345 / グローリーヴェ / 3150 0.0	4月28日 QエリザベスII世 3 / GI 良 13頭 / 芝右1589 / 555マーフィー / S⑩⑧⑦ / シャティン / 458 香港 / 中位伸 1 3/4 / ウインブライト / 1588 0.1	1阪 3月16日 [7]若葉S 2 / L 4ﾄ10頭 / 芝内2026 / 56武豊 / S⑦⑦⑦ / 474 人気2 / 後方伸 3身 / 381中352 / ヴェロックス / 2021 0.5	3阪 6月23日 ⑧宝塚 5 / GI 2ﾄ12頭 / 三内2121 / 58ルメール / S⑥⑤⑤ / 482 人気2 / 中位差詰 7 3/4 / 363内360 / リスグラシュー / 2108 1.3	3月30日 ドバイターフ 1 / GI 良 13頭 / 芝左1467 / 55ルメール / ⑥⑥⑥ / メイダン / アラブ首長国 / 中位抜出 1 1/4 / ヴィブロス / 1469 0.2	2東 5月26日 ⑫ダービー 4 / GI 6ﾄ18頭 / 芸2231 / 57レーン / H⑪⑪⑪ / 490 人気1 / 出遅る 3 1/4 / 370外341 / ロジャーバロー / 2226 0.5
2走前	4東 10月14日 [5]府中牝馬 1 / GII 8ﾄ15頭 / 天1445 / 54岩田康 / M⑭⑭⑭ / 472 人気4 / 後方追込 1 1/4 / 364中332 / フロンテアクイ / 1447 0.2	4東 10月27日 ⑨天皇賞 7 / GI 4ﾄ16頭 / 芊1571 / 58横山典 / S⑦⑨⑨ / 514 人気5 / 中位まま 5 1/4 / 365内343 / アーモンドアイ / 1562 0.9	4京 10月6日 ②京都大賞 5 / GII 4ﾄ17頭 / 芸外2241 / 56横山典 / M⑮⑯⑯ / 478B 人気2 / 後方追上 3 3/4 / 374外348 / ドレッドノータ / 2235 0.6	4中 9月22日 ⑦オールカマー 1 / GII 9ﾄ10頭 / 三外2120 / 56丸山 / S①①① / 442 人気4 / 逃切る 1 3/4 / 366内340 / ミッキースワロ / 2123 0.3	2札 8月18日 ②札幌記念 3 / GII 9ﾄ14頭 / 芊2003 / 57ルメール / M⑨⑩⑨ / 480 人気1 / 中位伸 1 1/4 / 377外349 / ブラストワンピ / 2001 0.2	3阪 6月23日 ⑧宝塚 1 / GI 12ﾄ12頭 / 三内2108 / 56レーン / S②②② / 460 人気3 / 先行抜出 3身 / 355中352 / キセキ / 2113 0.5	4阪 9月22日 ⑦神戸新聞 3 / GII 8ﾄ8頭 / 芸外2275 / 56武豊 / S⑦⑥⑥ / 472 人気3 / 後方伸 4 3/4 / 385外323 / サートゥルナー / 2268 0.7	4中 9月22日 ⑦オールカマー 4 / GII 8ﾄ10頭 / 三外2124 / 58福永 / S⑦⑤⑤ / 482 人気1 / 中位伸も 2 1/4 / 380中339 / スティッフェリ / 2120 0.4	3東 6月2日 ②安田 3 / GI 14ﾄ16頭 / 芸1309 / 56ルメール / S⑬⑪⑨ / 484 人気1 / S後不利 クビ / 360中324 / インディチャン / 1309 0.0	4阪 9月22日 ⑦神戸新聞 1 / GII 3ﾄ8頭 / 芸外2268 / 56ルメール / S②②① / 498 人気1 / 楽抜出 3身 / 374中323 / ヴェロックス / 2273 0.5
前走	5京 11月10日 ④エリザベス 7 / GI 16ﾄ18頭 / 三外2147 / 56岩田康 / S⑥⑥⑤ / 486 人気4 / 中位まま 3 1/2 / 386中336 / ラッキーライラ / 2141 0.6	5東 11月24日 ⑧ジャパン 1 / GI 5ﾄ15頭 / 芸2259 / 57マーフィー / M⑦⑥⑤ / 516 人気3 / 中位差切 3/4身 / 371内365 / カレンブーケド / 2260 0.1	5東 11月24日 ⑧ジャパン 7 / GI 13ﾄ15頭 / 芸2269 / 57横山典 / M[4]③② / 462B 人気9 / 好位一息 6身 / 368中377 / スワーヴリチャ / 2259 1.0	4東 10月27日 ⑨天皇賞 12 / GI 7ﾄ16頭 / 芊1579 / 58丸山 / S②②② / 448 人気11 / 先行一杯 10 1/4 / 359中359 / アーモンドアイ / 1562 1.7	10月6日 凱旋門賞 12 / GI 重 12頭 / 芸右2395 / 595ルメール / ②③⑫ / パリロンシャン / フランス / 先行バテ 大差 / ヴァルトガイス / 2319 7.6	10月26日 コックスプレート 1 / GI 稍 14頭 / 2042 / 57レーン / ⑪⑨③ / ムーニーバレー / オーストラリア / 後方追込 1 1/2 / キャステルヴェ / 2045 0.3	4京 10月20日 ⑦菊花 1 / GI 5ﾄ18頭 / 芸外3060 / 57武豊 / S⑥⑧⑥ / 484 人気3 / 中位抜出 クビ / 383内358 / サトノルークス / 3060 0.0	5東 11月24日 ⑧ジャパン 11 / GI 8ﾄ15頭 / 芸2281 / 57ビュイック / M⑪⑨⑧ / 486 人気1 / 中位一杯 14身 / 373内384 / スワーヴリチャ / 2259 2.2	4東 10月27日 ⑨天皇賞 1 / GI 2ﾄ16頭 / 芊1562 / 56ルメール / S[5]⑥⑤ / 480 人気1 / 楽抜出 3身 / 363内338 / ダノンプレミア / 1567 0.5	4東 10月27日 ⑨天皇賞 6 / GI 10ﾄ16頭 / 芊1571 / 56スミヨン / S[2]③③ / 502 人気2 / 出遅る 5 1/4 / 360内349 / アーモンドアイ / 1562 0.9

4,500 ロブロイ
3,000 57ペリエ

記号の説明

厩舎横の㊤㊥㊦は
㊤㊥＝関東・美浦所属
㊦＝関西・栗東所属
賞金左の記号は重の巧拙を表します
◎…得意△…苦手

馬場表示

■ ❶ [1] ① 開催日の馬場状態
↓ ↓ ↓ ↓
不良 重馬場 稍重 良馬場

乗替り記号

替…ベスト10外の騎手から東西ベスト10へ乗換
替…それ以外

開催場所・月日
開催日・着順
条件・枠・頭数
距離・タイム
斤量・騎手名
ペース・通過順
馬体重・人気
戦評・馬身差
前半・上り③F
①②着時計・秒

●2019年12月22日・中山11R有馬記念（GⅠ、芝2500m）

1着⑥リスグラシュー

（2番人気）

2着⑩サートゥルナーリア

（3番人気）

3着⑦ワールドプレミア

（4番人気）

………………………………

9着⑨アーモンドアイ

（1番人気）

単⑥ 670 円

複⑥ 210 円

⑩ 270 円

⑦ 390 円

馬連⑥－⑩ 2990 円

馬単⑥→⑩ 6130 円

3連複⑥⑦⑩ 10750 円

3連単⑥→⑩→⑦ 57860 円

16 桃8	15	14 橙7	13	12 緑6	11
ハーツクライ シュヴァルグラン ハルーワスウィート 栗毛	クロフネ アエロリット アステリックス 芦毛	ジャスタウェイ ヴェロックス セルキス 鹿毛	ディープインパクト アルアイン ドバイマジェスティ 鹿毛	ステイゴールド クロコスミア デヴェロッペ 黒鹿	ルーラーシップ キセキ ブリッツフィナーレ 黒鹿
57 牡7	55 牝5	55 牡3	57 牡5	55 牝6	57 牡5
福永	津村	川田	松山	藤岡佑	ムーア
友道	菊沢	中内田	池江寿	西浦	角居
35,240	13,900	6100	12,425	11,275	15,575
112,209	45,070	20,440	49,060	32,030	49,549
佐々木主浩	サンデーR	金子真人HD	サンデーR	大塚亮一	石川達絵
ノーザンF	ノーザンF	ノーザンF	ノーザンF	小島牧場	下河辺牧場
……… ……… ……… ……… ……… ……西	……… …△… ……… ……… ……… ………	…△… …▲… …△… …△… …◎… …△西	……… ……… ……… ……… ……… ……西	……… ……… ……… ……… ……… ……西	…注… …△… ……… …注… …△… …△西
阪 1475⑤ 阪 1597⑬ 京 2119⑧ 中 2324③	東 1445① 東 1567③ 1309⑤ 1582⑨	東 1466④ 中 1581② 2230③ 3062③	阪 1465① 東 1572④ 中 2112② 2272⑤	東 1451⑤ 京 1592⑥ 京 2131② 2279⑩	東 1447③ 新 1569① 阪 2113② 中 2328⑤
33.5①	33.5①	32.5②	33.7⑤	33.1⑦	32.9①
3月30日 シーマクラシック 2 GI 良 8頭 2274 57 ボウマン ⑥⑤⑤ メイダン アラブ首長国 中位伸 1½ オールドペルシ 2271 0.3	2東 5月12日 ⑧ヴィクト 5 牝GI 11ト18頭 1309 55 横山典 M②①① 512 人気2 逃一息 2¼ 337内348 ノームコア 1305R0.4	3中 4月14日 ⑧皐月 2 GI 7ト18頭 内1581 57 川田 M⑥④④ 478 人気4 好位伸 アタマ 355中344 サートゥルナー 1581 0.0	2阪 3月31日 ④大阪 1 GI 3ト14頭 内2010 57 北村友 S③④④ 524B☆9 好位差切 クビ 368中352 キセキ 2010 0.0	2東 5月12日 ⑧ヴィクト 3 牝GI 3ト18頭 1306 55 戸崎圭 M②⑤⑤ 440 人気11 中位伸 ¾身 346中335 ノームコア 1305R0.1	2阪 3月31日 ④大阪 2 GI 6ト14頭 内2010 57 川田 S②②② 508 人気2 先行伸 クビ 366中354 アルアイン 2010 0.0
7月27日 キングジョージ6 6 GI 稍 11頭 2345 60 マーフィー ⑨⑨⑦ アスコット イギリス 直線不利 12¾ エネイブル 2324 2.1	3東 6月2日 ②安田 2 GI 2ト16頭 1309 56 戸崎圭 S①①① 516 人気3 逃惜敗 クビ 345内339 インディチャン 1309 0.0	2東 5月26日 ⑫ダービー 3 GI 13ト18頭 2230 57 川田 H⑦⑦⑧ 486 人気2 中位伸 2¾ 365外343 ロジャーバロー 2226 0.4	3阪 6月23日 ⑧宝塚 4 GI 4ト12頭 内2119 58 北村友 S②③③ 520B☆5 好位一息 7身 358内361 リスグラシュー 2108 1.1	2札 8月18日 ②札幌記念 7 GⅡ 14ト14頭 2008 55 戸崎圭 M②②② 444 人気6 先行一杯 4¼ 366中365 ブラストワンピ 2001 0.7	3阪 6月23日 ⑧宝塚 2 GI 1ト12頭 内2113 58 川田 S①①① 506 人気1 逃粘る 3身 355内358 リスグラシュー 2108 0.5
8月21日 英インターナショ 8 GI 良 9頭 2087 60 マーフィー ⑥⑤⑥ ヨーク イギリス 中位一杯 5¾ ジャパン 2077 1.0	4東 10月6日 ②毎日王冠 2 GⅡ 3ト10頭 1446 55 津村 S①①① 516 人気2 逃粘る 1¼ 355内345 ダノンキングリ 1444 0.2	4阪 9月22日 ⑦神戸新聞 2 GⅡ 5ト8頭 外2273 56 川田 S④④③ 490 人気2 好位伸 3身 378中325 サートゥルナー 2268 0.5	4東 10月27日 ⑨天皇賞 14 GI 16ト16頭 1587 58 北村友 S⑨⑥⑦ 516B☆9 出遅る 15¾ 363外361 アーモンドアイ 1562 2.5	4東 10月14日 ⑤府中牝馬 5 牝GⅡ 13ト15頭 1451 54 戸崎圭 M③②② 442 人気3 先行一息 3½ 351中347 スカーレットオ 1445 0.6	9月15日 フォワ賞 3 GⅡ 良 4頭 右2280 58 スミヨン ①①① パリロンシャン フランス 逃一息 3身 ヴァルトガイス 2275 0.5
5東 11月24日 ⑧ジャパン 9 GI 11ト15頭 2271 57 スミヨン M⑦⑥⑦ 464 人気8 中位まま 7½ 371中376 スワーヴリチャ 2259 1.2	4東 10月27日 ⑨天皇賞 3 GI 5ト16頭 1567 56 戸崎圭 S①①① 516 人気6 逃粘る 3¾ 357内348 アーモンドアイ 1562 0.5	4京 10月20日 ⑦菊花 3 GI 13ト18頭 外3062 57 川田 S④④④ 490 人気1 好位伸 1¼ 381中362 ワールドプレミ 3060 0.2	5京 11月17日 ⑥マイルCS 16 GI 10ト17頭 外1349 57 ムーア S⑧⑩⑩ 526B☆5 中位一杯 11¾ 362中354 インディチャン 1330 1.9	5京 11月10日 ④エリザベ 2 牝GI 6ト18頭 外2143 56 藤岡佑 S①①① 448 人気7 逃粘る 1¼ 376内348 ラッキーライラ 2141 0.2	10月6日 凱旋門賞 7 GI 重 12頭 右2353 59.5 スミヨン ⑦⑦⑦ パリロンシャン フランス 中位一杯 大差 ヴァルトガイス 2319 3.4

表2●アーモンドアイの全成績

年月日	レース名	人気	着順	上がり2F
2020/11/29	ジャパンC	1	1	25.5秒
2020/11/1	天皇賞(秋)	1	1	22.7秒
2020/6/7	安田記念	1	2	22.9秒
2020/5/17	ヴィクトリアマイル	1	1	22.7秒
2019/12/22	有馬記念	1	9	24.2秒
2019/10/27	天皇賞(秋)	1	1	23.2秒
2019/6/2	安田記念	1	3	22.8秒
2019/3/30	ドバイターフ	—	1	—
2018/11/25	ジャパンC	1	1	23.4秒
2018/10/14	秋華賞	1	1	23.7秒
2018/5/20	優駿牝馬	1	1	22.7秒
2018/4/8	桜花賞	2	1	22.9秒
2018/1/8	シンザン記念	1	1	23.2秒
2017/10/8	未勝利	1	1	22.7秒
2017/8/6	新馬	1	2	22.9秒

表3●リスグラシューの全成績

年月日	レース名	人気	着順	上がり2F
2019/12/22	有馬記念	2	1	24.2秒
2019/10/26	コックスプレート	—	1	—
2019/6/23	宝塚記念	3	1	23.8秒
2019/4/28	クイーンエリザベス2世C	—	3	—
2019/3/10	金鯱賞	5	2	23.0秒
2018/12/9	香港ヴァーズ	—	2	—
2018/11/11	エリザベス女王杯	3	1	23.1秒
2018/10/13	府中牝馬S	2	2	23.4秒
2018/6/3	安田記念	6	8	23.1秒
2018/5/13	ヴィクトリアマイル	1	2	22.9秒
2018/4/7	阪神S	1	3	22.8秒
2018/2/4	東京新聞杯	3	1	23.0秒
2017/11/12	エリザベス女王杯	7	8	22.8秒
2017/10/15	秋華賞	4	2	24.5秒
2017/9/17	ローズS	3	3	23.3秒
2017/5/21	優駿牝馬	3	5	22.8秒
2017/4/9	桜花賞	3	2	24.7秒
2017/3/4	チューリップ賞	2	3	23.2秒
2016/12/11	阪神ジュベナイルF	2	2	23.7秒
2016/10/29	アルテミスS	1	1	23.0秒
2016/9/10	2歳未勝利	2	1	22.6秒
2016/8/27	2歳新馬	1	2	22.1秒

一方、この有馬記念を制したのが同じ牝馬のリスグラシューでした。

こちらはアーモンドアイとは真逆の適性を有しており、牡馬相手に0・5秒差の圧勝だった同年の宝塚記念は、上がり2ハロンが23・8秒と時計の遅いレースでした。

リスグラシューは、上がり2ハロン23・4秒以下の時計の速いレースでは、16戦して4勝・2着5回・3着4回で勝率25・0%と勝ち切れていませんでした（前ページの表3）。

しかし、上がり2ハロン23・5秒以上の時計の遅いレースでは5戦して2勝・2着3回。勝率40・0%で連対率はなんと100%と、すべてのレースで勝ち負けの争いをしていたのです。

19年有馬記念は2頭の名牝が明暗を分けた形となりましたが、「時計の速いレースが得意か、それとも時計の遅いレースが得意か」という視点で見ると、なぜこのような結果になったのかは一目瞭然。

個人的にも、この一戦は印象深いレースだっただけに、少し古い例ではありましたが取り上げさせていただきました。

やはり「上がり2ハロンが速い＝時計の速い馬」には、名馬がズラリ

基本的に人気馬、あるいは（多くの条件で）強い馬というのは、やはり時計の速いレースが得意な馬ということになります。

これは先ほども解説した通り、大レースの多くが東京競馬場など直線の長いコースで開催されるので、それ

らのレースを制することを大きな目標にして生産、育成されているからです。

そのため脚の速い馬、直線でトップスピードを発揮できる馬が活躍する条件が多く設定されています。

だから「時計の速さ」は、多くの条件において重要になるエッセンスでもあります。

やはりレースは他馬と競い合うもので、レースで勝つには他馬よりも速く走れるということは絶対的に有利になります。


これも前著『安井式上がりXハロン攻略法』で紹介しましたが、競走馬にとってスピードという能力は先天的なものであるケースが多いのです。

新馬戦の時点でスピード能力を見せている馬が多く、デビュー戦のパフォーマンスがその後の出世につながっているのです。

実際に、芝1600m以上の新馬戦で上がり2ハロン22・5秒以下を記録したレースの勝ち馬には、2019年の三冠馬コントレイルや、22年の日本ダービー馬ドウデュースがいます。

さらに過去をたどると、18年にラヴズオンリーユー、ダノンキングリー、グランアレグリア、サートゥルナーリア、アドマイヤマーズ。

17年にラッキーライラック、ワグネリアン。

15年にリオンディーズ、マカヒキ、シンハライト、アドマイヤリード、メジャーエンブレムなど、近年でも活躍馬多数。

他にも12年エピファネイアやキズナ、11年ジャスタウェイ、10年オルフェーヴル、そして04年ディープインパクトなどが該当しています。

24年のクラシックも、該当馬のジャスティンミラノが皐月賞を制覇。

また、日本ダービー3着やアイリッシュチャンピオンS3着など国内外で活躍したシンエンペラーも、これに該当していました。

さらに牝馬クラシックでは新馬戦で上がり2ハロン22・1秒を記録したボンドガールが秋華賞で2着に好走し、このレースで僅差の2着だったチェルヴィニアがオークスと秋華賞の二冠を制覇。

24年の2歳世代ではダノンフェアレディ、トータルクラリティ、ジェゼロらが該当しており、今後の活躍に期待しています。


このようにレースレベルという点でも、走破タイムと同様に、むしろそれ以上に上がり2ハロンのタイムに着目するのも有効だと考えています。


時計の速い決着が得意か、遅い決着が得意かについては、シンプルですが2つの条件でどちらの成績がよいかを見るのがわかりやすいかと思います。

先ほど例を挙げた19年有馬記念の2頭でいうと、リスグラシューは上がり2ハロン23・4秒以下の勝率は25・0％で、上がり2ハロン23・5秒以上だと勝率40・0％。

これなら時計の遅いレースが得意と判断できます。

2024 年の皐月賞馬ジャスティンミラノも、新馬戦（東京芝 2000 m）で上がり2ハロン 22 秒1をマークしている。

2024 年6月、京都芝 1600m の新馬戦を上がり2ハロン 22 秒3で制したトータルクラリティは、次走の新潟2歳Sも連勝で飾る。

成績の悪いほう、あるいは経験のないほうは苦手や不確定要素として軽視することが可能。こちらはアーモンドアイの上がり2ハロン23・5秒以上の成績のパターンですね。

どんな条件だと時計が速く、また遅くなりやすいか

さて、それではこの章の最後にどういう条件で時計が速く、遅くなりやすいかを解説しておきましょう。

なお、巻末には各条件の狙い方も掲載しているので、そちらも合わせてご覧ください。

●上がり2ハロンの速い条件トップ10（芝レース限定）（左ページの表4）
●上がり2ハロンの遅い条件トップ10（芝レース限定）（左ページの表5）

どちらの条件も、2014年以降の良馬場の1勝クラスで開催された各コースの平均値を使用しています。


上がり2ハロンの速い条件トップ10を見ると、やはり直線の長いコースでは上がりが速くなりやすい傾向が見られます。

当然といえば当然ですが、トップスピードを発揮するには十分な助走区間が必要になります。

そのため新潟競馬場の外回りコースや東京競馬場などは、時計の速い馬が得意なタイプにとっては実力を発揮しやすい条件といえるでしょう。

また、平坦コースであるというのもポイントで、最後の直線に上り坂がないと失速しづらいという傾向があります。

最後まで速い脚を持続させられるというのも、時計が速くなりやすい条件。

新潟や東京、京都競馬場が代表的な平坦コースとして、時計の速くなりやすいコースになります。

そして、トップ10のうち7つの条件が1800m以下であるように、距離が短いことも時計が速くなる条件として挙げることができます。

スピード＝短距離というイメージもしやすいように、やはり短い距離だと最後まで速度を持続させやすいということで、スピード勝負になりやすい傾向が見られます。

逆に上がり2ハロンの遅い条件トップ10を見ると、該当しているのは2000m以上のレースが多いことに

表4●上がり2ハロンの速い条件トップ10

競馬場	距離	上がり2F平均
新潟	1000	22.5秒
新潟	1600	22.8秒
新潟	1800	22.9秒
新潟	2000	23.1秒
東京	1800	23.1秒
東京	2300	23.1秒
京都	1200	23.1秒
東京	1400	23.2秒
東京	2000	23.3秒
阪神	1800	23.3秒

表5●上がり2ハロンの遅い条件トップ10

競馬場	距離	上がり2F平均
函館	2600	24.2秒
札幌	2600	24.2秒
福島	2600	24.2秒
小倉	2200	24.1秒
函館	2000	24.1秒
小倉	2600	24.0秒
札幌	2000	24.0秒
小倉	2000	23.9秒
福島	2000	23.9秒
中山	2200	23.9秒

気づきます。

特にトップ3を2600mが占めているように、長距離戦は時計を要する傾向が顕著。

やはり長距離戦＝スタミナというイメージの通り、時計の遅いレースが得意な馬にとって、長距離戦は持ち味を活かしやすい舞台だと数字が裏付けています。


そして直線が短いコースも、時計の遅くなりやすい条件。

先ほど解説した通り、トップスピードを発揮するには助走区間が重要になります。

直線が短いと助走区間がコーナーになってしまいますが、人間でもそうであるようにコーナーで速く走るよりも、直線で速く走るほうが走りやすいことは想像に難くありません。

そのため直線の短い札幌、函館、福島、中山、小倉競馬場などは、時計の遅いレースが得意な馬にとって有利なコースとなります。


また、トップ10の中では10位にしかランクインしていませんが、直線に上り坂があるコースも時計の遅い馬にとって有利なコース。

最後に失速してしまうので、上がり2ハロンで見ると23・5秒以上になりやすい傾向があります。

そして、中山や阪神、中京競馬場が急坂コースとして挙げられます。

時計の速いレースが得意な馬を見事、狙い撃った！

東京芝１６００ｍで行なわれるＧⅠのＮＨＫマイルＣは、

・直線の長いコース
・１８００ｍ以下の短い距離
・平坦コース

――という、時計の速いレースが得意な馬にとっては条件の揃ったレースといえます。

当然、狙うべきは時計の速いレースが得意な馬ですね。

実際に２０１４年以降のＮＨＫマイルＣの上がり２ハロンの平均値は、23・５秒の閾値(しきいち)を切る「23・４秒」となっています。

24年のＮＨＫマイルＣは、ジャンタルマンタル、アスコリピチェーノの２頭が人気を分け合う形でした。

■２０２４年ＮＨＫマイルＣ出走馬と人気（Ｐ50～51に馬柱と結果・配当）

①ダノンマッキンリー（８番人気）
②ノーブルロジャー（７番人気）
③ディスペランツァ（６番人気）
④イフェイオン（13番人気）

⑤ボンドガール　（3番人気）
⑥ロジリオン　（10番人気）
⑦チャンネルトンネル　（12番人気）
⑧エンヤラヴフェイス　（18番人気）
⑨キャプテンシー　（11番人気）
⑩ウォーターリヒト　（14番人気）
⑪アレンジャー　（15番人気）
⑫ゴンバデカーブース　（4番人気）
⑬シュトラウウス　（9番人気）
⑭アスコリピチェーノ　（1番人気、単勝2・9倍）⇒2着
⑮マスクオールウィン　（16番人気）
⑯ジャンタルマンタル　（2番人気、単勝2・9倍）⇒1着
⑰ユキノロイヤル　（17番人気）
⑱アルセナール　（5番人気）

前記2頭に関しては、どちらも上がり2ハロン23・4秒以下の実績が豊富で、適性としては甲乙が付けづらいところでもありました。

こういうときは、より速いタイムを記録している馬を評価しましょう。

アスコリピチェーノの最も速い上がり2ハロンのタイムは、新潟2歳S、桜花賞の22・7秒。

それに対し、ジャンタルマンタルは共同通信杯で21・7秒を記録しています。

しかも、このレースは勝ち馬が後に皐月賞を制したジャスティンミラノ。

同馬を相手に差のない競馬をしている点は、高く評価できました。

このレースは私がnetkeibaさんで連載をさせていただいている「危険な人気馬」の動画内でも、2強の比較としてアスコリピチェーノのほうが劣るという解説をさせていただいていました。

次に当時の解説も再掲させていただきます。

中距離路線は皐月賞や日本ダービーがあるのに対し、中距離路線以外の3歳馬にとっては、このレースが最大目標となります。

表6●ジャンタルマンタルの成績

年月日	レース名	人気	着順	上がり2F
2024/5/5	NHKマイルC	2	1	22.7秒
2024/4/14	皐月賞	3	3	23.7秒
2024/2/11	共同通信杯	1	2	21.7秒
2023/12/17	朝日杯フューチュリティS	1	1	23.5秒
2023/11/11	デイリー杯2歳S	1	1	23.1秒
2023/10/8	2歳新馬	2	1	23.0秒

表7●アスコリピチェーノの成績

年月日	レース名	人気	着順	上がり2F
2024/9/8	京成杯オータムH	1	1	22.1秒
2024/5/5	NHKマイルC	1	2	22.7秒
2024/4/7	桜花賞	1	2	22.7秒
2023/12/10	阪神ジュベナイルF	3	1	23.1秒
2023/8/27	新潟2歳S	1	1	22.7秒
2023/6/24	2歳新馬	1	1	23.2秒

そのため、マイルではやや長いと思われるスプリンターの参戦も見られるのが特徴です。

それがレースの展開にも大きく表れており、ＮＨＫマイルＣの前半３ハロンの平均値は34・３秒を記録しています。

これは１６００ｍで行なわれる全重賞の中で最も速いタイムとなります。

レースの上がり３ハロンが34・７秒と、マイル戦ながらスプリント戦並みの前傾戦となるため、多くの馬にとってオーバーペースでレースが流れることになります。

こういった要素から、過去10年で差し馬が４勝、追込馬が２勝と、勝ち馬の半数以上の後方待機組が勝利しています。

特に近年はその傾向が強まっており、直近５年のうち、４頭の勝ち馬が４コーナーは６番手以下で競馬を進めていました。

昨年（23年）は道悪になったことも影響して４コーナー二ケタ通過順の馬たちで馬券内を独占しており、ここまで極端ではないにせよ、決め手が重要なレースであることは間違いないと思います。

これらをふまえて、今回の危険な人気馬を紹介したいと思います。

今回の危険な人気馬はアスコリピチェーノです！

今回は２強ムードが強く、かつ２強はどちらも決め手があり、適性の高い馬だと考えています。

そのため、今回の危険な人気馬は２強で評価を下げるなら、という点でアスコリピチェーノとしました。

ＮＨＫマイルＣが差し馬有利という点は説明した通りで、そうなると当然上がり上位を記録できる馬が有利になります。

しかし、意外にも上がり1位を記録した馬は、過去10年で1勝と勝ち切れていません。

直線の長い東京競馬場が舞台で、かつ後方から差し届くとはいえ、あまりにも後ろから構える馬では2~3着に留まるケースが多く見られます。

実際に4コーナー10番手以下の3頭で決まった昨年も、上がり1位を記録したウンブライルは2着まででした。

決め手が必要なレースというのは間違いありませんが、決め手がある馬同士なら当然より前で競馬ができる馬のほうが有利。

その点で、人気馬2頭の比較ではより前で競馬ができそうなジャンタルマンタルを上にとり、アスコリピチェーノを下にするという評価で考えたいと思います。

人気馬の適性が高いのであれば、勝利の可能性が高いのが1章や2章で解説した通り。

また、2強の比較もイメージできていたのでここはジャンタルマンタルの単勝に金額を張って勝負しました（下の的中画像）。

3章では「時計の速い決着が得意か、遅い決着が得意か」という適性的な要素に

件数	投票内容		組数	金額	馬券表示
1	東京（日）11R 3連単 フォーメーション	1頭 → 1頭 → 6頭	6組	各 800円 計 4,800円	
2	東京（日）11R 3連単 フォーメーション	1頭 → 6頭 → 1頭	6組	各 300円 計 1,800円	
3	東京（日）11R 3連単 1着ながし	16 → 6頭 → 6頭	30組	各 100円 計 3,000円	
4 的中	東京（日）11R 単勝	16	1組	50,000円	

購入金額：59,600円
払戻金額：145,000円

ついて解説してきました。

続く4章では、もうひとつの柱である「逃げ・先行馬が有利か、差し・追込馬が有利か」という展開的な要素にについて解説していきます。

先ほどのＮＨＫマイルＣでも脚質について触れている通り、適性と脚質の2つを組み合わせることで、より高い精度で危険な人気馬の分析が可能になります。

第4章

スキル②
逃げ・先行が有利か、差し・追込が有利か

展開は「前有利か」、「後有利か」の二択

３章では時計の速い決着が得意か、遅い決着が得意かという適性的な要素について解説しました。

この４章では逃げ・先行馬が有利か、差し・追込馬が有利かという展開的な要素について詳しく解説をしていきます。

適性と脚質の２つの要素を掛け合わせることで、より多角的な分析が可能になると考えています。

展開に関してはイメージしやすいかと思いますが、「逃げ・先行馬が有利な条件か」、それとも「差し・追込馬が有利な条件か」という二択に絞ることが可能です。当然といえば、当然ですよね。

そもそも、競馬というものは、前に行った馬が圧倒的に有利な競走。

２０２１年１月～24年10月14日の芝・ダートのレースにおける脚質別の成績は、下の表１の通りです。

逃げ馬、先行馬ともに、単勝回収値も複勝回収値も１００を超えています。

１章で挙げた１番人気の成績と同様に、毎年このような傾向が出ており、おそらく未来

表1●脚質別成績

脚質	総レース	1着	2着	3着	着外	勝率	連対率	複勝率	単回値	複回値
逃げ	13289	2537	1762	1261	7729	19.1%	32.4%	41.8%	207	136
先行	44217	6033	5863	5135	27186	13.6%	26.9%	38.5%	113	113
差し	63092	3082	3801	4623	51586	4.9%	10.9%	18.2%	50	66
追込	52129	784	997	1453	48895	1.5%	3.4%	6.2%	21	27

永劫続くデータとして間違いありません。

よく、「逃げ馬を買えば儲かる」という言葉を耳にしますが、これはデータからも証明されています。

そして、その要因もおおむね明白であり、前に行った馬は自身の望む進路取りができることやキックバック（芝や砂をかぶること）の影響を受けないといった、有利な要素が揃っているためです。


ただし、すべての条件で逃げ馬が有利であるかというと、もちろんそうではありません。

続いては、逃げた馬の勝率が高いコースのトップ10と、勝率の低いコースのトップ10を見てみましょう（次ページの表2、3。各コース、総数100件以上に限定）。


逃げた馬の成績が最もよいのは小倉ダート1000m。

1～7位を1400m以下の短距離戦が占めているように、圧倒的に短い距離のほうが好成績を記録していることがわかります。

また、トップ10のうち、6つのコースがダート戦。

芝よりもダートのほうが逃げ馬の成績がよいということもわかりますね。


こうしたことはある程度、競馬をしていれば肌感覚的に理解しているかと思います。

そもそも逃げ馬は後方の馬に比べて、最終直線に入った段階で前にいるわけで、物理的なアドバンテージがあります。

表2●逃げた馬の勝率が高いコース トップ10

コース	総レース	1着	2着	3着	着外	勝率	連対率	複勝率
小倉・ダ1000m	134	57	33	13	31	42.5%	67.2%	76.9%
福島・ダ1150m	121	44	23	12	42	36.4%	55.4%	65.3%
新潟・ダ1200m	255	73	38	23	121	28.6%	43.5%	52.5%
福島・芝1200m	180	49	28	21	82	27.2%	42.8%	54.4%
中京・ダ1200m	199	53	34	24	88	26.6%	43.7%	55.8%
阪神・芝1400m	135	35	20	10	70	25.9%	40.7%	48.1%
中山・ダ1200m	472	117	76	46	233	24.8%	40.9%	50.6%
函館・ダ1700m	162	37	24	20	81	22.8%	37.7%	50.0%
阪神・芝2000m	167	38	30	9	90	22.8%	40.7%	46.1%

表3●逃げた馬の勝率が低いコース トップ10

コース	総レース	1着	2着	3着	着外	勝率	連対率	複勝率
中京・芝2200m	106	9	12	18	67	8.5%	19.8%	36.8%
小倉・芝2000m	183	21	18	14	130	11.5%	21.3%	29.0%
中京・ダ1900m	152	18	20	21	93	11.8%	25.0%	38.8%
東京・ダ2100m	152	18	13	11	110	11.8%	20.4%	27.6%
東京・芝2400m	119	14	12	15	78	11.8%	21.8%	34.5%
中京・芝1400m	121	15	17	12	77	12.4%	26.4%	36.4%
中山・芝2000m	194	24	23	21	126	12.4%	24.2%	35.1%
東京・芝1600m	262	33	37	23	169	12.6%	26.7%	35.5%
東京・芝1400m	193	26	29	17	121	13.5%	28.5%	37.3%

そのため、後方の馬が前の馬を捕らえるには、最後の直線で前の馬を上回るタイムで走る必要があります。

ただ、短い距離になると、前を進む馬はスタミナ切れの心配が少なくなります。

そうなると、直線だけで差を埋められず、前が残ってしまうというわけです。

20年のスプリンターズSで、グランアレグリアが直線、ゴボウ抜きで差し切ったシーンは印象深いですが、ああいった展開はイレギュラー。

グレンアレグリアが強すぎただけなのです。


またダートにおいては、芝よりもグリップが効かず走りづらいわけで、直線だけで他馬を上回る脚を使える馬が多くありません。

そのため、前が残りやすい傾向にあるというわけです。


一方、逃げた馬の勝率が最も悪いのが中京芝２２００ｍ。

そしてトップ10のうち、７つのコースが距離１６００ｍ以上で、５つのコースが２０００ｍ以上となっています。

また、ダートも2コースしかなく、明らかに先ほど解説した逃げた馬の成績がよい条件とは、真逆の傾向が見られます。


逃げた馬の有利がくつがえる条件――つまり、上がりの差が大きくなりやすい条件なら、後方の馬が有利になるというわけです。

そんな状況になるには、やはり距離が長く、前を行く馬が最後にバテてしまうようなケースだと、差しが決まる可能性が高いと考えられます。

コースとしては、距離が長いほうが前に行く馬が不利になりやすく、後方で脚を溜めている馬が有利になるということです。


ダートも前述の通り、芝よりもグリップが効かず走りづらいという点から、上がりの差が小さくなりやすい条件です。

そのため、芝のほうがより後方で脚を溜めている馬が有利である点も理解できるかと思います。

もちろん、これらはあくまで基本的なことではありますが、これを押さえているだけで、
今回の条件で前が有利なのか？
それとも後ろの馬が有利なのか？
ということがイメージできるかと思います。

屈指のスプリンター、ピューロマジックを例に買い消しを考える

2024年、葵S、北九州記念を逃げ切って連勝、スプリンターズSにも出走して話題を集めた快速馬ピュー

ロマジック。

私は同馬をトップスプリンターになれる逸材として高く評価しています。

その際たる要因は、あの圧倒的な初速のスピード。

スプリンターズSでは、前半2ハロン21・7秒、同3ハロン32・1秒という非常に速いラップを刻んだ同馬ですが、そのスピード能力の片鱗は2歳時のさざんか賞（阪神芝1200m）で見せていました。

このレース、前半3ハロン32・6秒で逃げて2着に好走。

2歳馬で、新馬と未勝利以外の芝1200mのレースで前半3ハロン32・9秒以下を逃げて連対した馬というのは、歴代遡っても8頭しかいません。

その筆頭は、フェブラリーS1着、朝日杯FS2着、皐月賞3着、NHKマイルC3着など活躍したメイショウボーラー。該当馬の多くは重賞で好走しているのです。

コース形態上、前半が速くなりやすい小倉や中山で記録した馬がほとんどの中、ピューロマジックは阪神で記録している点がまさに異色といえました。


短距離戦では、逃げた馬が有利というのは先ほど解説した通り。さざんか賞以降、私はピューロマジックを、セントウルS以外のレースで本命に指名しています。

なぜセントウルSだけ本命にしなかったか、その理由は後述するので少々お待ちください。

ピューロマジックはさざんか賞2着後、3歳1勝クラスをやはり逃げて快勝。そしてリステッド競走のマー

●2024年2月25日・阪神10Rマーガレットステークス(L、芝1200m)

阪神 10 R　WIN5①　発馬 15.00

マーガレットステークス　三才オープン・別定

馬番	枠	馬名	父	母・母の実績	毛色・斤量	騎手	厩舎	賞金	総賞金	馬主名	牧場名	持木	広田	加茂	市場	田崎	本紙須藤	距離実績
1	白1	クリスアーサー	ビッグアーサー	オートクリス 未出	鹿 57 牡3	河原田	渡辺	1000	2790	大戸志浦	高橋陵	○	△	△	○		注	京1086[1] 新1243⑩
2	黒2	ビッグドリーム	ビッグアーサー	アンナペレンナ 3勝	鹿 57 牡3	ムルザバエフ	西園正	900	3300	中辻明	バンブー牧場	▲	○	◎	▲	△	○	京1087[2]
3	赤3	(外)スピリットガイド	インヴィンシブルスピリット	イージーヴィクトリー 英	鹿 57 牡3	岩田康	手塚	900	1930	シェイク・ハムダン	アイルランド		△			◎	△東	中…① 東…⑨
4	青4	ナナオ	ロードカナロア	バイザディンプル 2勝	鹿 56 牝3	和田竜	小栗	1600	3640	増田和啓	二風谷F	△			△	注	△	函…② 京…❶ 阪…⑫
5	黄5	(外)ジャスパーノワール	フロステッド	ファニーペイ 米	栗 57 牡3	松若	森秀	900	2020	加藤和夫	アメリカ	△	△	△	◎	△	△	阪1085① 東1215⑥
6	緑6	ロードフロンティア	ロードカナロア	フラーティングアウェイ 米	鹿 57 牡3	田口	松下	900	1550	ロードHC	ケイアイF	△B						1085① 阪1100⑦ 1123②
7	緑6	クランフォード	ブリックスアンドモルタル	エンジェルフェイス 3勝	鹿 55 牝3	ルメートル	杉山晴	400	1270	ロードHC	ケイアイF	◎	△	▲	△	○	▲	阪1211① 京1344②
8	橙7	ピューロマジック	アジアエクスプレス	メジェルダ 1勝	鹿 55 牝3	松山	安田隆	900	1900	スリーエイチR	村田牧場	△	▲	注	△	▲	△	…⑯ 阪…② 京…⑧ …③
9	橙7	ゼルトザーム	ヘニーヒューズ	ロザリウム 公	栗 58 牡3	池添	加用	2000	4570	宮川純造	富田牧場		◎	△	△			函ダ59.9① 函1117❶ 東1227① 京1352⑧
10	桃8	ベント	カリフォルニアクローム	クイーンオブハルカ 公	栗 57 騸3	小崎	小崎	400	233	ケーエスHD	前谷武志							小1114① 阪ダ1281④ ダ1387①
11	桃8	ミルテンベルク	モーリス	ペルレンケッテ 4勝	鹿 57 牡3	藤岡康	武英	1000	2300	キャロットF	ノーザンF	注	注	○	注	△	◎	小1086② 東1213⑤ 阪1351⑰

芝 1000 / 1200 / 1400 / 1600

2 1 3

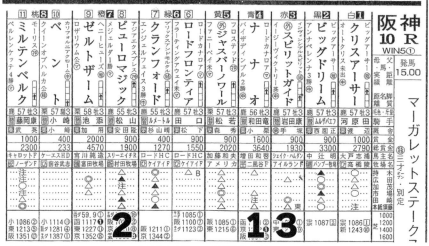

1着④ナナオ　（2番人気）　馬連④－⑧ 1480円

2着⑧ピューロマジック　（3番人気）　3連複③④⑧ 6120円

3着③スピリットガイド　（7番人気）　3連単④→⑧→③ 24640円

安井涼太の予想

10R マーガレットS L

2月25日(日) 15:01 阪神 芝1200m

予想印

印	馬番	馬名
◎	8	ピューロマジック (3人気)
○	3	スピリットガイド (7人気)
▲	4	ナナオ (2人気)
△	1	クリスアーサー (5人気)
△	2	ビッグドリーム (1人気)
△	5	ジャスパーノワール (8人気)
△	7	クランフォード (6人気)
△	11	ミルテンベルク (4人気)

【ご注意】予想の転載はお控えください

買い目

券種・買い目	組み合わせ・点数
3連複 (フォーメーション)	馬1：8 馬2：3 4 馬3：1 2 3 4 5 7 11 11通り 各900円 払い戻し 3-4-8：900円x61.2倍=55,080円 的中
3連複 (通常)	3 － 4 － 8 100円 払い戻し：100円x61.2倍=6,120円 的中
合計	10,000円

払い戻し・収支

払い戻し金額	収支
61,200円	+51,200円

レース結果

着順	印	馬番	馬名	人気(単勝オッズ)
1	▲	4	ナナオ	2人気(5.1倍)
2	◎	8	ピューロマジック	3人気(5.2倍)
3	○	3	スピリットガイド	7人気(10.4倍)

netkeiba「ウマい馬券」より（以下同）

ガレットS（24年2月25日、阪神10R）に臨みます。

このレースでは、道悪も影響して最後に止まってしまいましたが、それでも3番人気ながら2着を確保しました。netkeibaさんの「ウマい馬券」でも、ご覧のように的中することができました（右ページ参照）。

そして次戦となったのが5月25日、京都11R葵S（GⅢ、芝1200m）です。

■葵S出走馬と人気（P108～109に馬柱）

①ナムラアトム（3番人気）
②モンシュマン（9番人気）
③ガロンヌ（4番人気）
④ニコラウス（17番人気）
⑤アスクワンタイム（11番人気）
⑥オーキッドロマンス（2番人気）
⑦ジョーローリット（18番人気）
⑧モズトキキ（14番人気）
⑨アウェイキング（10番人気）
⑩エトヴプレ（1番人気）
⑪エポックヴィーナス（16番人気）

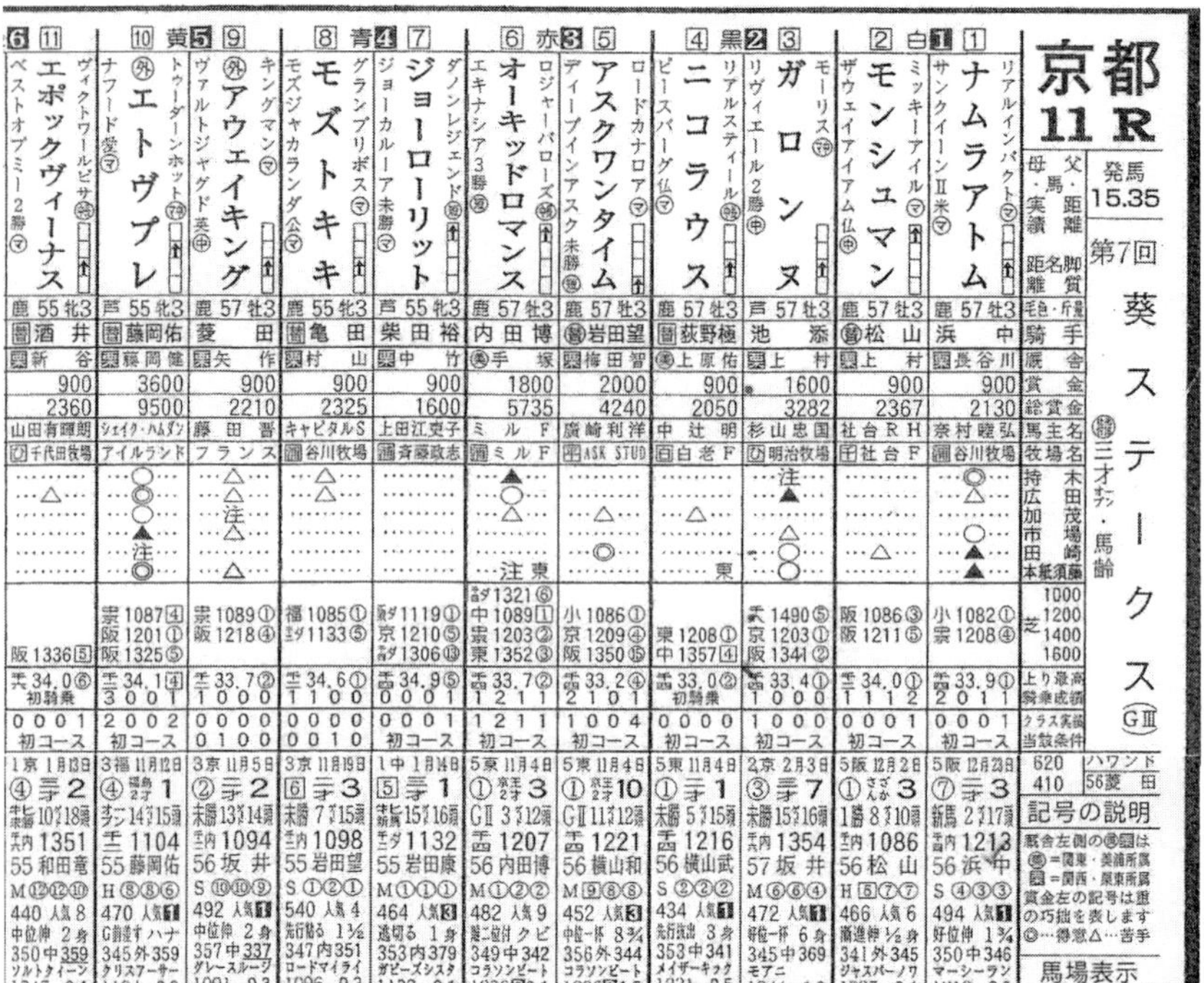
京都 11R
発馬 15.35
第7回 葵ステークス GIII
1 ナムラアトム 浜中
2 モンシュマン 松山
3 ガロンヌ 池添
4 ニコラウス 荻野極
5 アスクワンタイム 岩田望
6 オーキッドロマンス 内田博
7 ジョーローリット 柴田裕
8 モズトキキ 亀田
9 アウェイキング 菱田
10 エトヴプレ 藤岡佑
11 エポックヴィーナス 酒井
記号の説明
馬場表示

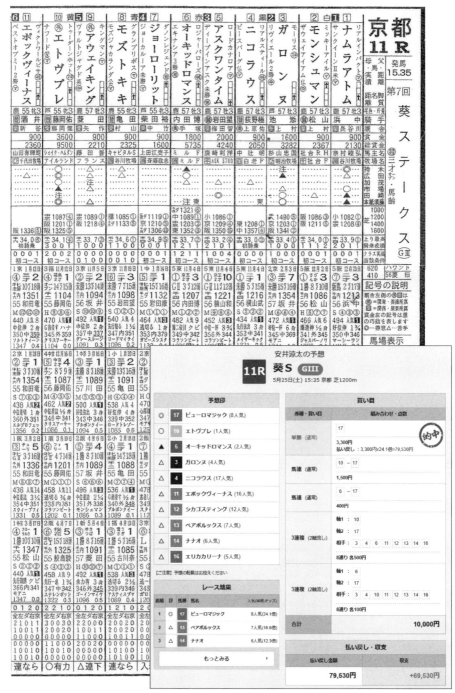

安井涼太の予想
11R 葵S GIII
5月25日(土) 15:35 京都 芝1200m
予想印
◎ 17 ピューロマジック (8人気)
○ 10 エトヴプレ (1人気)
▲ 6 オーキッドロマンス (2人気)
△ 3 ガロンヌ (4人気)
△ 4 ニコラウス (17人気)
△ 11 エポックヴィーナス (16人気)
△ 12 シカゴスティング (12人気)
△ 13 ベアポルックス (7人気)
△ 14 ナナオ (6人気)
△ 16 エリカカリーナ (5人気)
【ご注意】予想の転載はお控えください
レース結果
着順 印 馬番 馬名 人気(単勝オッズ)
1 ◎ 17 ピューロマジック 8人気(24.1倍)
2 △ 13 ベアポルックス 7人気(16.6倍)
3 △ 14 ナナオ 6人気(12.3倍)
もっとみる
買い目
券種・買い目 組み合わせ・点数
単勝 (通常) 17 3,300円 払い戻し：3,300円x24.1倍=79,530円
的中
馬連 (通常) 10 − 17 1,500円
馬連 (通常) 6 − 17 400円
3連複 (2軸流し) 軸1：10 軸2：17 相手：3 4 6 11 12 13 14 16 8通り 各500円
3連複 (2軸流し) 軸1：6 軸2：17 相手：3 4 10 11 12 13 14 16 8通り 各100円
合計 10,000円
払い戻し・収支
払い戻し金額 79,530円
収支 +69,530円

●2024年5月25日・京都11R葵S（GⅢ、芝1200m）

1着⑰ピューロマジック
（8番人気）
2着⑬ペアポルックス
（7番人気）
3着⑭ナナオ
（6番人気）

単⑰ 2410 円
複⑰ 720 円
⑬ 500 円
⑭ 430 円
馬連⑬－⑰ 16870 円
馬単⑰→⑬ 35860 円
3連複⑬⑭⑰ 58860 円
3連単⑰→⑬→⑭ 362410 円

18 桃8	17 桃8	16	15 橙7	14 橙7	13	12 緑
ファインニードル	アジアエクスプレス	ミッキーアイル	ビッグアーサー	ロードカナロア	キンシャサノキセキ	ロゴタイプ
カルチャーデイ	ピューロマジック	エリカカリーナ	クリスアーサー	ナナオ	ペアポルックス	シカゴスティング
ラルティスタ3勝	メジェルダ1勝	キャレモンショコラ4勝	オートクリス未出	バイザディンプル2勝	ミラクルアスク1勝	マルチスクリーン未出
栗 55 牝3	鹿 55 牝3	鹿 55 牝3	鹿 57 牡3	鹿 55 牝3	黒鹿 57 牡3	黒鹿 55 牝3
武豊	横山和	鮫島駿	幸	和田竜	松若	西村淳
四位	安田翔	宮田	渡辺	小栗	梅田智	庄野
2000	900	900	1000	2800	900	1000
3620	2700	2010	2790	5640	2710	3710
MMSHD	スリーエイチR	三木正浩	大戸志浦	増田和啓	廣崎双葉	辻川弘
松田牧場	村田牧場	ノーザンF	高橋睦	二風谷F	ASK STUD	社台F
△ 注	△ ◎ △	△ △ ▲ △東	△ △	△ △ △	△ 注 ◎ △ △ △	
小1101 京1204 阪1340	1	中1080 東1209 新1368	京1086 京1216	3	2	小1103 京1205 阪1332
34.2 初騎乗	34.1 初騎乗	33.1 初騎乗	34.6 0001	33.8 1000	34.1 2200	33.9 初騎乗
1002 初コース	0101 1000	0010 初コース	1102 1000	2101 初コース	0100 初コース	1013 初コース
3小 9月2日 ⑦ 1 新馬 11ト13頭 芝1101 55酒井 H⑤④④ 418 人気4 好位差切 1¼ 342中359 ロードマイライ 1103 0.2	3京 11月4日 ① ファンタ 8 GⅢ 3ト18頭 芝外1210 55斎藤 M①①① 444 人気7 逃一息 3¾ 341内358 カルチャーデイ 1204 0.6	3新 8月12日 ① 3 新馬 4ト13頭 芝外1368 55戸崎圭 S⑥⑥⑥ 428 人気3 中位伸 3½ 382中331 ガルサブランカ 1363 0.5	3福 11月12日 ④ 福島2才 2 オープン 5ト15頭 芝1104 56河原田 H⑥④② 510 人気5 一旦抜出 ハナ 341中363 エトヴプレ 1104 0.0	2函 7月15日 ⑤ 函館2才 2 GⅢ 9ト15頭 芝1118 55西村淳 H④③③ 412 人気6 先行伸 1身 350内368 ゼルトザーム 1117 0.1	5阪 12月23日 ⑦ 2 新馬 4ト17頭 芝内1212 56松若 S②②② 478 人気4 一旦先頭 1½ 348中349 マーシーラン 1210 0.2	3京 11月4日 ① ファンタ 3 GⅢ 11ト18頭 芝外1205 55鮫島駿 M⑦⑦⑦ 428 人気12 中位伸 ¾身 352中339 カルチャーデイ 1204 0.1
3京 11月4日 ① ファンタ 1 GⅢ 6ト18頭 芝外1204 55酒井 M④④③ 420 人気15 好位抜出 ½身 347中342 ナナベティ 1205 0.1	5阪 12月2日 ① さざんか 2 1勝 1ト10頭 芝内1085 55斎藤 H①①① 446 人気2 逃惜敗 アタマ 326内359 ジャスパーノワ 1085 0.0	5東 11月25日 ⑦ 1 未勝 6ト18頭 芝1217 55戸崎圭 S⑨⑨⑨ 422 人気1 中位抜出 2½ 363内336 ケイティキセキ 1221 0.4	4中京 12月16日 ⑤ 中京2才 1 オープン 5ト9頭 芝1086 56河原田 M③③③ 512 人気4 内つき伸 クビ 340内346 ビッグドリーム 1087 0.1	2京 10月15日 ⑤ もみじS 1 オープン 2ト6頭 芝外1232 56西村淳 S①①① 424 人気2 逃切る 1½ 376内338 フェンダー 1234 0.2	1小 1月14日 ② 1 未勝 6ト17頭 芝1078 57松若 M①②② 480 人気1 先行抜出 2身 332中346 ナムラローズマ 1081 0.3	5阪 12月10日 ④ 阪神JF 5 GⅠ 12ト18頭 芝外1334 55鮫島駿 S①①① 428 人気12 逃一息 5身 344内352 アスコリピチェ 1326 0.8
5阪 12月10日 ④ 阪神JF 16 GⅠ 13ト18頭 芝外1340 55酒井 S②③⑤ 416 人気7 好位一杯 9身 347中354 アスコリピチェ 1326 1.4	1京 1月6日 ① 1 1勝 2ト10頭 芝内1088 55坂井 S①①① 444 人気1 逃切る 2身 347中341 アンクルクロス 1091 0.3	1東 1月27日 ① クロッカ 3 L 1ト10頭 芝1209 55戸崎圭 S③③③ 422 人気3 先行粘る ¾身 357中334 ロジリオン 1209 0.0	1阪 2月25日 ② マーガレ 6 L 1ト11頭 芝内1105 57河原田 M⑤⑤④ 512 人気5 差詰る 6½ 345中360 ナナオ 1094 1.1	5阪 12月10日 ④ 阪神JF 12 GⅠ 15ト18頭 芝外1337 55西村淳 S②②② 422 人気8 先行一杯 7身 345中354 アスコリピチェ 1326 1.1	1小 2月3日 ⑦ かささぎ 1 1勝 10ト12頭 芝1087 57松若 M③②② 474 人気1 好位抜出 1½ 336中351 ロードトレゾー 1090 0.3	1阪 3月10日 ⑥ フィリー 12 GⅡ 6ト14頭 芝内1210 55鮫島駿 M②②② 440 人気3 先行一杯 5¼ 339中359 エトヴプレ 1201 0.9
1阪 3月10日	1阪 2月25日	3中 3月23日	1中京 3月16日	1阪 2月25日	3京 5月5日	2阪 4月7日 ⑥ 桜花賞 12 GⅠ 5ト18頭 芝外1332 55浜中 S⑥⑥⑤ 434 人気17 好位一杯 5½ 352中346 ステレンボッシ 1322 1.0
						0200
						全左ダ右京 21010 00000 21011 00000 10010 20020
						連なら

件数	投票内容		組数	金額	馬券表示
1 的中	京都（土）11R 単勝	17	1組	3,300円	
2	京都（土）11R 馬連	10 － 17	1組	1,500円	
3	京都（土）11R 馬連	06 － 17	1組	400円	
4	京都（土）11R 3連複 軸2頭ながし	10 － 17 － 8頭	8組	各 500円 計 4,000円	
5	京都（土）11R 3連複 軸2頭ながし	06 － 17 － 8頭	8組	各 100円 計 800円	

購入金額：10,000円
払戻金額：79,530円

⑫シカゴスティング　（12番人気）
⑬ペアポルックス　（7番人気）
⑭ナナオ　（6番人気）
⑮クリスアーサー　（15番人気）
⑯エリカカリーナ　（5番人気）
⑰ピューロマジック　（8番人気）＝24・1倍
⑱カルチャーデー　（13番人気）

ここでは、前走のマーガレットSでの敗戦や8枠に入ってしまったことで評価を落とし、8番人気に下落。しかし先述したように、短距離戦は逃げ馬が有利。さらに、京都芝1200mは後に解説しますがコース形態上、前が有利な傾向があります。

ピューロマジックが、さざんか賞で見せた初速の速さを考慮すれば、外枠の不利はまったくないと考えられました。

相手が抜けてしまって単勝だけの的中となってしまいましたが、24・1倍を3300円的中して7万9530円の払い戻しとなりました。

netkeibaさんの「ウマい馬券」でも自信アリに指名して、的中することができました（P109参照）。

重賞ウィナーとなったピューロマジックは次走、6月30日の小倉11R北九州記念（GⅢ、芝1200m）に出走します。

■北九州記念出走馬と人気（P112～113に馬柱）

①ディヴィナシオン（14番人気）
②テイエムスパーダ（12番人気）
③サーマルウインド（1番人気）
④グラントテスト（6番人気）
⑤メイショウソラフネ（11番人気）
⑥ヤクシマ（15番人気）
⑦モズメイメイ（16番人気）
⑧トゥラヴェスーラ（13番人気）
⑨ペアポルックス（4番人気）
⑩エイシンスポッター（7番人気）
⑪ジャスパークローネ（5番人気）
⑫ピューロマジック（3番人気）＝7・3倍
⑬カンチェンジュンガ（10番人気）
⑭ナナオ（2番人気）
⑮ショウナンハクラク（17番人気）

小倉 11R 北九州記念 (GIII)

WIN5④ 発馬 15.35 第59回 サマースプリントシリーズ (指)三才上オープン・ハンデ

	1	2	3	4	5	6
枠	白1	白1	黒2	黒2	赤3	赤3
馬名	ディヴィナシオン	テイエムスパーダ	サーマルウインド	グランテスト	メイショウソラフネ	(外)ヤクシマ
父	ヴィクトワールピサ(輸)	レッドスパーダ(マ)	ドレフォン(短)	ロードカナロア(マ)	モーリス(マ)	ハヴァナグレイ(短)
母・馬実績	フギン 4勝(短)	トシザコジーン 3勝(短)	ラフィエスタ 未出(中)	オーヴィレール 4勝(中)	メイショウデイム 5勝(短)	サツマ英(マ)
毛色・斤量	黒鹿 56 牡7	芦 56 牝5	鹿 55.5 牝5	芦 53 牝4	黒鹿 56 牡5	芦 55 牡4
騎手	松本	替酒井	川田	替坂井	横山典	幸
厩舎	栗森秀	栗木原	美奥村武	栗今野	栗石橋	栗寺島
賞金	3250	6500	3800	2400	2400	2500
総賞金	12,383	13,880	10,270	6520	7030	5990
馬主名	一村哲也	竹園正繼	キャロットF	下河辺隆行	松本好雄	ゴドルフィン
牧場名	日高山牧場	浦河小林牧場	安ノーザンF	日下河辺牧場	浦太陽牧場	イギリス
持木			○	△		
広田			◎	△		
加茂			▲	△		
市場		△	○	△		
田崎	△	△	注	◎	△	
本紙須藤			注 東	△		
芝 1000〜1600	新55.3⑤ 小1071① 東1213⑧ 京1346⑨	小1058① 阪1218⑬ 大1538⑯	中1071② 新1206① 東1328②	阪1076④	小1074① 京1202① 東1347④	京1074⑤ 東1206③ 阪1350⑫
上り最高	千32.2⑤	芝33.7⑭	芝33.4②	芝32.6②	芝33.0④	芝32.6⑬
騎乗成績	0 0 1 5	初騎乗	0 1 0 1	3 3 0 1	0 0 0 1	0 0 0 1
クラス実績	0 1 1 15	2 1 0 12	1 2 0 3	0 0 0 0	0 1 0 3	1 0 1 9
当該条件	1 2 0 3	3 1 0 2	初コース	0 0 0 1	1 2 0 1	2 0 0 1
前走	1中 1月8日 ③カーバン 7 オープン 9ト16頭 芝外1080 58菅原明 M⑮⑮⑭ 476 人気12 後方追上 ¾身 344外336 シュバルツカイ 1078 0.2	4中 10月1日 ⑨スプリンター 14 GI 2ト16頭 芝外1092 56富田 M②②③ 496 人気10 先行一杯 6½ 334中358 ママコチャ 1080 1.2	3新 8月27日 ⑥朱鷺 2 L 9ト17頭 芝内1209 55北村宏 S①①① 520 人気4 逃粘る クビ 345内345 テンハッピーロ 1208 0.1	2京 10月22日 ⑦[illegible] 2 2勝 1ト16頭 芝内1080 55坂井 S⑮⑭⑬ 472 人気1 後方伸 1¾ 354中326 ミルトクレイモ 1077 0.3	2京 10月28日 ⑧スワンS 14 GII 10ト18頭 芝外1208 57角田河 S③②② 448 人気14 先行一杯 5¼ 344中353 ウイングレイテ 1199 0.9	2小 2月11日 ②北九短距 9 オープン 11ト18頭 芝1084 57秋山真 S⑰⑰⑯ 524 人気6 後直だけ 2身 351中333 ヨシノイースタ 1080 0.4
	2京 1月28日 ②シルクロ 13 GIII 8ト18頭 芝内1091 56古川吉 M⑭⑬⑫ 484 人気15	2京 1月28日 ②シルクロ 14 GIII 14ト18頭 芝内1091 56富田 M①①① 502 人気10	4新 10月15日 ②信越 1 L 13ト15頭 芝内1206 54北村宏 S④③③ 522 人気1	2京 2月3日 ③四才上 1 2勝 6ト12頭 芝内1087 56坂井 M⑤⑤⑤ 470 人気1	1京 1月13日 ④[illegible] 2 L 11ト17頭 芝内1088 57角田河 M④④③ 448 人気6	3中 4月14日 ⑧[illegible] 13 L 6ト16頭 芝外1077 55藤岡佑 S⑯⑯⑯ 520 人気5

	7	8	9	10	11
枠	青4	青4	黄5	黄5	緑6
馬名	モズメイメイ	トウラヴェスーラ	ペアポルックス	エイシンスポッター	(外)ジャスパークローネ
父	リアルインパクト(マ)	ドリームジャーニー(中)	キンシャサノキセキ(マ)	エイシンヒカリ(マ)	フロステッド(マ)
母・馬実績	インラグジュアリー 未出(中)	ジャジャマーチャン 未出(マ)	ミラクルアスク 1勝(中)	マーゼリン 愛(中)	ファンシーキトゥン 米(マ)
毛色・斤量	鹿 55 牝4	鹿 58 牡9	黒鹿 54 牡3	栗 58 牡5	栗 58.5 牡5
騎手	替国分恭	永島	松若	角田河	団野
厩舎	栗音無	栗高橋康	栗梅田智	栗吉村	栗森秀
賞金	5500	6300	1700	5000	6500
総賞金	11,230	24,855	4310	12,670	17,890
馬主名	キャピタルS	吉田照哉	廣崎双葉	栄進堂	加藤和夫
牧場名	社台F	社台F	ASK STUD	門木田牧場	アメリカ
持木		△	△		
広田			注	△	△
加茂			◎		△
市場		△	▲	△	
田崎		○		▲	△
本紙須藤		△	△	▲	
芝 1000〜1600	[illegible]① [illegible]① [illegible]③ [illegible]⑬	大1480⑦ 京1077② 東1198② 阪1342⑤	京1073② 京1205②	大1527⑦ 京1074② 阪1198⑩ 阪1346❼	新56.9❶ 京1072① 京1196② 阪1355⑱
上り最高	芝33.1①	芝32.5②	芝33.9②	芝32.2③	芝33.5①
騎乗成績	0 0 1 0	0 0 0 1	2 3 0 0	6 1 3 6	2 0 0 3
クラス実績	2 0 0 7	2 4 1 20	0 2 0 0	2 0 2 5	2 1 2 9
当該条件	0 0 0 1	0 1 0 3	2 0 0 0	2 0 0 0	1 0 0 0
前走	3京 11月26日 ⑧京阪 12 GIII 12ト18頭 芝内1083 55永島 S⑤⑤⑤ 456 人気9 好位一杯 5¼ 345中338 トウシンマカオ 1074 0.9	3小 8月20日 ④北九記念 6 GIII 11ト18頭 芝1078 58藤岡康 M⑬⑫⑫ 478 人気7 直線不利 3½ 339中339 ジャスパークロ 1073 0.5	1小 1月14日 ②[illegible] 1 未勝 6ト17頭 芝1078 57松若 M①②② 480 人気1 先行抜出 2身 332中346 ナムラローズマ 1081 0.3	3京 11月26日 ⑧京阪 3 GIII 6ト18頭 芝内1078 57角田河 S⑯⑯⑮ 504 人気6 後方伸 2½ 356中322 トウシンマカオ 1074 0.4	11月4日 BCターフスプリ 12 GI 良12頭 千左56.3 57川田 ②③⑤ サンタアニタ アメリカ 先行一杯 5½ ノーボールズ 551 1.2
	2京 2月17日 ⑦京都牝馬 12 GIII 16ト18頭 芝外1212 57田口 S①①① 466 人気12	3京 11月26日 ⑧京阪 4 GIII 18ト18頭 芝内1078 57藤岡康 S⑩⑨⑩ 486 人気12 中位伸も 2½ 349外329 トウシンマカオ 1074 0.4	1小 2月3日 ⑦かささぎ 1 1勝 10ト12頭 芝1087 57松若 M③②② 474 人気1 好位抜出 1½ 336中351 ロードトレゾー 1090 0.3	5阪 12月23日 ⑦阪神カップ 10 GII 9ト17頭 芝内1198 58角田河 M⑮⑮⑮ 504 人気11 後直だけ 3身 350中340 ウインマーベル 1193 0.5	12月10日 香港スプリント 7 GI 良10頭 芝右1099 57川田 S①①① シャティン 492 香港 逃一杯 4¼ ラッキースワイ 1092 0.7
		2京 1月28日 ②シルクロ 6 GIII 16ト18頭 芝内1086 58永島 M⑯⑮⑫ 494 人気9 後方差詰 5¼ 348外338 ルガル 1077 0.9	3京 5月5日 ⑥橘 2 L 6ト10頭 芝外1205 57松若 S①②② 476 人気2 先行粘る 1¼ 349中341 ガロンヌ 1203 0.2	2阪 3月24日 ❷[illegible] 7 L 15ト15頭 芝外1346 58角田河 S⑬⑬⑫ 500 人気4 後方差詰 1¾ 367中344 ボルザコフスキ 1343 0.3	2月24日 リヤドDスプリン 4 GIII 良11頭 芝ダ1111 57団野 ①①① アブドゥルアジーズ サウジアラビア 出遅る 4身 リメイク 1104 0.7
		5ヵ月休 フレグモーネ 乗込み5週間 仕上り○ 連対体重 466〜492 3ヵ月以上休 ①②③外 1 1 1 4	3京 5月25日 ⑪葵 2 GIII 13ト18頭 芝内1073 57松若 M②②② 474 人気7 先行粘る 1¼ 334中339 ピューロマジッ 1071 0.2	3京 5月26日 ⑫[illegible] 1 L 17ト18頭 芝外1210 57.5角田河 S⑭⑯⑮ 504 人気6 直線一気 クビ 371外325 グレイイングリ 1210 0.0	3月30日 アルクオーツSP 11 GI 良12頭 芝直1090 59団野 ⑥⑦ メイダン アラブ首長国 大外伸欠 9¾ カリフォルニア 1075 1.5
		1 3 2 3	0 5 0 0	0 0 2 5	7 0 0 0
全左ダ右小		4 1 0 3 0 / 5 1 0 4 1 / 1 1 0 0 0 / 7 3 0 4 1 / 1 0 0 1 0 / 14 3 0 1 1 2	2 0 0 2 2 / 3 0 0 3 0 / 0 0 0 0 0 / 0 0 0 0 0 / 0 0 0 0 0 / 0 0 0 0 0	6 1 0 5 2 / 1 1 0 0 0 / 3 1 0 2 0 / 0 0 0 0 0 / 0 0 0 0 0 / 10 2 2 6 0	6 2 0 3 1 / 1 1 0 0 0 / 2 0 0 2 0 / 2 0 1 1 0 / 0 0 0 0 0 / 8 3 0 4 0
短評	入[illegible]	★伏兵	△連下	▲単穴	連なら

芝 1200 レコード 620 スパーダ 410 48今村

記号の説明

厩舎左側の美栗は 美＝関東・美浦所属 栗＝関西・栗東所属 賞金左の記号は重の巧拙を表します ◎…得意△…苦手

馬場表示

❶ ❶ ① ① 開催日の馬場状態 ↓不良 ↓重馬場 ↓稍重 ↓良馬場

乗替り記号

替…ベスト10外

安井涼太の予想

11R 北九州記念 GIII

6月30日(日) 15:35 小倉 芝1200m

予想印

印	馬番	馬名
◎	12	ピューロマジック (3人気)
○	14	ナナオ (2人気)
△	2	テイエムスパーダ (12人気)
△	3	サーマルウインド (1人気)
△	5	メイショウソラフネ (11人気)
△	9	ペアポルックス (4人気)
△	16	ヨシノイースター (9人気)
△	18	バースクライ (8人気)

【ご注意】予想の転載はお控えください

レース結果

着順	印	馬番	馬名	人気(単勝オッズ)
1	◎	12	ピューロマジック	3人気(7.3倍)
2	△	16	ヨシノイースター	9人気(15.7倍)
3		7	モズメイメイ	16人気(91.1倍)

もっとみる ›

買い目

券種・買い目	組み合わせ・点数
単勝 (通常)	12 / 5,000円 / 払い戻し：5,000円x7.3倍=36,500円 / 的中
単勝 (通常)	12 / 2,600円 / 払い戻し：2,600円x7.3倍=18,980円 / 的中
3連単 (フォーメーション)	1着：12 / 2着：14 / 3着：2 3 5 9 16 18 / 6通り 各300円
3連単 (フォーメーション)	1着：12 / 2着：2 3 5 9 16 18 / 3着：14 / 6通り 各100円
合計	10,000円

払い戻し・収支

払い戻し金額	収支
55,480円	+45,480円

●2024年6月30日・小倉11R北九州記念（GⅢ、芝1200m）

1着⑫ピューロマジック
（3番人気）
2着⑯ヨシノイースター
（9番人気）
3着⑦モズメイメイ
（16番人気）

単⑫ 730円
複⑫ 350円
⑯ 450円
⑦ 2130円
馬連⑫－⑯ 5980円
馬単⑫→⑯ 9600円
3連複⑦⑫⑯ 257690円
3連単⑫→⑯→⑦ 798750円

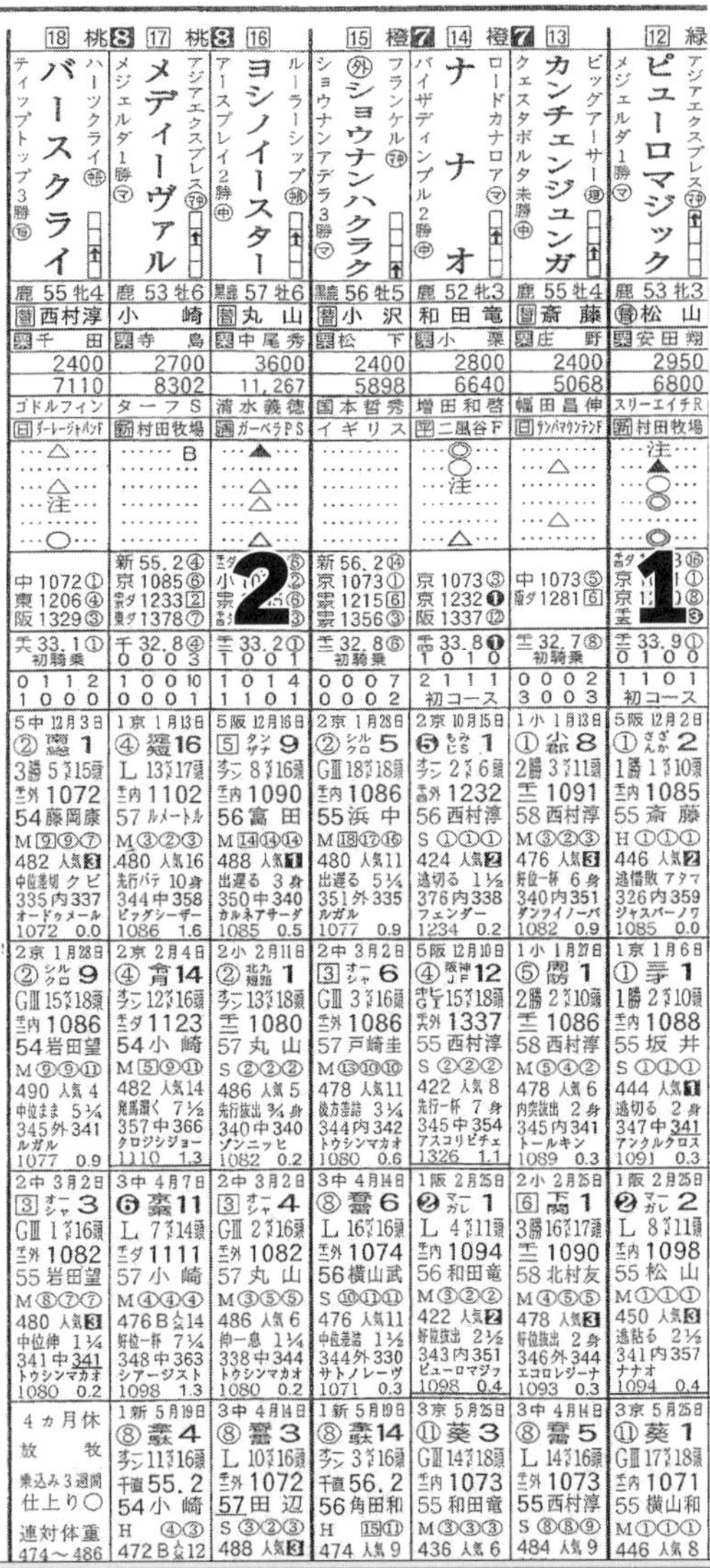

18 桃8	17 桃8	16	15 橙7	14 橙7	13	12 緑
ハーツクライ	アジアエクスプレス	ルーラーシップ	フランケル	ロードカナロア	ビッグアーサー	アジアエクスプレス
バースクライ	メディーヴァル	ヨシノイースター	(外)ショウナンハクラク	ナナオ	カンチエンジュンガ	ピューロマジック
ティップトップ3勝	メジェルダ1勝	アースプレイ2勝	ショウナンアデラ3勝	バイザディンプル2勝	クエスタボルタ未勝	メジェルダ1勝
鹿 55 牝4	鹿 53 牝6	黒鹿 57 牡6	黒鹿 56 牡5	鹿 52 牝3	鹿 55 牡4	鹿 53 牝3
西村淳	小崎	丸山	小沢	和田竜	斎藤	松山
千田	寺島	中尾秀	松下	小栗	庄野	安田翔
2400	2700	3600	2400	2800	2400	2950
7110	8302	11,267	5898	6640	5068	6800
ゴドルフィン	ターフS	清水義徳	国本哲秀	増田和啓	幅田昌伸	スリーエイチR
ダーレージャパンF	村田牧場	ガーベラPS	イギリス	二風谷F	サンバマウンテンF	村田牧場
△ △ 注 ○	B	▲ △ △ △		◎ ◎ 注 △	△ △	注 ▲ ◎ ◎ ◎
中1072① 東1206④ 阪1329③	新55.2④ 京1085⑥ 京ダ1233② 東ダ1378⑦	2	新56.2⑭ 京1073① 東1215⑥ 東1356③	京1073③ 京1232❶ 阪1337⑫	中1073⑤ 阪ダ1281⑥	1
芝33.1① 初騎乗	千32.8④ 0 0 0 3	芝33.2① 1 0 0 1	芝32.8⑥ 初騎乗	芝33.8❶ 1 0 1 0	芝32.7⑧ 初騎乗	芝33.9① 0 1 0 0
0 1 1 2 1 0 0 0	1 0 0 10 0 0 0 1	1 0 1 4 1 1 0 1	0 0 0 7 0 0 0 2	2 1 1 1 初コース	0 0 0 2 3 0 0 3	1 1 0 1 初コース
5中 12月3日 ② 1 3勝 5ト15頭 芝外1072 54藤岡康 M⑨⑨⑦ 482 人気3 中位差切 クビ 335内337 オードゥメール 1072 0.0	1京 1月13日 ④ 16 L 13ト17頭 芝内1102 57ルメートル M③②③ 480 人気16 先行バテ 10身 344中358 ビッグシーザー 1086 1.6	5阪 12月16日 ⑤ タンザナ 9 オープン 8ト16頭 芝内1090 56富田 M⑭⑭⑭ 488 人気1 出遅る 3身 350中340 カルネアサーダ 1085 0.5	2京 1月28日 ② シルクロ 5 GⅢ 18ト18頭 芝内1086 55浜中 M⑱⑰⑯ 480 人気11 出遅る 5¼ 351外335 ルガル 1077 0.9	2京 10月15日 ❺ もみじS 1 オープン 2ト6頭 芝外1232 56西村淳 S①①① 424 人気2 逃切る 1½ 376内338 フェンダー 1234 0.2	1小 1月13日 ① 8 2勝 3ト11頭 芝1091 58西村淳 M③②③ 476 人気3 好位一杯 6身 340内351 ダンツイノーバ 1082 0.9	5阪 12月2日 ① さざんか 2 1勝 1ト10頭 芝内1085 55斎藤 H①①① 446 人気2 逃惜敗 アタマ 326内359 ジャスパーノワ 1085 0.0
2京 1月28日 ② シルクロ 9 GⅢ 15ト18頭 芝内1086 54岩田望 M⑨⑨⑪ 490 人気4 中位まま 5¼ 345外341 ルガル 1077 0.9	2京 2月4日 ④ 14 オープン 12ト16頭 芝ダ1123 54小崎 M⑤⑨⑪ 482 人気14 発馬遅く 7½ 357中366 クロジシジョー 1110 1.3	2小 2月11日 ② 北九短距 1 オープン 13ト18頭 芝1080 57丸山 S②②② 486 人気5 先行抜出 ¾身 340中340 ゾンニッヒ 1082 0.2	2中 3月2日 ③ オーシャ 6 GⅢ 3ト16頭 芝外1086 57戸崎圭 M⑬⑩⑩ 478 人気11 後方差詰 3¼ 344内342 トウシンマカオ 1080 0.6	5阪 12月10日 ④ 阪神JF 12 牝GⅠ 15ト18頭 芝外1337 55西村淳 S②②② 422 人気8 先行一杯 7身 345中354 アスコリピチェ 1326 1.1	1小 1月27日 ⑤ 周防 1 2勝 2ト10頭 芝1086 58西村淳 M⑤④② 478 人気6 内突抜出 2身 345内341 トールキン 1089 0.3	1京 1月6日 ① 1 1勝 2ト10頭 芝内1088 55坂井 S①①① 444 人気1 逃切る 2身 347中341 アンクルクロス 1091 0.3
2中 3月2日 ③ オーシャ 3 GⅢ 1ト16頭 芝外1082 55岩田望 M⑧⑦⑦ 480 人気3 中位伸 1¼ 341中341 トウシンマカオ 1080 0.2	3中 4月7日 ❻ 11 L 7ト14頭 芝ダ1111 57小崎 M④④④ 476B 人気14 好位一杯 7¼ 348中363 シアージスト 1098 1.3	2中 3月2日 ③ オーシャ 4 GⅢ 2ト16頭 芝外1082 57丸山 M③⑤⑤ 486 人気6 伸一息 1¼ 338中344 トウシンマカオ 1080 0.2	3中 4月14日 ⑧ 6 L 16ト16頭 芝外1074 56横山武 S⑩⑪⑪ 476 人気11 中位差詰 1½ 344外330 サトノレーヴ 1071 0.3	1阪 2月25日 ❷ マーガレ 1 L 4ト11頭 芝内1094 56和田竜 M③②② 422 人気2 好位抜出 2½ 343内351 ピューロマジッ 1098 0.4	2小 2月25日 ⑥ 下関 1 3勝 16ト17頭 芝1090 58北村友 M④⑤⑤ 478 人気3 好位抜出 2身 346外344 エコロレジーナ 1093 0.3	1阪 2月25日 ❷ マーガレ 2 L 8ト11頭 芝内1098 55松山 M①①① 450 人気3 逃粘る 2½ 341内357 ナナオ 1094 0.4
4ヵ月休 放牧 乗込み3週間 仕上り○ 連対体重 474～486	1新 5月19日 ⑧ 4 オープン 11ト16頭 千直55.2 54小崎 H ④③ 472B 人気12	3中 4月14日 ⑧ 3 L 10ト16頭 芝外1072 57田辺 S③②③ 488 人気3	1新 5月19日 ⑧ 14 オープン 3ト16頭 千直56.2 56角田和 H ⑮⑪ 474 人気9	3京 5月25日 ⑪ 葵 3 GⅢ 14ト18頭 芝内1073 55和田竜 M③③③ 436 人気6	3中 4月14日 ⑧ 5 L 14ト16頭 芝外1073 55西村淳 S⑧⑧⑨ 484 人気9	3京 5月25日 ⑪ 葵 1 GⅢ 17ト18頭 芝内1071 55横山和 M①①① 446 人気8

件数	投票内容		組数	金額	馬券表示
1	小倉（日）11R 3連単 フォーメーション	1頭 → 1頭 → 6頭	6組	各 300円 計 1,800円	
2	小倉（日）11R 3連単 フォーメーション	1頭 → 6頭 → 1頭	6組	各 100円 計 600円	
3 的中	小倉（日）11R 単勝	12	1組	7,600円	

購入金額：10,000円
払戻金額：55,480円

⑯ヨシノイースター　（9番人気）
⑰メディーヴァル　（18番人気）
⑱バースクライ　（8番人気）

このレースもご覧のように、初の古馬相手ということもあってか、3番人気とまだ甘いオッズでした。歴戦のスプリンターも参戦していたものの、トップスプリンターになりうる素質馬として評価しているだけに、私はここもピューロマジックを本命に指名しました。

結果的に、このレースも単勝7・3倍を7600円的中して5万5480円の払い戻しとなりました。

その後、9月8日の中京11RセントウルS（GⅡ、芝1200m）は先に少し触れているように、ピューロマジックにとっては向かないと思われた条件（これについては次項で詳述します）。

同馬は、このレースでついに1番人気に支持されたのですが、このときは私は逆に「危険な人気馬」に指名しており、結果的に13着と大敗しています。

「ウマい予想」ではご覧のように、ピューロマジックを外して、勝ち馬トウシンマカオの単勝を的中しました。

そしてスプリンターズSでは前述の通り、超ハイペースを演出した形で8着に敗れました。むしろ、ここで0・5秒差まで粘れたあたり、トップスプリンターになりうる器だと再確認できた一戦でした。

来年以降も短距離路線で活躍が期待できると思うので、ぜひ注目しておいてください。

●2024年9月8日・中京11RセントウルS（GⅡ、芝1200m）

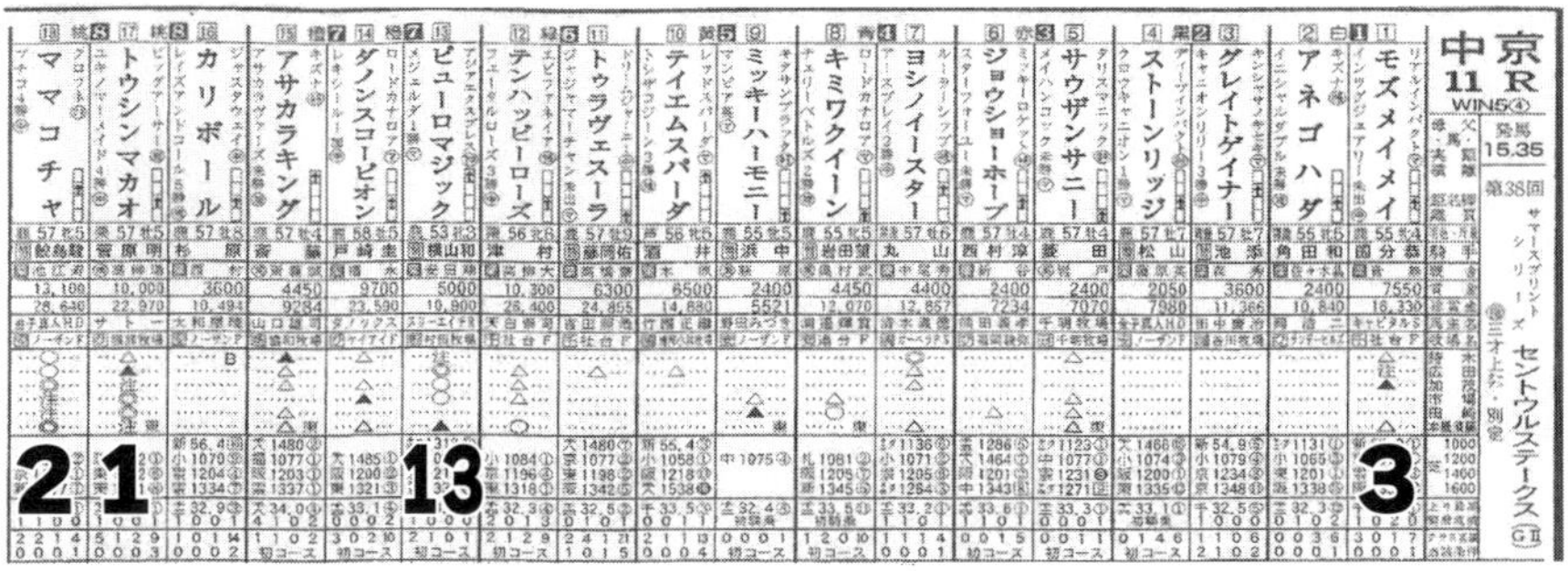

1着⑰トウシンマカオ　（2番人気）　　馬連⑰ー⑱ 2050 円
2着⑱ママコチャ　　　（4番人気）　　3連複①⑰⑱ 9640 円
3着①モズメイメイ　　（7番人気）　　3連単⑰→⑱→① 47820 円

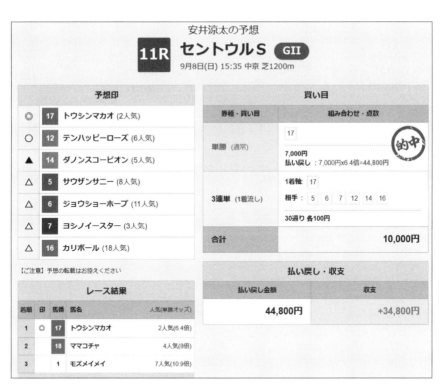

安井涼太の予想

11R　セントウルS　GII
9月8日(日) 15:35 中京 芝1200m

予想印

◎	17	トウシンマカオ (2人気)
○	12	テンハッピーローズ (6人気)
▲	14	ダノンスコーピオン (5人気)
△	5	サウザンサニー (8人気)
△	6	ジョウショーホープ (11人気)
△	7	ヨシノイースター (3人気)
△	16	カリボール (18人気)

【ご注意】予想の転載はお控えください

買い目

券種・買い目	組み合わせ・点数
単勝 (通常)	17 7,000円 払い戻し：7,000円x6.4倍=44,800円 的中
3連単 (1着流し)	1着軸 17 相手： 5 6 7 12 14 16 30通り 各100円
合計	10,000円

払い戻し・収支

払い戻し金額	収支
44,800円	+34,800円

レース結果

着順	印	馬番	馬名	人気(単勝オッズ)
1	◎	17	トウシンマカオ	2人気(6.4倍)
2		18	ママコチャ	4人気(8倍)
3		1	モズメイメイ	7人気(10.9倍)

二択の選択を間違えないためのコースの見方

さて、基本的な脚質の傾向は前述した通り、短い距離になれば前が有利で、長い距離になれば後ろが有利となります。

しかし、すべてがすべて、そうなるわけではありません。

ここからは二択の選択を間違えないために、いろいろなパターンを解説していきます。

なお、章立ての関係上、3章の「時計が速いレースが得意か、遅いレースが得意か」という適性の面に関しても、ここで改めて触れています。

また、コースの傾向などをまとめたものは巻末に記載があるので、そちらも合わせて確認いただけると幸いです。

まずは3章でも触れている通り、トップスピードを発揮するには十分な助走区間が必要になります。

そのため、直線が長いほうがより後ろが有利になりやすい傾向があります。

実際に2021年1月~24年10月14日の芝レースにおける、上がり1位馬の競馬場別の成績を見ると、最も勝率が高いのは**阪神競馬場の芝外回り**です（左ページの表4）。

次いで新潟外回り、東京、中京、京都外回りと続きます。

このように、明確に「直線の長さ＝後ろ有利」という構図が成り立ちます。

これは競馬をしていれば、肌感覚で理解しているところかとは思いますが、改めて確認することで認識が強まるかと思います。

特に1位の阪神外回りは勝率40・5％と、非常に高い値が記録されています。

また阪神では、内回りも勝率は32・0％で京都外回りと大きな差がありません。

こうなる要因は、直線の坂が影響していると考えていいでしょう。

直線に急坂が待ち構えるコースでは、最後の1ハロンで時計がかかる傾向にあるため、後ろの馬が届く条件である「上がりの差が大きくなりやすい」という点に当てはまります。

中山は直線が短いため、その限りではありませんが、阪神と中京は急坂コースというレイアウト上、後ろが有利になりやすいという点は考慮すべきです。

先ほどピューロマジックの評価の際に、セントウルSだけは危険な人気馬に指名したと述べていました。

これはコースの特性を重視して判断したものになります。

表4●上がり1位馬の競馬場別成績

競馬場	総レース	1着	2着	3着	着外	勝率	連対率	複勝率
阪神外回り	513	208	123	59	123	40.5%	64.5%	76.0%
新潟外回り	356	136	76	47	97	38.2%	59.6%	72.8%
東京	1140	396	241	161	342	34.7%	55.9%	70.0%
中京	881	290	190	113	288	32.9%	54.5%	67.3%
京都外回り	238	78	49	28	83	32.8%	53.4%	65.1%
阪神内回り	513	164	95	74	180	32.0%	50.5%	64.9%
札幌	466	146	99	51	170	31.3%	52.6%	63.5%
小倉	836	261	154	119	302	31.2%	49.6%	63.9%
中山	957	285	166	121	385	29.8%	47.1%	59.8%
京都内回り	227	66	47	26	88	29.1%	49.8%	61.2%
福島	502	145	86	64	207	28.9%	46.0%	58.8%
函館	406	104	81	41	180	25.6%	45.6%	55.7%
新潟内回り	323	80	57	43	143	24.8%	42.4%	55.7%

短距離戦は基本的に前が有利な条件ですが、中京は直線が長いことに加えて直線は上り坂。

そのため、中京で行なわれた過去3回のセントウルSにおいても、逃げた馬は3頭すべて馬券圏外に敗れていたのです。

このことがわかっていれば、連勝中とはいえピューロマジックがセントウルSにおいては危険な人気馬になることが事前に予想できたのです。


なお前項で解説したように、予想に関しては3戦続けてピューロマジックを本命にして、セントウルSだけは無印にしました。

そして、そのセントウルSでは本命に差し馬のトウシンマカオを指名しました。

トウシンマカオに関しては4走前の23年京阪杯が優秀で、上がり1ハロンは11・4秒でした。

芝1200mで「勝ちタイム1分7秒4以下＋レースの上がり1ハロン11・4秒以下」に該当するのは歴代でも21件と少なく、該当レースの勝ち馬にはマッドクールやサトノレーヴがいます。

京阪杯では、トウシンマカオ自身も上がり3ハロン32・7秒を記録しており、2着馬が次走でシルクロードSを圧勝するルガルだったことを考えても優秀な内容だったと判断できました。

トウシンマカオ
ビッグアーサー
ユキノマーメイド
菅原明
高柳瑞
サトー
服部牧場

2024年セントウルS時のトウシンマカオの馬柱。4走前の京阪杯に注目を。

トウシンマカオは左回りを苦手としているとの声もありますが、この馬の持ち味はトップスピード性能。そのため、その持ち味を活かしづらい道悪を苦手としており、近2年の高松宮記念はどちらも道悪馬場ということで度外視が可能でした。

良馬場の左回りだと【2－1－0－3】で、着外3回のうち、NHKマイルCは文字通りマイル戦。23年シルクロードSは上位3頭が後にGIで好走しており、その4着なら評価を下げるものではありません。前走の京王杯スプリングCも上位2頭が抜けたレースで、3着馬とはわずか0・1秒差。

左回りが苦手という情報から人気も甘くなりそうで、netkeiba さんの「ウマい馬券」では自信アリに指名して単勝6・4倍を7000円的中し、4万4800円の払い戻しとなりました。

評価している馬でも、条件が合わないと判断できればバッサリいく。

これが予想するうえでは重要な考えです。

二択の選択を間違えないためのペースの見方

続いてはペースが速くなりやすい条件、遅くなりやすい条件について解説します。

基本的に競馬はペースが速くなると後ろが有利になり、遅くなると前が有利になります。

厳密には、ペースが速くなるほうが得意な逃げ・先行馬、ペースが遅いほうが得意な差し・追込馬もいますが、あくまで全体的な傾向として――という意味です。

なぜそうなるかは、スローペースになると直線で各馬余力があるので上がりの差が小さくなり、ハイペースでは各馬余力がないため上がりの差が大きくなりやすいからですね。

そしてコース形態から、「ペースが速くなりやすいか、遅くなりやすいか」の判断ができます。

ポイントは、最初のコーナーまでの距離と向正面の起伏です。

まず、最初のコーナーまでの距離について解説します。

人間に置き換えて考えても同じですが、コーナーでは遠心力がかかりスピードが落ちるためペースが落ち着きます。

そのため、最初のコーナーまでの距離が短いとすぐに息が入るためペースは緩みやすく、逆に距離が長いと息が入るタイミングがなくなり、ペースが速くなる傾向にあります。

例えば、最初のコーナーまでの距離が短いコースで有名なのは、有馬記念が行われる中山競馬場の芝内回り２５００ｍ。

スタートしてから約1ハロンでコーナーとなり、すぐに息が入るためペースは緩みやすく、また外枠の馬は位置取り争いをする前にコーナーに入るため外を回らされる確率が非常に高くなります。

実際に、有馬記念の公開枠順抽選会で8枠を引いてしまった陣営の、落胆した表情を見ている方も多いのではないでしょうか。

また8枠の成績も、２０２３年の有馬記念でスターズオンアースが2着に好走していましたが、基本的に不

【中山】

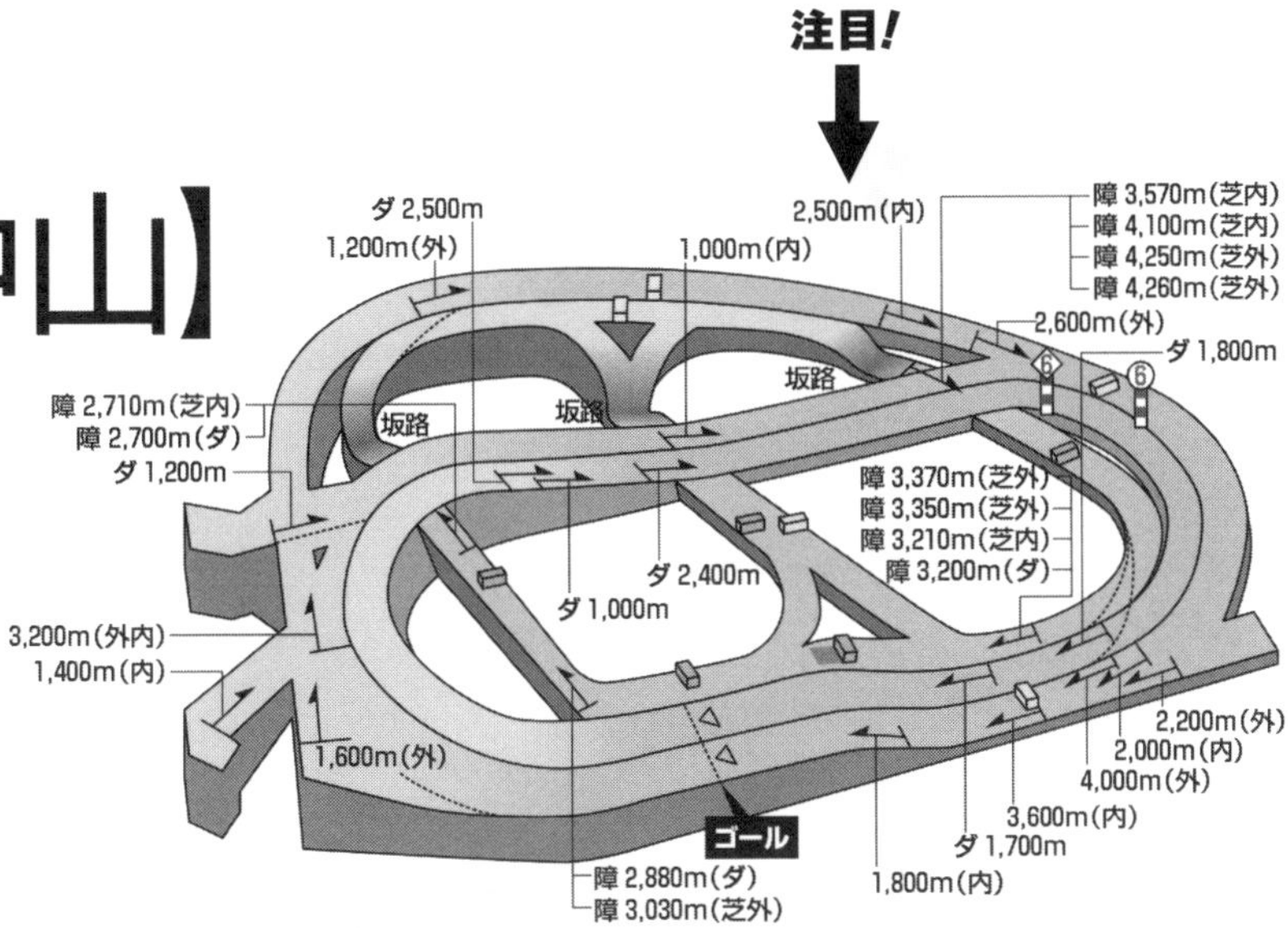

【阪神】

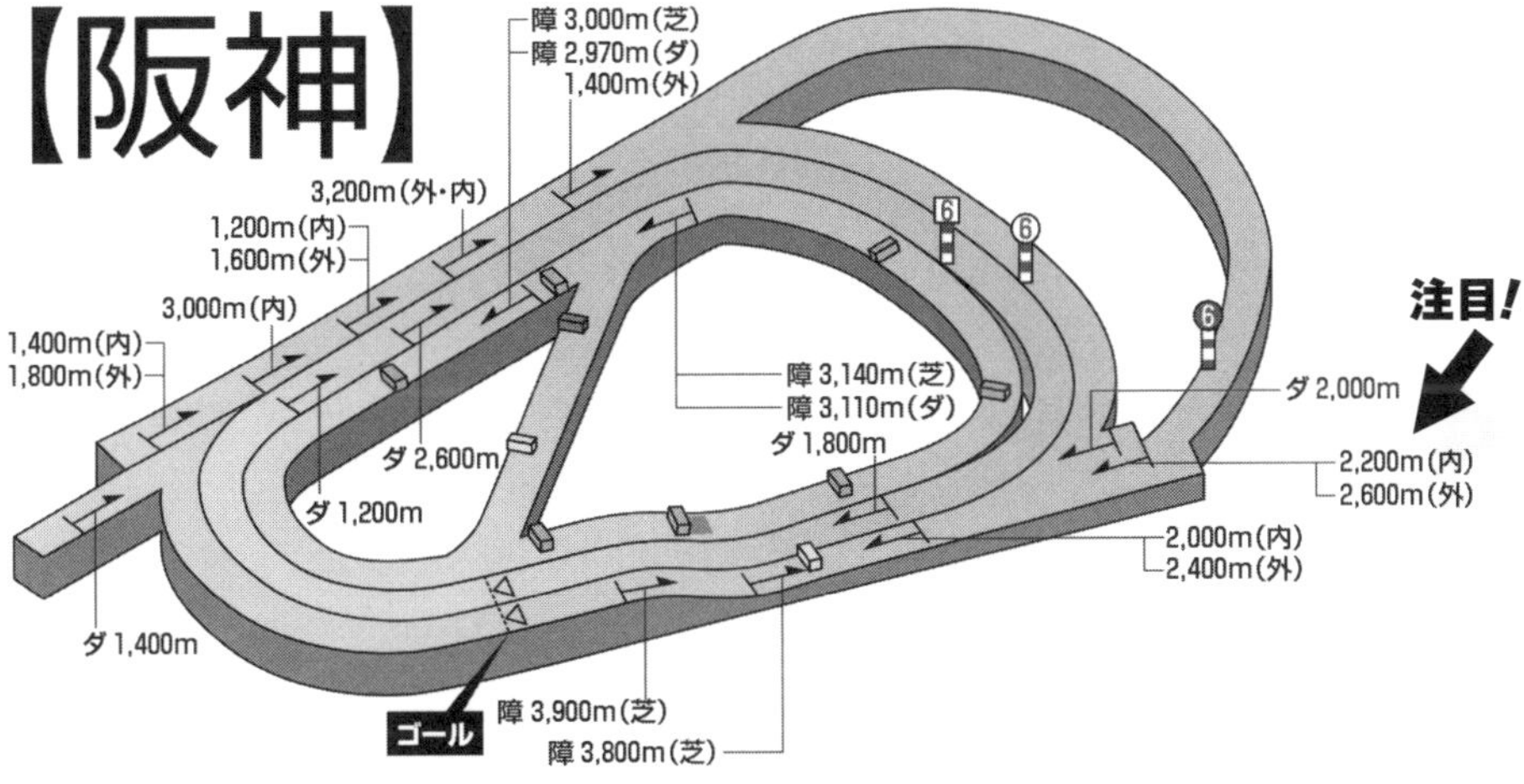

表5●有馬記念(中山芝内回り2500m)、
宝塚記念(阪神芝内回り2200m)の上がり1位馬成績

レース名	総レース	1着	2着	3着	着外	勝率	連対率	複勝率
有馬記念	12	3	3	0	6	25.0%	50.0%	50.0%
宝塚記念	11	5	6	0	0	45.5%	100.0%	100.0%

振な点からもイメージしやすいでしょう。

逆に最初のコーナーまでの距離が長いコースでは、宝塚記念が行なわれる阪神芝内回り2200mが挙げられます。

ホームストレッチを丸々走るこのコースは、1コーナーまでの距離が約3ハロンほど。そのため先行争いが激化しやすく、毎年のように差し決着になります。

この2つのGⅠの上がり1位馬の成績を見ると一目瞭然（前ページの表5）。ともに2000m以上のレースなので、基本的な傾向としては後ろが有利になりやすい条件ではありますが、有馬記念は上がり1位馬が3勝・2着3回・着外6回と凡走しているケースが多く見られます。

一方、宝塚記念は5勝・2着6回で着外が1回もないという驚異的な数値。

宝塚記念のような例は稀ではありますが、スタートから最初のコーナーまでの距離を意識すれば、ペースを読む精度が上がることは間違いないでしょう。

そして、もうひとつのポイントが向正面の起伏です。

コースにおいて坂の有無をチェックする場合、多くの方は直線に坂があるかどうかに焦点を当てるかと思います。

実際に二択の選択を間違いないためのコースの見方でも解説しているように、最後のひと踏ん張りが要求される直線の坂の有無は、結果に直結する重要な要素です。

しかし、レースは最後の直線だけでは決まりません。

直線までの区間にも起伏は存在します

特に短距離戦～マイル戦は向正面からのスタートとなるため、スタート直後の坂の有無というのも非常に重要になってきます。

考え方としては直線と同様に、下り坂なら時計が速くなり、上り坂だと時計が遅くなります。

例として、芝１２００ｍの２０１４年以降の良馬場１勝クラス戦の前半３ハロン平均タイムを見ると、右の表６の通り。

向正面が下り坂の小倉や中山の前半３ハロンは速く、逆に上り坂の中京や京都は遅くなっています。

最大１秒近くタイムに差があることからも、直線の坂の有無で適性を判断するのと同時に、向正面の坂の有無でラップも変わるため展開に影響が出ると考えていいでしょう。


ここまでは、コースレイアウトから導き出せるペースの考え方。

とはいえ、出走馬によってペースは変わります。

やはりレースは生き物ですから、いくらハイペースになりやすい条件でも、前に行く馬が少なければペースは落ち着きますし、逆もまた然(しか)り。

そのため、出走馬の精査も重要になってきます。


表6●芝1200mの前半3ハロン平均タイム

競馬場	前半3F
小倉	33.5秒
中山	33.8秒
札幌	34.0秒
福島	34.0秒
函館	34.0秒
中京	34.1秒
新潟	34.2秒
京都	34.3秒
阪神	34.4秒

この場合、見るべきポイントは次の2点です。

・逃げ馬が何頭いるか

・その逃げ馬の先行意識がどれだけ強いか

1点目の逃げ馬が何頭いるかについては単純明快。

近走で逃げた馬が何頭いるかという言葉そのままです。

私の場合は、近3走で最初のコーナーを1番手で通過した馬が何頭いるかをチェックしています。

1頭もいない場合はスローペース、1頭しかいない場合はコースの傾向通り、そして2頭以上いる場合は先行意識がどれだけ強いか？　のチェックに入ります。

そして先行意識がどれだけ強いか？　については、**逃げた馬の前半2ハロンのタイムをチェック**しています。

なぜ3ハロンではなく2ハロンなのかについては、3章で上がり2ハロンを重視しているのと同じ。

競走馬の全力疾走は2ハロン、という考えの下(もと)です。

逃げた馬が複数いる場合は、各コースの基準となる前半2ハロンのタイムを参照し、これより速いタイムを記録した馬が複数いる場合はハイペースになる可能性が高いと判断します。

なお、各コースの基準となる前半2ハロンのタイムも巻末に掲載していますので、予想の際はぜひご活用ください。

24年の小倉2歳Sは、中京競馬場の芝1200mで開催とややこしい条件でした。

短距離戦ですが直線が長く、かつ上り坂の同舞台は差し馬が優勢というのはピューロマジックのセントウルSの際に解説済みです。

しかし、24年の小倉2歳Sは近走で逃げた馬こそ多かったですが、新馬戦や未勝利戦らしくスローペースが多かったため、基準となる前半2ハロンを超えた馬はアーリントンロウの前走だけ。

そのため、先手争いは激しくならないと考えられました。

それならば、前に行けて、さらに長い直線でもうひと伸びできる馬を狙うのがベストだと予想できました。

■小倉2歳S出走馬と人気（P126～127に馬柱）

①クラスペディア（8番人気）
②ケイアイマハナ（11番人気）
③アブキールベイ（10番人気）
④レイピア（3番人気）
⑤ポートデラメール（6番人気）
⑥ベルビースタローン（9番人気）
⑦ホウオウブースター（13番人気）
⑧エイシンワンド（1番人気）
⑨タマモティーカップ（7番人気）

中京 11R WIN5④

発馬 15.35

第44回 小倉2歳ステークス (GIII)

(指)ニオ(オープン)・馬齢

馬番	枠	馬名	父	母	毛色・斤量	騎手	厩舎	賞金	馬主名	牧場名	最高	上り最高
1	白1	クラスペディア	ミスターメロディ	ウンベラータ 未勝	黒鹿 55 牡2	小崎	河嶋	0	塚田義広	田端牧場	京1204②	[illegible]
2	黒2	ケイアイマハナ	ダノンレジェンド	ケイアイデイジー 3勝	黒鹿 55 牡2	永島	村山	400	ケイアイS	新冠橋本牧場	新潟1116①	初芝 初騎乗
3	赤3	アプキールベイ	ファインニードル	アゴベイ 2勝	栗 55 牡2	西塚	坂口智	400	ゴドルフィン	ダーレージャパンF	福1110①	芝35.0① 初騎乗
4	青4	レイピア	タワーオブロンドン	アンナトルテ 1勝	鹿 55 牡2	松山	中竹	400	前田晋二	富菜牧場	小1082① 京1234②	芝34.8① 1100
5	青4	ポートデラメール	ナダル	ジュベルアリ 未出	鹿 55 牡2	団野	斉藤崇	400	シルクR	レイクヴィラF	京1113①	芝33.8① 1000
6	黄5	ベルビースタローン	ストロングリターン	テイエムナデシコ 1勝	青鹿 55 牡2	和田竜	西村	400	宮崎俊也	タニグチ牧場	小1106① 新1363⑩	芝36.6① 初騎乗
7	黄5	ホウオウブースター	ブリックスアンドモルタル	イエーガーオレンジ 未勝	青鹿 55 牡2	丸田	高柳瑞	400	小笹芳央	ノーザンF	福1101① 東1237④	芝34.6④ 初騎乗

2

芝1200m 左回り A直線412.5m

賞金 3100万 1200 780 … レコード 1.07.9 22年9月 ビッグシーザー

安井涼太の予想

11R 小倉2歳S GIII

9月1日(日) 15:35 中京 芝1200m

予想印

印	馬番	馬名
◎	8	エイシンワンド (1人気)
○	10	アーリントンロウ (2人気)
△	1	クラスペディア (8人気)
△	4	レイピア (3人気)
△	5	ポートデラメール (6人気)
△	13	エンドレスサマー (4人気)

【ご注意】予想の転載はお控えください

レース結果

着順	印	馬番	馬名	人気(単勝オッズ)
1	◎	8	エイシンワンド	1人気(4.1倍)
2	△	1	クラスペディア	8人気(26.9倍)
3	○	10	アーリントンロウ	2人気(4.7倍)

もっとみる

買い目

券種・買い目	組み合わせ・点数
馬連 (通常)	8 – 10 1,000円
ワイド (通常)	8 – 10 3,000円 払い戻し：3,000円x4.5倍=13,500円 的中
3連複 (2軸流し)	軸1：8 軸2：10 相手：1 4 5 13 4通り 各500円 払い戻し 1-8-10：500円x75.2倍=37,600円 的中
3連単 (1着流し)	1着軸：8 相手：1 4 5 10 13 20通り 各200円 払い戻し 8-1-10：200円x385.3倍=77,060円 的中
合計	10,000円

払い戻し・収支

払い戻し金額	収支
128,160円	+118,160円

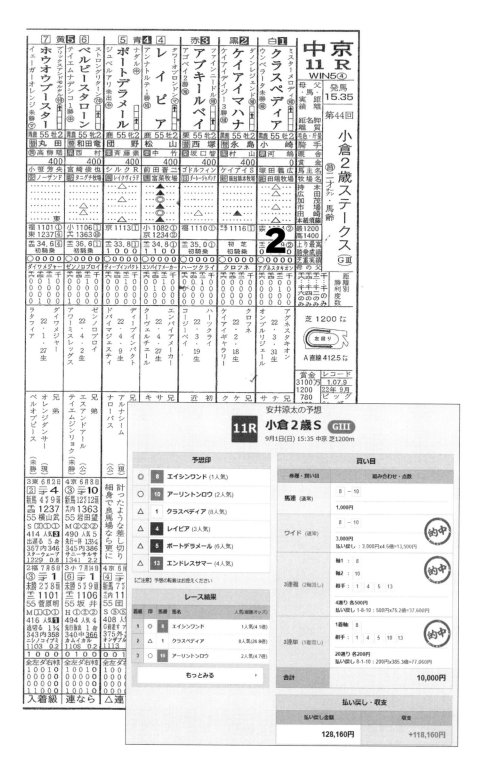

●2024年9月1日・中京11R小倉2歳S（GⅢ、芝1200m）

1着⑥エイシンワンド
（1番人気）
2着①クラスペディア
（8番人気）
3着⑩アーリントウロウ
（2番人気）

単⑥ 410円
複⑥ 170円
① 480円
⑩ 180円
馬連①－⑥ 4240円
馬単⑥→① 5720円
3連複①⑥⑩ 7520円
3連単⑥→①→⑩ 38530円

緑6 8	緑6 9	橙7 10	橙7 11	桃8 12	桃8 13
ディスクリートキャット㋮ **エイシンワンド** エイシンフェアリー2勝㊙	デクラレーションオブウォー㊥ **タマモティーカップ** チャームポット5勝㋮	タワーオブロンドン㋮ **アーリントンロウ** ユメノトキメキ3勝㊥	フロステッド㋮㊥ ㊀外**ジャスパーディビネ** ロケットリロード米㊙	アレスバローズ㋮ **エイヨーアメジスト** カシノアンバー未勝㊙	アルアイン㊥ **エンドレスサマー** コケレール愛㊥
鹿 55 牡2	鹿 55 牝2	鹿 55 牡2	鹿 55 牡2	鹿 55 牝2	鹿 55 牡2
幸	長岡	替西村淳	替岩田康	替酒井	替岩田望
栗大久保龍	栗高橋亮	栗松下	栗森秀	栗牧田	美上原佑
400	400	400	400	400	400
栄進堂	タマモ	シルクR	加藤和夫	柳田英子	フィールドR
浦高野牧場	ひフジワラF	登別上水牧場	アメリカ	柏木務	安ノーザンF
注 ◎ ○ ◎ 注 ◎	△ … △ △ … △	○ ○ ▲ 注 ○ ○	◎ 注 △ ○ … △	… △ … … △ …	△ △ 注 △ … 注 東
京1092①	小1092①	新[illegible]①	新1219①	小1098①	函1094①
芝3[illegible]5① 1[illegible]0	芝34.6① 1000	芝[illegible]② 0[illegible]0	芝35.2① 初騎乗	芝35.7① 初騎乗	芝34.6① 初騎乗
○0000	○0000	○0000	○0000	○0000	○0000
タイキシャトル	フジキセキ	マーベラスサンデー	リロード	タートルボウル	ザミンダー
芙 函 芝 千 0 0 1 0 0 0 0 0 0 0 0 0 0 0 0 0	芙 函 芝 千 0 0 1 0 0 0 0 0 0 0 0 0 0 0 0 0	芙 函 芝 千 0 1 0 0 0 1 0 0 0 0 0 0 0 0 0 0	芙 函 芝 千 0 1 0 0 0 0 0 0 0 0 0 0 0 0 0 0	芙 函 芝 千 0 0 1 0 0 0 1 0 0 0 0 0 0 0 0 0	芙 函 芝 千 0 0 1 0 0 0 0 0 0 0 1 0 0 0 0 0
タイキシャトル 22・3・5生 タイキトゥインクル	フジキセキ 22・5・3生 ホットプレイ	マーベラスサンデー 22・3・10生 バトルカグヤ	リロード 22・3・14生 シーズイントゥミスチーフ	タートルボウル 22・3・30生 フェアリーバニヤン	ザミンダー 22・4・11生 クラコヴィー
兄弟 エイシンセラフィム（現） エイシンポリシー（現）	兄弟 タマモダイジョッキ（現） タマモティータイム（3勝）	兄弟 アシャカデッシュ（1勝） ヴラディア（現）	初仔 近親トゥルアート	初仔 近親ロンドンタウン	兄弟 ラヴィエベール（3勝） スティルディマーレ（現）
レース診断 上昇度◎ 追い出しを待つ余裕があり、着差以上の強さ	レース診断 上昇度○ 着差は僅かだが、余力十分に捕えての勝利。	4京 6月22日 ⑦芝 2 新馬 1ト12頭 芝外内1235 55西村淳 S⑧⑦⑤ 504 人気9 中位伸 クビ 379外337 ラブラーニュ 1235 0.0	レース診断 上昇度◎ 発馬を決めて先手。マイペースで押し切った	3小 6月29日 ①芝 1 九州新馬 8ト14頭 芝1098 54田口 M①①① 442 人気1 逃楽勝 9身 341内357 ナンショウヲト 1112 1.4	1函 6月29日 ⑦芝 1 新馬 5ト9頭 芝1094 55横山武 S①①① 492 人気2 逃楽勝 5身 348内346 モズナナスター 1102 0.8
2中京 8月10日 ①芝 1 新馬 12ト14頭 芝1092 55幸 S④②② 466 人気1 先行抜出 1¼ 357中335 クラスペディア 1094 0.2	3小 7月6日 ③芝 1 新馬 4ト6頭 芝1092 55長岡 M③③③ 444 人気2 中位差切 クビ 346中346 セルヴァンス 1093 0.1	2新 7月28日 ②芝 1 未勝 8ト11頭 芝外内1206 55坂井 M①①① 506 人気2 逃切る 1¾ 339内352 ネーヴェフレス 1209 0.3	2新 7月27日 ①芝 1 新馬 1ト15頭 芝外内1219 55松若 S①①① 510 人気3 逃切る 1身 345内352 カロローザ 1220 0.1	3小 7月20日 7 ひまわり 2 九州オープン 12ト18頭 芝1109 55田口 H①②② 438 人気1 先行粘る ¾身 336中373 ケイテンアイジ 1107 0.2	1函 7月13日 ⑪ 函館2才 3 GⅢ 1ト14頭 芝1094 55横山和 M③②② 500 人気2 先行伸 1¼ 343内351 サトノカルナバ 1092 0.2
0 1 0 0	0 0 1 0	1 0 1 0	1 0 0 0	1 1 0 0	1 0 0 0
全左ダ右中京 1 1 0 0 1 0 0 0 0 0 0 0 0 0 0 0 0 0 0 0	全左ダ右中京 1 0 0 1 0 0 0 0 0 0 0 0 0 0 0 0 0 0 0 0	全左ダ右中京 1 1 0 0 0 1 0 0 1 0 0 0 0 0 0 0 0 0 0 0	全左ダ右中京 1 1 0 0 0 0 0 0 0 0 0 0 0 0 0 0 0 0 0 0	全左ダ右中京 1 0 0 1 0 1 0 0 1 0 0 0 0 0 0 0 0 0 0 0	全左ダ右中京 1 0 0 1 0 0 0 0 0 0 1 0 0 1 0 0 0 0 0 0
○有力	△連下	○有力	△連下	連なら	☆特注

⑩アーリントンロウ　（2番人気）
⑪ジャスパーディビネ（5番人気）
⑫エイヨーアメジスト（12番人気）
⑬エンドレスサマー　（4番人気）

本命に指名したエイシンワンドの前走は1200mでしたが、前半3ハロンは35・5秒と遅く、上がりが33・7秒の後傾戦。

これを逃げたわけではなく、2番手から上がり最速で勝利している点からも、今回の小倉2歳Sで問われる適性に合致すると判断できました。

また、中京芝1200mでレースの上がり2ハロンが22・4秒以下となったのは歴代10件。該当馬にはナムラクレア、シゲルピンクルビーがおり、2歳時点でこの水準を記録したのであれば、重賞レベルの裏付けが証明されていると考えられました。

そして対抗のアーリントンロウは、敗れはしたものの新馬戦は京都芝1400mで上がり2ハロン22・7秒の好ラップ。

2歳戦の京都芝1400mにおいて、上がり2ハロンが22・9秒以下となったのは歴代でも40件とそう多くありません。

勝ち馬にはダノンファンタジー、モーリス、ラインクラフト、スイープトウショウといったGI馬を筆頭に、重賞勝ち馬も多く該当しています。

前述の通り、スムーズに前に行けそうなメンバー構成（結果的には逃げませんでしたが）ということもあり、好走確率は高いと判断できました。

人気馬2頭が狙い目に合致していたので、馬券の本線はこの2頭。

相手に8番人気のクラスペディアが入線したことでnetkeibaさんの「ウマい馬券」では総額12万8160円の払い戻しとなりました（P126参照）。

二択の選択を間違えないための馬場と風の見方

最後は馬場と風の影響について解説していきます。

以前は良、稍重、重、不良といった表記で検討していた項目ですが、近年は含水率やクッション値といった要素が追加されています。

そして、それらは非常に重要な要素を持っています。

特に芝で重要になるのがクッション値。

重や不良馬場で時計が遅くなることは肌感覚として理解していると思いますが、これまで良馬場はひと括りにしてしまっていました。
しかし、同じ良馬場でもクッション値が9を超えるような馬場だと、明らかに時計が速くなる傾向が見られます。

１勝クラスにおける芝１２００ｍで行なわれたクッション値別の上がり３ハロン平均値を見ると、クッション値が高くなるにつれて速くなる傾向が見られます（左ページの表７）。

なお、ＪＲＡの発表によると7以下が軟らかめ、7〜8がやや軟らかめ、8〜10が標準、10〜12がやや硬め、12以上が硬めとなっています。

私としてはＪＲＡの発表、および実際に数値で影響が出ている10以上になると、馬場の高速化が顕著になるとして判断しています。

そしてダートでは含水率が重要。ダートは含水率が12％以上になると、上がり３ハロンの平均値が36秒台に突入しています（左ページの表８）。

この水準になれば、かなり水分を含んだダートになっていると判断できますので、時計が速くなると予想できます。

また、ダートは含水率が低くなると逆にパサパサの馬場になります。

含水率が２％以下になると上がり３ハロンの平均値は37・４秒となっており、この水準になると時計がかかると予想しましょう。

なお、クッション値も含水率も発表は金曜、土曜、日曜に各１回だけ。随時変更がある馬場状態も考慮して

表7●芝1200m戦のクッション値別の上がりタイム

クッション値	上がり3F
6	35.8秒
7	35.4秒
8	35.4秒
9	34.9秒
10	34.8秒

表8●ダート1200m戦の含水率別の上がりタイム

含水率	上がり3F
1	37.4秒
2	37.4秒
3	37.2秒
4	37.2秒
5	37.2秒
6	37.2秒
7	37.2秒
8	37.3秒
9	37.1秒
10	37.0秒
11	37.2秒
12	36.8秒
13	36.8秒
14	36.5秒
15	36.9秒
16	36.5秒
17	36.8秒
18	37.0秒
19	36.3秒
20	37.1秒

予想していきましょう。

ちなみに、だいたい平均して、芝だと稍重↓重↓不良と悪くなるにつれてハロン０・１秒ほど時計が遅くなり、ダートだと稍重↓重↓不良と悪くなるにつれてハロン０・１秒ほど時計が速くなる傾向があります。

そして、風もレースに影響を与える大きな要素。

特に直線が追い風か、向かい風かというのは重要です。

人間の陸上競技でも追い風が秒速２・０ｍを超えると追い風参考記録となってしまい、公認記録として扱われません。

それだけ追い風になると時計が速く、逆に向かい風になると時計がかかるわけです。

人間の場合は、追い風秒速１・０ｍで０・０８５秒ほど有利に働くといわれているそうです。

公認記録の上限である追い風秒速２・０ｍの場合だと、無風状態より約０・17秒速くゴールできるということとになります。

馬場や風は前日段階でも各予報で確認できますが、それでも当日は思った状況にならないということは珍しくありません。

競馬予想と同様、天気予報も的中するのは難しいですね（笑）。

ですので、理想は直前の予想で参考にするのがやはりベストでしょう。

例えば、２０２４年９月に開催された４回中山は、毎週のようにクッション値が10を超える高速馬場でした。

さらに毎週のように、直線が強めの追い風という条件で開催が行なわれていました。

紫苑Ｓでクリスマスパレードが１分56秒６をマークし、皐月賞でジャスティンミラノが記録したコースレコードを更新したのは記憶に新しいところ。

この２つが揃うと、強烈なトラックバイアスが発生するの

高速馬場と神風？　で紫苑Ｓをレコードで制したクリスマスパレード。

で覚えておきましょう。

ここまで「時計の速い決着が得意か、遅い決着が得意か」という適性的な要素。そして「逃げ・先行馬が有利か、差し・追込馬が有利か」という展開的な要素の2つを用いて、見るべきポイントを解説してきました。

この2つは、それぞれが相反するもの。

そのため、適性と展開を組み合わせることで、次の4つのパターンに分類することが可能です。

①時計の速い決着が得意×逃げ・先行馬が有利
②時計の速い決着が得意×差し・追込馬が有利
③時計の遅い決着が得意×逃げ・先行馬が有利
④時計の遅い決着が得意×差し・追込馬が有利

同じ差し馬でも、上がりの速いレースで高速上がりを使うアーモンドアイのような馬もいれば、上がりの遅いレースで最後まで脚を使い続けられるリスグラシューのような馬もいます。

逆に同じ逃げ馬でも、上がりの速いレースで好時計を出すようなピューロマジックのような馬もいれば、上がりの遅いレースで他の馬の脚を削ることで粘り込むパンサラッサのような馬もいます。

それぞれの特性をしっかりと判別させて、今回の条件に当てはまるか否か。

ＧⅠを９勝するようなアーモンドアイでも、条件が合わなければ１倍台の評価に応えられず敗戦するのが競馬です。

そのため、各馬の特性を見極めることが危険な人気馬を探す手段になると考えています。

それでは最後に、次の５章にて具体的に私がどのような視点で危険な人気馬を判別していたか、netkeiba さんの連載動画「安井涼太の危険な人気馬」の内容から振り返ろうと思います。

第5章

実践例に学ぶ！危険な人気馬の見つけ方

番組「危険な人気馬」から特選でお届けします！

ここからは、私がnetkeibaTV内での番組「危険な人気馬」（毎週木曜日20時公開）で取り上げたレースを、ある程度再録という形で紹介していきます。

ここまでの理論をベースにしつつ、初心者の方が見ていただいてもわかるようにデータを用いて解説していきます。

番組では、先週の回顧やレースの考え方など、いろいろと発信していますので、ぜひチェックしてみてください！

また、今秋からYouTubeチャンネル（https://www.youtube.com/@passion_yasui）も開設しています。こちらでも、全頭診断として各馬の能力を、ゲーム画面のようにステータス化してわかりやすくしています。

この馬はどういう能力、どういう適性を持っているのか？

そして、それは今回の条件に合致しているのか？

と、本書で紹介した内容がベースになっているので、こちらもぜひチャンネル登録をしていただけると幸いです！

トライアル・レースの勝利を冷静に分析すると……

●2024年10月14日・京都11R秋華賞（GⅠ、芝2000m）

クイーンズウォーク（3番人気）＝15着

■秋華賞出走馬と人気

①ホーエリート（14番人気）
②ミアネーロ（4番人気）
③クイーンズウォーク（3番人気）＝6・8倍
④タガノエルピーダ（7番人気）
⑤チェルヴィニア（1番人気）＝2・3倍
⑥ラビットアイ（15番人気）
⑦チルカーノ（12番人気）
⑧コガネノソラ（9番人気）
⑨アドマイヤベル（11番人気）
⑩ボンドガール（5番人気）
⑪ランスオブクイーン（6番人気）
⑫ラヴァンダ（13番人気）
⑬クリスマスパレード（8番人気）
⑭ステレンボッシュ（2番人気）＝3・9倍
⑮セキトバイースト（10番人気）

秋華賞は京都競馬場の芝内回り2000mということもあり、直線がそこまで長くないので前々で運べる馬が有利だと考えがち。

しかし、2014年以降の京都競馬場で行なわれた過去8回の脚質別の成績を見ると、逃げた馬は18年のミッキーチャーム1頭しか馬券圏内がありません。

また、先行馬も1勝・3着2回と苦戦しており、好走馬の大半が差し馬となっています。

さらに上がり順位別の成績を見ても、勝ち馬8頭中6頭が1~2位で、勝ち馬全頭が5位以内と決め手が重要なレースとなっています。

こうなる要因としては、「直線が平坦な京都競馬場」というコースの特徴が影響していると考えています。

良馬場の京都競馬場で行なわれた年のレースの上がり2ハロンは、平均値で24・45秒と速く、トップスピード勝負になりやすい傾向にあります。

そのため、直線が短いとはいえ、決め手に勝る差し馬が狙い目になると考えられます。

この秋華賞で危険な人気馬となるのは、クイーンズウォークだと考えました。

3強の構図となりそうですが、その3頭の中で挙げるのであればクイーンズウォークには死角があるということです。

というのも、先ほど解説した通り、秋華賞は内回り戦ながらトップスピード性能が必要。

その点で、上がり2ハロン22・7秒となった桜花賞で8着、22・9秒となったオークスで4着と、いずれのGⅠでもステレンボッシュやチェルヴィニアに敗れています。

●秋華賞の平均ラップ

1ハロン	2ハロン	3ハロン	4ハロン	5ハロン	6ハロン	7ハロン	8ハロン	9ハロン	10ハロン
12.2	10.8	12.2	12.1	12.0	12.4	12.0	11.9	11.7	11.9
道中3ハロン換算タイム　35.9秒							上がり3ハロン35.5秒		

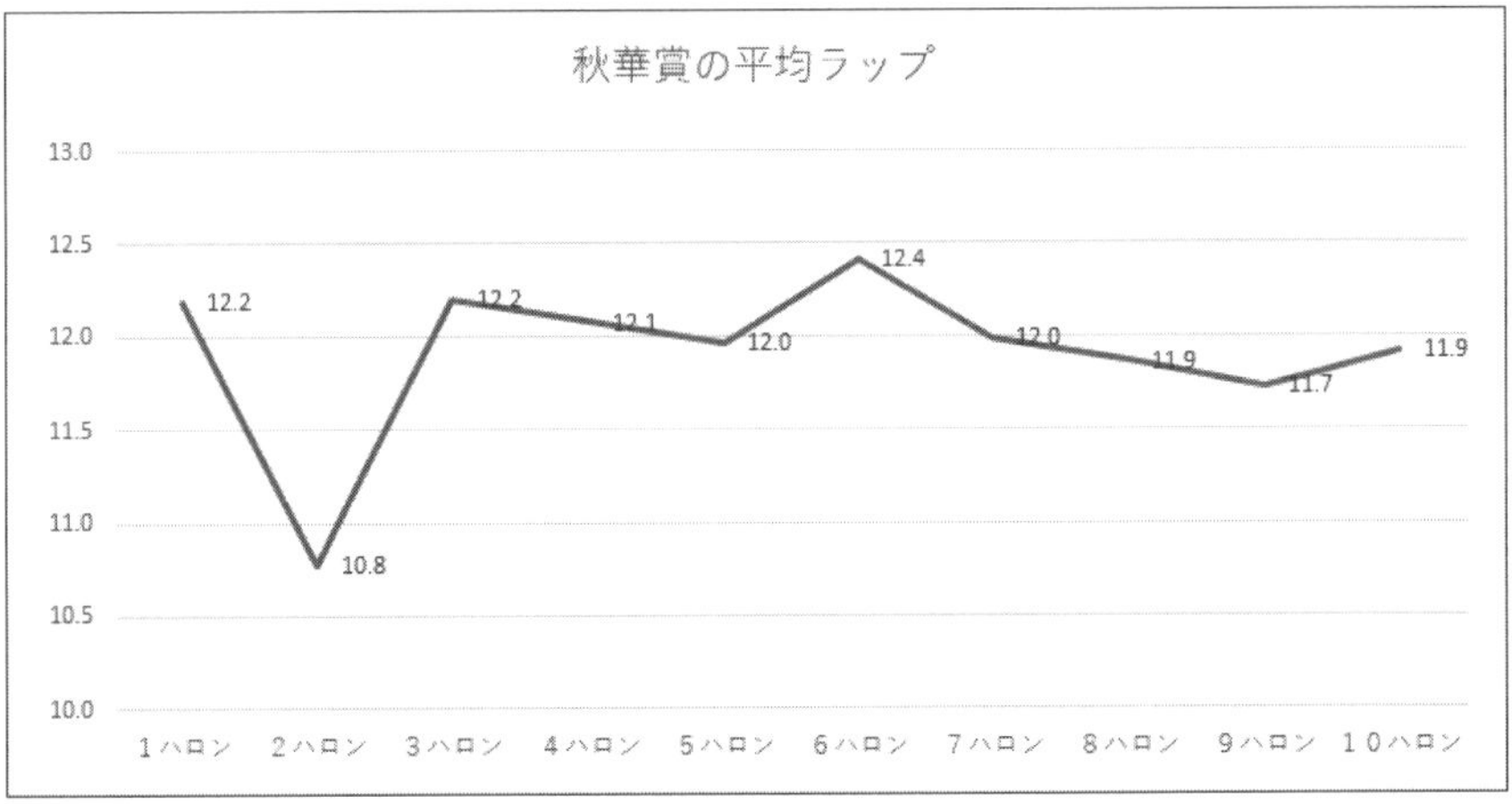

●秋華賞・脚質別の成績

脚質	総レース	1着	2着	3着	着外	勝率	連対率	複勝率
逃げ	8	0	1	0	7	0.0%	12.5%	12.5%
先行	24	1	0	2	21	4.2%	4.2%	12.5%
差し	69	7	5	6	51	10.1%	17.4%	26.1%
追込	40	0	2	0	38	0.0%	5.0%	5.0%

●秋華賞・上がり馬の成績

上がり順位	総レース	1着	2着	3着	着外	勝率	連対率	複勝率
1位	9	3	2	2	2	33.3%	55.6%	77.8%
2位	11	3	3	0	5	27.3%	54.5%	54.5%
3位	7	1	0	2	4	14.3%	14.3%	42.9%
4～5位	15	1	1	1	12	6.7%	13.3%	20.0%
6位以下	99	0	2	3	94	0.0%	2.0%	5.1%

※5章のデータは、一部を除き、当時の番組で使用したものをそのまま掲載しています。

●2020年ローズS組の秋華賞成績

馬名	秋華賞着順	ローズS着順
オーマイダーリン	6	3
ムジカ	8	2
フィオリキアリ	10	8
アブレイズ	11	12
リアアメリア	13	1
クラヴァシュドール	17	5

※道中3ハロン換算タイムとは、スタートから上がり3ハロン前までのタイムを、3ハロンに換算したもの。例えば、この秋華賞は10ハロンなので、1～7ハロン目までのタイムの合算が83.7秒。これを7で割って1ハロンの平均タイムを算出して、その値に3をかけると35.9秒になる（83.7÷7×3＝35.9）。

前売 5回京都4日 11R

発馬 15.40

第29回 秋華賞(GI)

牝指 三才オープン・馬齢

	1	2	3	4	5	6	7	8	9
枠	白1	黒2	黒2	赤3	赤3	青4	青4	黄5	黄5
馬名	ホーエリート	ミアネーロ	クイーンズウォーク	タガノエルピーダ	チェルヴィニア	ラビットアイ	チルカーノ	コガネノソラ	アドマイヤベル
父	ルーラーシップ	ドゥラメンテ	キズナ	キズナ	ハービンジャー	エピファネイア	ハービンジャー	ゴールドシップ	スワーヴリチャード
母・母実績	ゴールデンハープ2勝	ミスエーニョ米	ウェイヴェルアベニュー加	タガノレヴェントン未勝	チェッキーノ3勝	ティーエスペリー未勝	アロマティコ6勝	マイネヒメル4勝	ベルアリュールII愛
毛色・斤量	鹿 55 牝3	鹿 55 牝3	黒鹿 55 牝3	黒鹿 55 牝3	鹿 55 牝3	鹿 55 牝3	栗 55 牝3	芦 55 牝3	栗 55 牝3
騎手	替北村友	津村	川田	替団野	ルメール	横山典	替鮫島駿	丹内	横山武
厩舎	(美)田島俊	(美)林	(栗)中内田	(栗)斉藤崇	(美)木村	(栗)鈴木孝	(栗)高野	(美)菊沢	(美)加藤征
賞金	1150	3350	4900	1600	9500	400	1500	4000	3000
総賞金	2230	6727	12,140	6080	18,740	1556	3340	7613	6620
馬主名	吉田晴哉	シルクR	サンデーR	八木良司	サンデーR	ライオンRH	サンデーR	ビッグレッドF	近藤旬子
牧場名	白老F	安ノーザンF	安ノーザンF	新冠タガノF	安ノーザンF	浦河日成牧場	安ノーザンF	新ビッグレッドF	安ノーザンF
持木		△	注		○				◎
広田	△	△	▲		○			△	
加茂		△	◎	注	○			△	
市場		△	▲	△	◎				△
田崎	△	△			◎			△	▲
本紙須藤	△ 東	△ 東	▲		◎ 東			東	△ 東
芝1600		中1336⑤	阪[illegible]	阪1336④	阪1[illegible]34⑬		京1358⑩	新1348②	
芝1800	中1481②	中1480①	[illegible]		新[illegible]59①	京1472④		東1456①	新1499①
芝2000	中1571⑤	中1566②	[illegible]	阪1594①		阪2026④	京1588③		東1590①
芝2200	2250⑩	2253⑭	[illegible] 15	2258⑯	[illegible]① 1		京2128①	2252⑫	2250⑨
上り最高	33.6⑥	33.0②	33.4①	33.5①	33.0①	33.6④	33.4①	34.0③	33.8①
騎乗成績	初騎乗	2101	3102	1011	3100	1005	初騎乗	1000	1001
クラス実績	0102	1101	2002	1013	2001	0002	0001	2001	1001
当該条件	初コース	初コース	初コース	初コース	初コース	初コース	0001	初コース	初コース
前走3	2中 3月16日 ⑦フラワー 2 牝GIII 9 12頭 芝内1481 55 原 M⑧⑦⑥ 460 人気8 中位伸 ¾身 371外356 ミアネーロ 1480 0.1	2中 3月16日 ⑦フラワー 1 牝GIII 5 12頭 芝内1480 55 津村 M⑦⑦⑥ 472 人気2 中位抜出 ¾身 369内354 ホーエリート 1481 0.1	2阪 4月7日 ⑥桜花 8 牝GI 2 18頭 芝外1328 55 川田 S⑥⑧⑧ 514 人気3 中位まま 3¾ 353内341 ステレンボッシ 1322 0.6	2阪 4月7日 ⑥忘れな 1 牝L 4 8頭 芝内1594 55 川田 H④④① 436 人気1 漸抜出 2½ 358中353 ステラクラウン 1598 0.4	2阪 4月7日 ⑥桜花 13 牝GI 18 18頭 芝外1334 55 ムルザバエフ S⑩⑥⑤ 488 人気4 中位一杯 7身 352中348 ステレンボッシ 1322 1.2	2京 2月17日 ⑦つばき賞 4 1勝 1 9頭 芝外1472 55 横山典 S③⑤⑤ 476 人気5 中位伸も 1½ 366内336 メイショウタバ 1469 0.3	3京 4月27日 ③矢車 1 牝1勝 4 12頭 芝外2128 55 西村淳 H⑧⑧⑥ 446 人気1 中位一気 1¾ 365中349 アクアヴァーナ 2131 0.3	2東 4月28日 ④スイート 1 牝L 5 13頭 芝1456 55 石川 H⑥⑧⑧ 448 人気6 中位一気 クビ 360外341 ニシノティアモ 1456 0.0	2東 4月21日 ②フローラ 1 牝GII 8 14頭 芝1590 55 横山武 M⑤⑥⑥ 484 人気2 中位差切 1身 364中342 ラヴァンダ 1591 0.1
前走2	2東 5月19日 ⑩オークス 10 牝GI 8 18頭 芝2250 55 原 H⑯⑫⑥ 460 人気13 追上一杯 6½ 377外352 チェルヴィニア 2240 1.0	2東 5月19日 ⑩オークス 14 牝GI 1 18頭 芝2253 55 津村 H⑦⑨⑩ 476 人気9 中位一杯 8¾ 365中353 チェルヴィニア 2240 1.3	2東 5月19日 ⑩オークス 4 牝GI 2 18頭 芝2244 55 川田 H⑤⑤④ 522 人気5 中位差詰 2½ 361中347 チェルヴィニア 2240 0.4	2東 5月19日 ⑩オークス 16 牝GI 17 18頭 芝2258 55 Mデムーロ H③④④ 440 人気6 好位一杯 11¼ 357中361 チェルヴィニア 2240 1.8	2東 5月19日 ⑩オークス 1 牝GI 12 18頭 芝2240 55 ルメール H⑨⑨⑩ 482 人気2 中位差切 ½身 369外340 ステレンボッシ 2241 0.1	2中 3月16日 ⑦フラワー 4 牝GIII 10 12頭 芝内1482 55 横山典 M⑪⑪⑪ 474 人気4 後方追上 1¼ 376中350 ミアネーロ 1480 0.2	4京 6月15日 ⑤[illegible] 8 2勝 2 13頭 芝内1588 53 西村淳 S⑤③③ 452 人気3 好位一杯 2½ 369中343 マイネルメモリ 1584 0.4	2東 5月19日 ⑩オークス 12 牝GI 5 18頭 芝2252 55 石川 H⑬⑬⑫ 448 人気7 後方まま 7½ 370中350 チェルヴィニア 2240 1.2	2東 5月19日 ⑩オークス 9 牝GI 10 18頭 芝2250 55 横山武 H⑦⑥⑥ 484 人気8 中位まま 6¼ 366中351 チェルヴィニア 2240 1.0
前走	4中 9月7日 ①紫苑 6 牝GII 10 13頭 芝内1571 55 戸崎圭 M⑧⑧⑧ 466 人気4 中位差詰 3身 359外336 クリスマスパレ 1566R0.5	4中 9月7日 ①紫苑 2 牝GII 1 13頭 芝内1566 55 津村 M⑨⑧⑧ 480 人気3 中位伸も クビ 359中330 クリスマスパレ 1566R0.0	3中京 9月15日 ④ローズS 1 牝GII 2 15頭 芝1599 55 川田 S⑥⑥⑥ 522 人気2 中位抜出 1½ 376中335 チェレスタ 2001 0.2	3中京 9月15日 ④ローズS 4 牝GII 5 15頭 芝2002 55 幸 S⑤④④ 452 人気4 伸一息 2身 372内342 クイーンズウォ 1599 0.3	4ヵ月半 放牧 乗込み4週間 仕上り◎ 連対体重 470～482 3ヵ月以上休 ①②③外 0101	3中京 9月15日 ④ローズS 15 牝GII 8 15頭 芝2036 55 横山典 S⑥⑥⑥ 488 人気10 中位バテ 大差 374内372 クイーンズウォ 1599 3.7	2中京 8月25日 ⑥[illegible] 1 牝2勝 6 7頭 芝1592 53 西村淳 S④④④ 456 人気3 中位抜出 ¾身 379外338 イトカワサクラ 1593 0.1	1札 7月28日 ④クイーンS 1 牝GIII 12 14頭 芝1474 51 丹内 S⑧⑥⑤ 454 人気5 中位差切 アタマ 368中348 ボンドガール 1474 0.0	4ヵ月半 放牧 乗込み5週間 仕上り◎ 連対体重 478～484 3ヵ月以上休 ①②③外 1100
逃先差追連対数	0110	0120	0211	0110	1120	1000	0030	1130	0111
コース	全左ダ右京	全左ダ右京	全左ダ右京	全左ダ右京	全左ダ右京	全左ダ右京	全左ダ右京	全左ダ右京	全左ダ右京
1着	11000	20020	32010	20021	33000	10010	31021	42020	22000
2着	10010	10010	10011	00000	11000	00000	00000	11000	11000
3着	10010	00000	00000	10010	00000	00000	00000	11000	11000
4着	00000	00000	11000	21010	00000	50052	00000	10010	00000
5着	00000	10010	00000	00000	00000	00000	00000	00000	00000
着外	43010	11000	10010	11000	10010	11000	20022	11000	11000
評価	△連下	△連下	▲単穴	連なら	○有力	入着級	入着級	連なら	△連下

京都芝コース

軸二分

最終情報

開催日の馬場状態: ① ↓ 良馬場 / 山 ↓ 稍重 / ❶ ↓ 重馬場 / ❷ ↓ 不良

乗替り記号

替…ベスト10外の騎手からベスト10への乗替り

替…それ以外

開催場所・月日 / 開催日・着順 / 条件・枠・頭数 / 距離・タイム / 斤量・騎手名 / ペース・通過順 / 馬体重・人気 / 戦評・馬身差 / 前半・上り③F / ①②着時計・秒

●2024年10月13日・京都11R秋華賞（ＧⅠ、芝2000m）

1着⑤チェルヴィニア

（1番人気）

2着⑩ボンドガール

（5番人気）

3着⑭ステレンボッシュ

（2番人気）

………………………………

15着③クイーンズウォーク

（3番人気）

単⑤ 230円

複⑤ 120円

⑩ 290円

⑭ 140円

馬連⑤－⑩ 2200円

馬単⑤→⑩ 2880円

3連複⑤⑩⑭ 2230円

3連単⑤→⑩→⑭ 11970円

15 桃8	14 桃8	13 橙7	12 橙7	11 緑6	10 緑6
デクラレーションオブウォー(中) セキトバイースト ベアフットレディ(愛)(中)	エピファネイア(中) ステレンボッシュ ブルークランズ 3勝(中)	キタサンブラック(中) クリスマスパレード ミスエリカ 1勝(中)	シルバーステート(マ) ラヴァンダ ゴッドバイレーツ 未勝(中)	タリスマニック(中) ランスオブクイーン マイプラーナ 4勝(短)・	ダイワメジャー(マ) ボンドガール コーステッド 米(マ)
鹿 55 牝3	鹿 55 牝3	青鹿 55 牝3	黒鹿 55 牝3	黒鹿 55 牝3	鹿 55 牝3
藤岡佑	戸崎圭	石川	岩田望	松山	武豊
四位	国枝	加藤士	中村	奥村豊	手塚
1450	12,200	3500	1450	900	2850
5577	24,820	7770	3370	3620	7020
TNレーシング	吉田勝己	G1レーシング	森永聡	五影慶則	藤田晋
タイヘイ牧場	ノーザンF	ノーザンF	森永聡	フジワラF	ノーザンF
△ … △ 注 …	▲ ◎ ▲ ○ ○ ○ 東	注 … △ △ 東	…	△ △ … 注	△ △ … △ 注 △ 東
阪 1328⑦ 1229❷ 2001③	阪 ① 札 ① 2241②	2245⑨ 中 1566① 中 2143①	阪 1338⑦ 1214③ 東 1591② 2251①	京 1352③ 2244⑤ 阪 2000② 新 2113①	東 ② 札 ② 中 ③
34.0⑤ 0 1 1 1	33.4① 0 1 0 0	33.9① 3 0 0 2	34.3③ 1 1 1 2	33.9① 初騎乗	33.0① 0 2 1 1
0 2 1 1 初コース	1 2 0 0 初コース	1 0 0 2 初コース	0 1 0 3 初コース	0 0 0 1 1 0 0 0	0 3 1 1 初コース
1阪 3月2日 ③ チューリ 2 GⅡ 8ト16頭 1333 55藤岡佑 M①①① 442 人気9 逃粘る 1¾ 345内356 スウィープフィ 1331 0.2	2阪 4月7日 ⑥ 桜花 1 GⅠ 12ト18頭 1322 55モレイラ S⑬⑪⑧ 462 人気2 中位抜出 ¾身 356中334 アスコリピチェ 1323 0.1	2東 4月21日 ② フローラ 4 GⅡ 14ト14頭 1593 55石川 M③②③ 454 人気3 出遅る 2¼ 361中351 アドマイヤベル 1590 0.3	2東 4月21日 ② フローラ 2 GⅡ 3ト14頭 1591 55岩田望 M③④④ 466 人気6 好位伸 1身 363内346 アドマイヤベル 1590 0.1	2東 5月19日 ⑩ オークス 5 GⅠ 18ト18頭 2244 55横山和 H③③② 436 人気14 直線先頭 2½ 358中349 チェルヴィニア 2240 0.4	2東 5月5日 ⑥ NHKマイル 17 GⅠ 5ト18頭 1349 55武豊 S①③③ 452 人気3 直線不利 14¾ 347内364 ジャンタルマン 1324 2.5
2阪 4月7日 ⑥ 桜花 7 GⅠ 10ト18頭 1328 55藤岡佑 S⑧③③ 438 人気10 好位一杯 3½ 349中344 ステレンボッシ 1322 0.6	2東 5月19日 ⑩ オークス 2 GⅠ 7ト18頭 2241 55戸崎圭 H⑨⑨⑫ 458 人気1 一旦先頭 ½身 367中340 チェルヴィニア 2240 0.1	川崎 6月12日 ③ 関東オークス 9 GⅡ 9ト11頭 2245 55石川 H⑤③⑧ 462 人気2 中位バテ 大差 377中456 アンデスビエン 2185 6.0	2東 5月19日 ⑩ オークス 11 GⅠ 9ト18頭 2251 55岩田望 H⑥⑥⑥ 466 人気12 中位一杯 6¾ 364中352 チェルヴィニア 2240 1.1	2新 8月4日 ④ 三上オ 1 1勝 4ト14頭 2113 53川田 M⑪⑤④ 442 人気1 差抜出 1¼ 363中345 サンセットビュ 2115 0.2	1札 7月28日 ④ クイーンS 2 GⅢ 1ト14頭 1474 51武豊 S⑪⑪⑪ 458 人気2 後方伸 アタマ 373中344 コガネノソラ 1474 0.0
3中京 9月15日 ④ ローズS 3 GⅡ 10ト15頭 2001 55藤岡佑 S①①① 452 人気11 離逃げ 1½ 361内358 クイーンズウォ 1599 0.2	4ヵ月半 放牧 乗込み3週間 仕上り○ 連対体重 456～472 3ヵ月以上休 ①②③外 2 0 0 0	4中 9月7日 ① 紫苑S 1 GⅡ 6ト13頭 1566 55石川 M②②② 460 人気5 先行抜出 クビ 349中339 ミアネーロ 1566 0.0	3中京 9月15日 ④ ローズS 7 GⅡ 9ト15頭 2005 55岩田望 S④④④ 476 人気8 好位一息 3½ 370外344 クイーンズウォ 1599 0.6	3中京 9月22日 ⑦ 宥 3 2勝 6ト11頭 2006 53川田 S③④④ 438 人気1 好位伸 アタマ 378外347 タイセイフェリ 2006 0.0	4中 9月7日 ① 紫苑S 3 GⅡ 11ト13頭 1568 55武豊 M⑪⑪⑩ 448 人気1 後方伸 1½ 361内330 クリスマスパレ 1566Ⓡ0.2
1 1 3 0	0 0 5 1	0 3 0 0	0 1 1 0	0 1 1 1	0 1 2 1
全左ダ右京 1 1 0 0 0 4 1 0 3 2 1 1 0 0 0	全左ダ右京 3 1 0 2 0 3 1 0 2 0 0 0 0 0 0	全左ダ右京 3 0 0 3 0 0 0 0 0 0 0 0 0 0 0	全左ダ右京 1 0 0 1 1 1 1 0 0 0 3 1 0 2 2	全左ダ右京 2 1 0 1 1 1 0 0 1 0 2 1 0 1 1	全左ダ右京 1 1 0 0 0 3 1 0 2 0 1 0 0 1 0
0 0 0 0 0 1 1 0 0 0 1 0 0 1 0	0 0 0 0 0 0 0 0 0 0 0 0 0 0 0	1 1 0 0 0 0 0 0 0 0 1 0 1 0 0	0 0 0 0 0 0 0 0 0 0 3 2 0 1 0	0 0 0 0 0 1 1 0 0 0 1 0 0 1 1	0 0 0 0 0 0 0 0 0 0 1 1 0 0 0
連なら	○有力	★伏兵	入着級	☆特注	△連下

前走のローズSを勝利したことで人気を集めそうですが、その前走の上がり2ハロンは23・7秒と、どちらかというと底力勝負のテイストが強いレースでした。

実際に秋華賞が京都競馬場、ローズSが中京競馬場でそれぞれ開催された20年は、リアアメリアなど出走した6頭すべてが馬券外に敗れています。

直線が上り坂の中京競馬場と平坦の京都競馬場では問われる適性が異なるため、ローズSの結果を鵜呑みにするのは早計だと考えています。


結果、クイーンズウォークは3番人気で15着ということで、危険な人気馬の推奨成功となりました。

今回、共同記者会見などで鞍上の川田騎手が調子が悪いという話をしており、3強の想定でしたが、結果的に思ったより人気にならなかった印象でした。

また、レースでもスタートで出遅れて、道中一気にマクる競馬。

それで最下位とかなりチグハグな競馬で、能力を発揮したとは到底いえない結果となりました。

クイーンズウォークを危険な人気馬に指名した理由は、トップスピード性能でチェルヴィニアやステレンボッシュに劣るという内容からでした。

そのため、今回のレースでその点を証明することはできませんでしたが、過去のレース振りからは〝切れ〟が不足していると見ています。

今後もGⅡやGⅢでは通用するかもしれませんが、一線級が相手になるGⅠとなると、切れ負けする懸念が残ります。

勝ったチェルヴィニアは、これでオークスと秋華賞の二冠。

また、敗れはしましたがステレンボッシュも桜花賞勝ちなど、クラシックすべて馬券圏内と活躍しました。

桜花賞、オークスは過去の比較でもトップレベルに優秀な内容でしたし、この2頭は複数GⅠを勝てるようなレベルの馬たちだと考えています。

この人気馬にステイヤーの素質はない

●2024年10月21日・京都11R菊花賞（GⅠ、芝3000m）
コスモキュランダ（3番人気）＝14着

■菊花賞出走馬と人気
①ピースワンデュック（8番人気）
②ノーブルスカイ（17番人気）
③アスクカムオンモア（16番人気）
④ダノンデサイル（1番人気）＝2・9倍
⑤ハヤテノフクノスケ（15番人気）
⑥ミスタージーティー（13番人気）
⑦ピザンチンドリーム（9番人気）
⑧ウエストナウ（11番人気）

⑨コスモキュランダ（3番人気）＝6・0倍
⑩メイショウタバル（5番人気）
⑪ショウナンラプンタ（6番人気）
⑫シュバルツクーゲル（14番人気）
⑬アーバンシック（2番人気）＝3・7倍
⑭メリオーレム（10番人気）
⑮エコロヴァルツ（12番人気）
⑯ヘデントール（4番人気）
⑰アドマイヤテラ（6番人気）
⑱アレグロブリランテ（18番人気）

菊花賞では、大きく2つのポイントがあると考えています。

まず、ひとつ目は当たり前ですが、長距離戦であるということです。

やはり3000mの長丁場で行なわれるということもあり、ステイヤーとしての資質が問われます。

全馬初めての距離のため、長距離をこなせるかは判断に難しいですが、**傾向としては馬体重の軽い馬が有利になります。**

これは人間も同じですが、マラソン選手は筋肉量の少ない選手が多いのです。

競走馬も長距離戦では馬体重の傾向が出ており、菊花賞においても過去8回の勝ち馬のうち7頭が498キロ以下となっています。

18年、530キロのブラストワンピースが1番人気で4着に敗れているように、500キロ以上の馬は長距離戦においては割引です。

そして、もう2つ目のポイントが、直線が平坦な京都競馬場で行なわれるということ。

良馬場で行なわれた過去7回で、上がり2ハロンの平均値は23・3秒と比較的速めの決着になっています。

やはり直線も長く、平坦コースの京都競馬場外回りですから、長距離戦とはいえ直線の決め手も問われます。

実際に上がり順位別の成績を見ても、1位が5勝・2着4回・3着1回と好成績を記録しています。

勝ち馬8頭すべてが上がり1~3位に該当しており、上がりの速い決着における決め手の有無は重要な要素です。


この菊花賞で危険な人気馬となるのは、コスモキュランダだと考えました。

実は今回、上位人気に支持されそうなダノンデサイル、アーバンシック、コスモキュランダが前走時点で馬体重500キロ以上。

そして498キロ以下だったメイショウタバルが決め手に欠ける逃げ馬ということで結構、人気馬が怪しいと見ています。

その中でコスモキュランダは馬体重と決め手の2点でマイナスと見ており、危険な人気馬に指名しました。

馬体重に関しては近4走がすべて500キロ以上ですし、父アルアインも500キロ以上の馬体重で菊花賞に出走して2番人気で7着に敗戦しています。

京都 11R WIN5⑤

発馬 15.40

第85回 菊花賞 (GI)

牡・牝(指)三才オープン・馬齢

項目	1 (白1)	2 (白1)	3 (黒2)	4 (黒2)	5 (赤3)	6 (赤3)	7 (青4)	8 (青4)	9 (黄5)	10 (黄5)	11 (緑6)
父	グレーターロンドン	ネオユニヴァース	ブリックスアンドモルタル	エピファネイア	ウインバリアシオン	ドゥラメンテ	エピファネイア	キズナ	アルアイン	ゴールドシップ	キズナ
馬名	ピースワンデュック	ノーブルスカイ	アスクカムオンモア	ダノンデサイル	ハヤテノフクノスケ	ミスタージーティー	ビザンチンドリーム	ウエストナウ	コスモキュランダ	メイショウタバル	ショウナンラプンタ
母・実績	ピースワンオーレ 未勝	ホウショウワールド 未勝	マキシマムドパリ 6勝	トップデサイル 米	サクラインスパイア 未勝	リッスン 愛	ジャポニカーラ 3勝	ファヴォーラ 未勝	サザンスピード 豪	メイショウツバクロ 2勝	フリアアステカ 亜
毛色・斤量	鹿 57 牡3	黒鹿 57 牡3	芦 57 牡3	栗 57 牡3	黒鹿 57 牡3	鹿 57 牡3	栗 57 牡3	鹿 57 牡3	黒鹿 57 牡3	鹿 57 牡3	黒鹿 57 牡3
騎手	柴田善	池添	北村友	横山典	岩田望	坂井	シュタルケ	西村淳	Mデムーロ	浜中	鮫島駿
厩舎	(美)大竹	(栗)高柳大	(栗)藤原英	(美)安田翔	(栗)中村	(栗)矢作	(栗)坂口智	(栗)佐々木晶	(美)加藤士	(栗)石橋	(栗)高野
賞金	1500	900	1500	17,450	900	1600	2450	1500	8200	5650	2000
総賞金	3120	2350	3620	35,260	3270	3420	4820	2750	16,763	11,285	5960
馬主名	長谷川成利	自由が丘サラブレ	廣崎利洋HD	ダノックス	佐藤範夫	田畑利彦	吉田和美	寺田寿男	ビッグレッドF	松本好雄	国本哲秀
牧場名	大江牧場	エトルタF	社台F	社台F	ワールドF	ノーザンF	ノーザンF	ノースヒルズ	ビッグレッドF	三嶋牧場	社台F
持木	△	…	…	○	…	…	…	…	△	△	○
広田	◎	…	…	◎	…	…	…	△	…	△	注
加茂	◎	…	…	○	…	…	…	注	△	…	△
市場	…	…	…	◎	…	…	…	…	△	△	▲
田崎	注	…	…	◎	…	…	…	△	▲	…	△
本紙須藤	△ 東	…	…	○	…	…	…	…	▲ 東	△	△
芝 2000/2200/2400/3000	東2003① 新2119① 東2246①	函1599③ 大1486③	東1598③ 中2129⑥ 大1461[1]	京1599④ 大1377[4] 東2243① 大1479①	中2007④ 京2127⑪ 阪2283④ 兲2407④	中1581⑩ 中京2134[10] 東2256⑯ 大1489⑦	中1585⑬ 中京2129[6] 東2258⑰ 大1468①	大1454① 京2114②	14	中1593⑰ 中京2118[1] 大1460❶	中2010⑦ 中京2122[3] 東2242② 大1470④
上り最高・騎乗成績	二33.8① 3100	二34.4[3] 初騎乗	二33.0[1] 0111	云33.5① 3002	二34.0② 1001	大33.0⑦ 1002	大33.7① 初騎乗	大34.0① 1001	二34.2② 1101	大34.0① 3001	云33.4① 2113
クラス実績・当該条件	0000 初コース	0001 初コース	0011 初コース	2001 初コース	0002 初コース	1005 初コース	1003 初コース	0101 初コース	1202 初コース	2001 初コース	0113 初コース
前走4	1中京3月9日 ①未勝2 未勝2ﾄ12頭 二2033 57柴田善 S[5]⑤⑤ 456 人気9 中位伸も ハナ 381中348 スノーディーヴァ 2033 0.0	1函6月15日 ③[illegible]3 1勝6ﾄ12頭 二1599 55鮫島駿 M⑧⑨⑩ 468 人気3 後方伸 1身 362中366 キットハナガサ 1598 0.1	2東5月4日 ⑤プリンシ3 L 5ﾄ13頭 二1598 57北村友 S[2]④③ 490 人気7 好位粘る 1½ 372中338 ダノンエアズロ 1596 0.2	1中1月14日 ⑤京成1 GIII 14ﾄ14頭 二内2005 57横山典 S⑤⑤⑤ 506 人気5 好位差切 ¾身 364外341 アーバンシック 2006 0.1	3京5月4日 ⑤京都新聞11 GII 10ﾄ15頭 三外2127 57和田竜 S[3]②① 512 人気11 不利有 8¾ 361中353 ジューンテイク 2112 1.5	1阪3月16日 ⑦若葉1 L 3ﾄ9頭 二内1597 57藤岡佑 S③④④ 472 人気1 好位抜出 ½身 365内342 ホウオウプロサ 1596 0.1	2京2月4日 ④きさらぎ1 GIII 12ﾄ12頭 大外1468 57ピーヒュレク S[11]④⑨ 450 人気1 直線一気 ハナ 365外337 ウォーターリヒ 1468 0.0	兄弟 リヴァーレ (未勝)	2中3月3日 ④弥生1 GII 7ﾄ11頭 二内1598 57Mデムーロ S[7]②② 504 人気6 差抜出 1¼ 369中349 シンエンペラー 2000 0.2	2阪3月23日 ❶毎日1 GIII 4ﾄ10頭 大外1460 57坂井 S①①① 500 人気5 逃楽勝 6身 352内344 ノーブルロジャ 1470 1.0	1阪3月9日 ⑤ゆきやなぎ1 1勝2ﾄ7頭 云外2279 57鮫島駿 S⑤⑤⑤ 538 人気1 直線一気 クビ 390内334 ヴェローチェエ 2280 0.1
前走3	2東4月28日 ④未勝1 未勝3ﾄ12頭 二2003 57柴田善 S①①① 456 人気2 逃切る 5身 361内338 ダイスアローリ 2011 0.8	1函6月29日 ⑦3上4 1勝8ﾄ11頭 二2009 55鮫島駿 H⑧⑦⑤ 468 人気3 中位伸も 1½ 365中363 マイノフール 2006 0.3	3東6月23日 [8]3上1 1勝2ﾄ13頭 大1461 53西塚 S①②② 488 人気1 楽抜出 2½ 358内345 ベストミーエヴ 1465 0.4	3中4月14日 ⑧皐月 GI 16ﾄ17頭 二内 除外 57横山典 504 右前肢跛行のため ジャスティンミ 1571R	1札8月4日 [6]3上1 1勝4ﾄ10頭 二2015 55鮫島駿 M⑥⑤③ 514 人気1 楽抜出 3身 372外358 コスモレオナル 2020 0.5	3中4月14日 ⑧皐月10 GI 5ﾄ17頭 二内1581 57藤岡佑 H⑤④⑥ 468B 人気9 好位一杯 5¾ 353中356 ジャスティンミ 1571R 1.0	3中4月14日 ⑧皐月13 GI 17ﾄ17頭 二内1585 57ムルザバエフ H[16]⑯[15] 456 人気8 4角不利 8½ 370外347 ジャスティンミ 1571R 1.4	2阪4月7日 ⑥未勝1 未勝13ﾄ14頭 大外1454 57西村淳 M[10]⑧⑧ 474 人気7 中位一気 2身 358中340 スピードリッチ 1458 0.4	3中4月14日 ⑧皐月2 GI 12ﾄ17頭 二内1571 57モレイラ H⑧③③ 500 人気7 中位伸 クビ 356外342 ジャスティンミ 1571R 0.0	3中4月14日 ⑧皐月17 GI 2ﾄ17頭 二内1593 57浜中 H①①① 500 人気4 逃一杯 13身 342内380 ジャスティンミ 1571R 2.2	2東4月27日 ③青葉2 GII 15ﾄ17頭 云2242 57鮫島駿 H⑧⑨⑨ 528 人気7 中位伸 アタマ 373中336 シュガークン 2242 0.0
前走2	3東6月15日 ⑤3上1 1勝6ﾄ9頭 云2246 54柴田善 S①①① 454 人気2 逃切る 1¾ 368内340 ティムール 2249 0.3	2札8月17日 ③[illegible]3 1勝2ﾄ12頭 二2008 55鮫島駿 S③④③ 468 人気5 先行粘る 1½ 365中354 コスモブッドレ 2006 0.2	4中9月16日 ⑤セントライト6 GII 9ﾄ14頭 三外2129 57戸崎圭 S⑥⑦⑧ 488 人気6 中位まま 7¾ 369中351 アーバンシック 2116 1.3	2東5月26日 ⑫ダービー1 GI 5ﾄ17頭 云2243 57横山典 S③⑥④ 504 人気9 内鋭く 2身 368内335 ジャスティンミ 2247 0.4	2札8月17日 ③札幌日刊4 2勝10ﾄ14頭 兲2407 54笹川翼 S[10]⑦② 510 人気1 漸進伸も 1¼ 394外357 フェミナフォル 2405 0.2	2東5月26日 ⑫ダービー16 GI 7ﾄ17頭 云2256 57藤岡佑 S⑯⑯⑯ 460 人気13 後方まま 8身 381中334 ダノンデサイル 2243 1.3	2東5月26日 ⑫ダービー17 GI 4ﾄ17頭 云2258 57西村淳 S⑬⑯⑯ 458 人気10 後方まま 9½ 377内337 ダノンデサイル 2243 1.5	3京5月4日 ⑤京都新聞2 GII 5ﾄ15頭 三外2114 57横山典 S①①② 474 人気5 逃粘る 1身 357内340 ジューンテイク 2112 0.2	2東5月26日 ⑫ダービー6 GI 6ﾄ17頭 云2251 57Mデムーロ S[13]⑤[4] 502 人気6 追上一杯 4¾ 385外343 ダノンデサイル 2243 0.8	2東5月26日 ⑫ダービー GI 16ﾄ17頭 云 取消 57浜中 左後挫跖のため ダノンデサイル 2243	2東5月26日 ⑫ダービー15 GI 17ﾄ17頭 云2256 57鮫島駿 S⑪⑨⑬ 536 人気12 中位一杯 7¾ 376外340 ダノンデサイル 2243 1.3
前走	3新8月18日 ④阿賀野1 2勝10ﾄ13頭 三内2119 55柴田善 S[6]⑤⑤ 454 人気2 G前差すハナ 362中345 バッデレイト 2119 0.0	2札8月31日 ❼3上1 1勝8ﾄ16頭 二2039 55鮫島駿 S①①① 466 人気5 逃楽勝 3身 370内366 コスモレオナル 2044 0.5	4東10月5日 [1]tvk賞1 2勝6ﾄ7頭 二2003 56松山 S⑥⑦⑥ 482 人気2 後方差込 ½身 384外330 ジオセントリッ 2004 0.1	4ヵ月半 放牧 乗込み6週間 仕上り○ 連対体重 504～508 3ヵ月以上休 ①②③外 1001	2札9月1日 [8]アイリビ2 2勝14ﾄ15頭 二2031 55鮫島駿 S⑪⑩⑤ 516 人気1 漸進伸 ¾身 382外360 ソリダリティ 2030 0.1	3中京9月22日 [7]神戸新聞10 GII 10ﾄ14頭 三2134 57北村友 M⑤⑦⑧ 472 人気8 中位一杯 9¼ 364外362 メイショウタバ 2118 1.6	3中京9月22日 [7]神戸新聞6 GII 14ﾄ14頭 三2129 57幸 M⑪⑫⑬ 458 人気9 後方差詰 6½ 375外354 メイショウタバ 2118 1.1	3中京9月22日 [7]神戸新聞11 GII 12ﾄ14頭 三2134 57西村淳 M⑨⑨[10] 492 人気5 4角不利 9¼ 368中360 メイショウタバ 2118 1.6	4中9月16日 ⑤セントライト2 GII 8ﾄ14頭 三外2119 57Mデムーロ S⑩⑦③ 504 人気1 漸進伸 1¾ 375外342 アーバンシック 2116 0.3	3中京9月22日 [7]神戸新聞1 GII 15ﾄ14頭 三2118 57浜中 M①①① 496 人気2 逃切る ½身 354内360 ジューンテイク 2119 0.1	3中京9月22日 [7]神戸新聞3 GII 11ﾄ14頭 三2122 57鮫島駿 M⑪⑨⑥ 530 人気4 漸進伸 2½ 373内352 メイショウタバ 2118 0.4
連対数	2020	1100	0301	0210	0301	0110	0011	1010	0222	3010	0030
コース 全左ダ右京 1着	33000	20020	33000	31021	20021	20021	20021	10010	21010	41031	20020
2着	11000	00000	11000	00000	20021	00000	00000	10011	40040	00000	11000
3着	00000	40040	11000	00000	00000	00000	00000	00000	00000	00000	11000
4着	00000	10010	00000	21011	30030	00000	00000	00000	10010	10011	11000
5着	00000	00000	00000	00000	00000	10010	00000	00000	00000	10011	00000
着外	00000	21010	20020	00000	10011	43010	32010	11000	32011	10010	21010

3,000 シャツカル
2,000 57酒井

記号の説明

厩舎左側の(美)(栗)は (美)＝関東・美浦所属 (栗)＝関西・栗東所属

賞金左の記号は重の巧拙を表します ◎…得意 △…苦手

馬場表示

■ ❶ [1] ① → 不良 重馬場 稍重 良馬場 開催日の馬場状態

乗替り記号

(替)…ベスト10外の騎手からベスト10への乗替り (替)…それ以外

開催場所・月日 開催日・着順 条件・枠・頭数 距離・タイム 斤量・騎手名 ペース・通過順 馬体重・人気 戦評・馬身差 前半・上り③F ①②着時計・秒

混戦

●2024年10月19日・京都11R菊花賞（GⅠ、芝3000m）

1着⑬アーバンシック
（2番人気）
2着⑯ヘデントール
（4番人気）
3着⑰アドマイヤテラ
（7番人気）

………………………………

14着⑨コスモキュランダ
（3番人気）

単⑬ 370円
複⑬ 160円
⑯ 240円
⑰ 470円
馬連⑬－⑯ 1180円
馬単⑬→⑯ 2000円
3連複⑬⑯⑰ 5200円
3連単⑬→⑯→⑰ 19390円

18 桃8	17 桃8	16	15 橙7	14 橙7	13	12 緑
ディープブリランテ	レイデオロ	ルーラーシップ	ブラックタイド	シュヴァルグラン	スワーヴリチャード	キズナ
アレグロブリランテ	アドマイヤテラ	ヘデントール	エコロヴァルツ	メリオーレム	アーバンシック	シュバルツクーゲル
センティナリー1勝	アドマイヤミヤビ3勝	コルコバード5勝	プティプランセス3勝	メリオーラ愛	エッジースタイル3勝	ソベラニア独
栗 57 牡3	芦 57 牡3	黒鹿 57 牡3	黒鹿 57 牡3	鹿 57 牡3	栗 57 牡3	黒鹿 57 牡3
横山和	武豊	戸崎圭	岩田康	川田	ルメール	松山
上原佑	友道	木村	牧浦	友道	武井	鹿戸雄
1500	1500	2400	2400	1500	4400	2050
3350	4780	5010	6930	5410	11,790	5060
サンデーR	近藤旬子	キャロットF	原村正紀	G1レーシング	シルクR	G1レーシング
ノーザンF	ノーザンF	ノーザンF	下河辺牧場	追分F	ノーザンF	白老F
東	△	注 △ △東	△ △ △ 注	△ ○ △ △	▲ ▲ ▲ 注 ○ ◎東	△ 東
中1587⑮ 大1467⑪	阪④ 京④ ②（3）	中① 新① 東⑧（2）	中1578⑦ 中2123③ 東2252⑧ 大1487⑤	東1598② 2126⑤ 2378①	中④ 中① 東① 大①（1）	札2001① 大1468② 東2248⑩
34.3② 0102	34.2① 初騎乗	33.5② 初騎乗	33.1⑤ 0011	33.6② 3101	33.2① 1000	34.6③ 初騎乗
0103 初コース	0002 初コース	0001 初コース	1113 初コース	0111 初コース	1102 初コース	0102 初コース
2中3月17日 ⑧スプリS 2 GⅡ 7ト10頭 芝内1500 57横山和 S①①① 470 人気9 逃粘る 3½ 375内343 シックスペンス 1494 0.6	1阪3月16日 ⑦若葉S 4 L 10ト9頭 芝内2000 57岩田望 S⑧⑦⑦ 492 人気3 後方追上 2身 376外344 ミスタージーティ 1597 0.3	2中3月9日 ⑤3歳1勝 1 1勝 3ト11頭 芝内2019 57ルメール H⑪⑩⑧ 474 人気1 断抜出 3身 379外366 ヤマニンアドホ 2024 0.5	1東2月11日 ⑥共同通信 5 GⅢ 6ト10頭 大1487 57武豊 S②③④ 496 人気3 折合欠 4¼ 376内331 ジャスティンミ 1480 0.7	1阪2月24日 ①すみれS 3 L 3ト10頭 2128 57西村淳 S⑤⑥⑥ 492 人気1 中位伸 4½ 352内352 サンライズアー 2120 0.8	1中1月14日 ⑤京成杯 2 GⅢ 6ト14頭 芝内2006 57横山武 S⑪⑧⑩ 516 人気2 後方伸 ¾身 379中339 ダノンデサイル 2005 0.1	2中3月3日 ④弥生賞 5 GⅡ 3ト11頭 芝内2005 57西村淳 S②②③ 492 人気5 先行一息 4½ 355内356 コスモキュラン 1598 0.7
3中4月14日 ⑧皐月賞 15 GⅠ 6ト17頭 芝内1587 57横山和 H③④④ 466 人気15 好位一杯 9½ 350内363 ジャスティンミ 1571 1.6	3京5月4日 ⑤京都新聞 4 GⅡ 14ト15頭 2117 57Mデムーロ S⑪⑧② 490 人気6 出遅る 3身 370外343 ジューンテイク 2112 0.5	2東4月27日 ③青葉賞 8 GⅡ 9ト17頭 2248 57オシェア H⑯⑮⑮ 474 人気1 内朝る 4身 378外337 シュガークン 2242 0.6	3中4月14日 ⑧皐月賞 7 GⅠ 3ト17頭 芝内1578 57武豊 H⑯⑰⑯ 486 人気11 後直だけ 4¾ 370内339 ジャスティンミ 1571 0.7	2東5月4日 ⑤プリンシ 2 L 6ト13頭 1598 57戸崎圭 S④⑥⑤ 484 人気4 中位伸 1¼ 374中336 ダノンエアズロ 1596 0.2	3中4月14日 ⑧皐月賞 4 GⅠ 9ト17頭 芝内1575 57横山武 H⑬⑬⑪ 510 人気6 後方追上 2¾ 364外341 ジャスティンミ 1571 0.4	2東4月27日 ③青葉賞 10 GⅡ 11ト17頭 2248 57北村宏 H③③③ 474 人気11 好位一息 4身 365内348 シュガークン 2242 0.6
2福6月30日 ②ラジオNIK 11 GⅢ 7ト12頭 大1467 56横山和 M⑥⑧⑧ 466 人気7 中位バテ 8½ 353中360 オフトレイル 1453 1.4	1札7月28日 ④阿寒湖特 2 2勝 7ト12頭 2410 55ルメール M⑦⑧⑥ 480 人気1 G前競い クビ 383中360 アスターブジエ 2409 0.1	3東6月16日 ⑥町田特 1 2勝 5ト7頭 2269 54ルメール S②②② 474 人気1 先行抜出 2身 402中336 タイセイフェリ 2272 0.3	2東5月26日 ⑫ダービー 8 GⅠ 18ト17頭 2252 57岩田康 S①①② 486 人気17 逃一杯 5¾ 363内347 ダノンデサイル 2243 0.9	3小7月6日 ③西部スポ 1 2勝 1ト9頭 2378 55川田 M④④② 484 人気1 断抜出 4身 376中352 グランアルティ 2385 0.7	2東5月26日 ⑫ダービー 11 GⅠ 8ト17頭 2254 57横山武 S⑬⑭⑮ 512 人気4 後方詰詰 6¾ 380外335 ダノンデサイル 2243 1.1	1札7月27日 ③STV賞 3 3勝 8ト14頭 2009 54武豊 S④④④ 484 人気1 好位伸 2½ 366外346 フェアエールン 2006 0.3
3ヵ月半 放牧 乗込み4週間 仕上り○ 連対体重 446～470 3ヵ月以上休 ①②③外 1001	3中京9月15日 ④茶臼山 1 2勝 2ト10頭 2124 55ルメール S③⑤⑤ 478 人気1 好位抜出 2身 375中343 ナムラファッカー 2127 0.3	3新8月17日 ③日本海S 1 3勝 9ト9頭 芝内2124 55ルメール S③③③ 480 人気1 好位楽抜 3½ 376中336 ナイトインロン 2130 0.6	4中9月16日 ⑤セントラ 3 GⅡ 6ト14頭 芝外2123 57岩田康 S②②② 484 人気3 先行粘る 4¼ 362中350 アーバンシック 2116 0.7	3中京9月22日 ⑦神戸新聞 5 GⅡ 6ト14頭 2126 57川田 M⑤⑦⑧ 486 人気1 中位差詰 4½ 364中355 メイショウタバ 2118 0.8	4中9月16日 ⑤セントラ 1 GⅡ 1ト14頭 芝外2116 57ルメール S⑥⑤⑦ 510 人気2 中位抜出 1¾ 372内340 コスモキュラン 2119 0.3	2札8月24日 ⑤WAJ2 1 3勝 3ト14頭 2001 56ルメール H⑩⑩⑥ 488 人気1 後方追込 2½ 365外364 ポッドポレット 2005 0.4
1200	0211	0212	1101	0230	0022	0201
全左ダ右京	全左ダ右京	全左ダ右京	全左ダ右京	全左ダ右京	全左ダ右京	全左ダ右京
10010	31022	42020	20020	30031	31020	20020
20020	10010	11000	10010	21010	10010	11000
00000	00000	00000	10010	20020	00000	10010
00000	20021	00000	00000	00000	10010	00000
00000	00000	00000	11000	11000	00000	10010
30031	00000	11000	21010	00000	11000	11000

●菊花賞の平均ラップ

1ハロン	2ハロン	3ハロン	4ハロン	5ハロン	6ハロン	7ハロン	8ハロン	9ハロン	10ハロン	11ハロン	12ハロン	13ハロン	14ハロン	15ハロン
12.9	11.9	11.8	12.6	12.4	12.6	13.3	13.1	12.6	12.6	12.5	12.1	12.0	11.7	12.1
道中3ハロン換算タイム　37.6秒												上がり3ハロン 35.7秒		

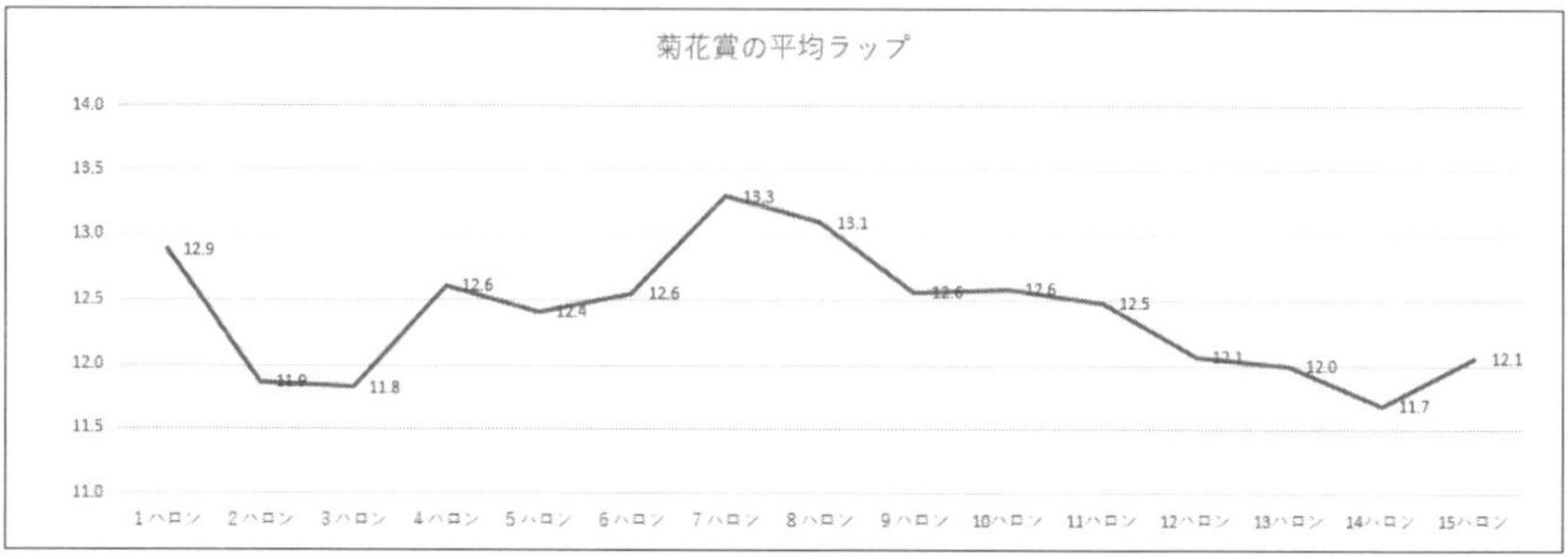

●菊花賞・体重別成績

内容	総レース	1着	2着	3着	着外	勝率	連対率	複勝率
438キロ以下	4	0	0	0	4	0.0%	0.0%	0.0%
440～458キロ	16	1	1	0	14	6.3%	12.5%	12.5%
460～478キロ	35	1	3	4	27	2.9%	11.4%	22.9%
480～498キロ	61	5	3	3	50	8.2%	13.1%	18.0%
500キロ以上	27	1	1	1	24	3.7%	7.4%	11.1%

●菊花賞・上がり順位別成績

上がり順位	総レース	1着	2着	3着	着外	勝率	連対率	複勝率
1位	13	5	4	1	3	38.5%	69.2%	76.9%
2位	8	2	3	1	2	25.0%	62.5%	75.0%
3位	9	1	0	2	6	11.1%	11.1%	33.3%
4～5位	13	0	1	3	9	0.0%	7.7%	30.8%
6位以下	100	0	0	1	99	0.0%	0.0%	1.0%

●コスモキュランダの3歳時の成績

レース名	上がり2F	人気	着順
セントライト記念	22.9秒	1	2
日本ダービー	22.7秒	6	6
皐月賞	23.7秒	7	2
弥生賞	23.4秒	6	1
3歳1勝クラス	23.3秒	5	2

また、決め手に関してですが、コスモキュランダの3歳時の成績を見ると、皐月賞など人気以上に好走した3戦は上がり2ハロンが23秒台。

それに対して6着に敗れた日本ダービーと、人気以下の着順になったセントライト記念（1番人気→2着）は上がり2ハロンが22秒台でした。

トップスピードも必要な菊花賞なら、決め手で劣る可能性が高いと考えられます。

結果は3番人気で14着ということで、危険な人気馬の推奨成功となりました。

レースは、逃げると思われたメイショウタバルが控える形。

そのため、前半3ハロンは37・0秒と、14年以降で4番目タイの遅いタイムになりました。

しかし、その後は各馬の仕掛けが入り乱れて乱ペースとなり、中盤の9ハロンは14年以降で3番目に速いタイムとなっています。

ラップのバランスとしては、14年の菊花賞にかなり似ており、このときの1～3着馬がいずれも498キロ以下でした。

また、14年は勝ち馬トーホウジャッカルこそ、その後GⅠでの好走はありませんでしたが、2着サウンズオブアースと3着ゴールドアクターが2500mの有馬記念で好走しています。

24年も長距離適性の問われるレースだったかなと思いますので、アーバンシックなど上位に好走した馬は、今後も長距離戦で期待できそうです。

今回、危険な人気馬に指名したコスモキュランダは決め手と長距離適性で大きく着順を落としたと思うので、今後は父のアルアイン同様、２０００m以下で狙い目になるかと思います。

また、ダービー馬ダノンデサイルはポジショニングの不利もありましたが、５００キロを超える大型馬だけに、距離は２４００m以下がよいように思います。

皐月賞組の強さからいって、逆転の可能性は低い！

●2024年5月26日・東京11R日本ダービー（GⅠ、芝2400m）
シックスペンス（3番人気）＝9着

■日本ダービー出走馬と人気
①サンライズアース（15番人気）
②レガレイラ（2番人気）＝4・5倍
③ジューンテイク（14番人気）
④ピザンチンドリーム（10番人気）
⑤ダノンデサイル（9番人気）
⑥コスモキュランダ（6番人気）
⑦ミスタージーティー（13番人気）
⑧アーバンシック（3番人気）
⑨ダノンエアズロック（5番人気）

⑩サンライズジパング（16番人気）
⑪シュガークン（8番人気）
⑫シックスペンス（3番人気）＝8・3倍
⑬シンエンペラー（7番人気）
⑭ゴンバデカーブース（11番人気）
⑮ジャスティンミラノ（1番人気）＝2・2倍
⑯メイショウタバル（取り消し）
⑰ショウナンラプンタ（12番人気）
⑱エコロヴァルツ（17番人気）

牝馬にとって2400mはかなりタフな条件となりますが、牡馬に関してはクラシック初戦の皐月賞が2000mで行なわれているように、そこまでタフな条件ではありません。

実際に上がり2ハロンの平均値は11・3秒、11・8秒と速く、最後も大きな失速は発生していないので、やはりシンプルに速い脚が使えるかどうか？　が重要になります。

そして、速い脚というのは多くの場合で人気馬に備わっている能力となり、実際に14年以降の1～5番人気の成績は9勝・2着10回と、19年1着ロジャーバローズ以外を占めています。

単勝回収率も100％を超えていますし、人気馬の強いレースとなっています。

また、かつては小回りコースで時計のかかる皐月賞で凡走、スピード勝負の日本ダービーで巻き返しというのが定番でしたが、近年は中山競馬場も馬場がよくスピード勝負になりやすい傾向にあります。

そのため、皐月賞と日本ダービーは適性的にもリンクしており、皐月賞で1~5着だった馬は7勝・2着8回と好走しています。

特に1~3着馬は複勝回収率も100%を超えているため、皐月賞向きと思われた馬でも日本ダービーで通用する点は覚えておきましょう。

この日本ダービーで危険な人気馬となるのは、シックスペンスだと考えました。

デビューから3戦3勝で、鞍上には川田騎手ということで皐月賞組以外から注目を集めそうですが、今回はこの馬を危険な人気馬に指名したいと思います。

確かに底を見せていない点は魅力だし、前走のスプリングSは上がり2ハロンが21・7秒と非常に優秀です。

このレース振りなら、東京競馬場のトップスピード勝負にも対応できそうです。

ただ、24年は驚きのレコードが記録されたように、皐月賞がかなりハイレベルだと見ています。

皐月賞組が強い理由はやはりメンバーが揃った中で、厳しいペースを

●日本ダービー・脚質別成績

脚質	総レース	1着	2着	3着	着外	勝率	連対率	複勝率
逃げ	10	0	1	0	9	0.0%	10.0%	10.0%
先行	35	4	2	2	27	11.4%	17.1%	22.9%
差し	88	4	6	7	71	4.5%	11.4%	19.3%
追込	42	1	1	1	39	2.4%	4.8%	7.1%
捲り	2	1	0	0	1	50.0%	50.0%	50.0%

●日本ダービー・上がり順位別成績

上がり順位	総レース	1着	2着	3着	着外	勝率	連対率	複勝率
1位	12	2	2	3	5	16.7%	33.3%	58.3%
2位	12	4	1	1	6	33.3%	41.7%	50.0%
3位	9	0	1	1	7	0.0%	11.1%	22.2%
4~5位	20	0	3	1	16	0.0%	15.0%	20.0%
6位以下	123	4	3	4	112	3.3%	5.7%	8.9%

●日本ダービーの平均ラップ

1ハロン	2ハロン	3ハロン	4ハロン	5ハロン	6ハロン	7ハロン	8ハロン	9ハロン	10ハロン	11ハロン	12ハロン
12.6	10.9	12.1	12.3	12.3	12.3	12.5	12.3	12.0	11.6	11.3	11.8
道中3ハロン換算タイム 36.4秒									上がり3ハロン 34.6秒		

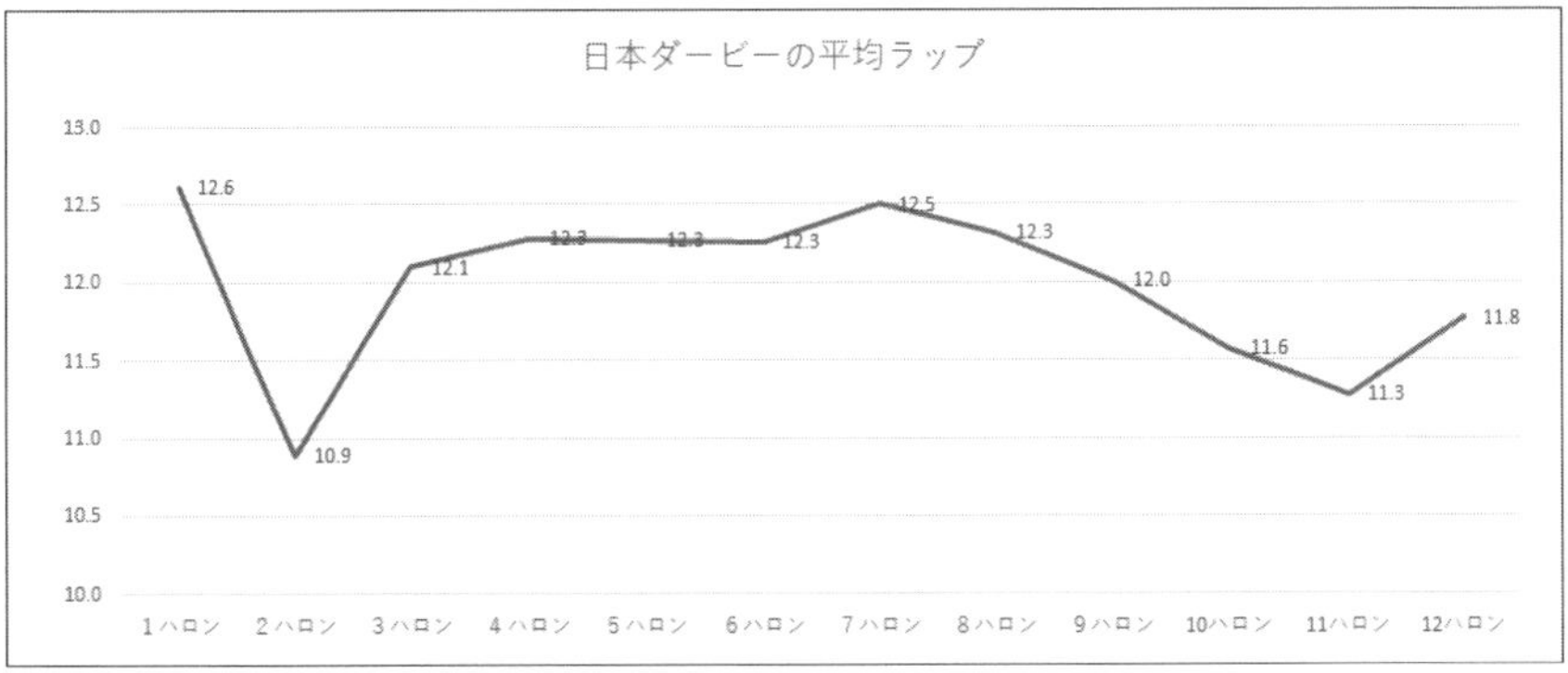

●日本ダービー・1～5番人気成績

総レース	1着	2着	3着	着外	勝率	連対率	複勝率	単回値	複回値
50	9	10	4	27	18.0%	38.0%	46.0%	109	87

●日本ダービー・前走皐月賞組の成績

皐月賞着順	総レース	1着	2着	3着	着外	勝率	連対率	複勝率	単回値	複回値
1着	10	2	4	1	3	20.0%	60.0%	70.0%	33	115
2着	10	2	2	1	3	20.0%	40.0%	50.0%	123	81
3着	9	1	2	1	5	11.1%	33.3%	44.4%	46	115
4着	8	1	0	0	5	12.5%	12.5%	12.5%	70	25
5着	8	1	0	1	5	12.5%	12.5%	25.0%	66	73
6～9着	24	1	1	2	20	4.2%	8.3%	16.7%	52	55
10着以下	24	0	0	0	19	0.0%	0.0%	0.0%	0	0
1～3着	29	5	8	3	9	17.2%	44.8%	55.2%	68	103
1～5着	45	7	8	4	19	15.6%	33.3%	42.2%	68	84

●2024年スプリングS上位馬のその後の成績

着順	馬名	その後の成績
1	シックスペンス	(毎日王冠1着)
2	アレグロブリランテ	皐月賞15着
3	ルカランフィースト	皐月賞8着
4	チャンネルトンネル	アーリントンC3着、NHKマイルC6着
4	コスモブッドレア	青葉賞7着

( )以外は、ダービー以前の成績

東京 11R

WIN5⑤

発馬 15.40

第91回 日本ダービー（東京優駿）（GⅠ）

牡・牝 指 三才オープン・馬齢

	1 白1	2 白1	3 黒2	4 黒2	5 赤3	6 赤3	7 青4	8 青4	9 黄5	10 黄5	11 緑6
父	レイデオロ	スワーヴリチャード	キズナ	エピファネイア	エピファネイア	アルアイン	ドゥラメンテ	スワーヴリチャード	モーリス	キズナ	ドゥラメンテ
馬名	サンライズアース	レガレイラ	ジューンテイク	ビザンチンドリーム	ダノンデサイル	コスモキュランダ	ミスタージーティー	アーバンシック	ダノンエアズロック	サンライズジパング	シュガークン
母・実績	シャンドランジュ 未勝	ロカ 1勝	アドマイヤサブリナ 3勝	ジャポニカーラ 3勝	トップデサイル 米	サザンスピード 豪	リッスン 愛	エッジースタイル 3勝	モシーン 豪	サイマー 愛	シュガーハート 未出
毛色・斤量	栗 57 牡3	鹿 55 牝3	黒鹿 57 牡3	栗 57 牡3	栗 57 牡3	黒鹿 57 牡3	鹿 57 牡3	栗 57 牡3	鹿 57 牡3	鹿 57 牡3	黒鹿 57 牡3
騎手	池添	ルメール	岩田望	西村淳	横山典	Mデムーロ	藤岡佑	横山武	モレイラ	菅原明	武豊
厩舎	石坂公	木村	武英	坂口智	安田翔	加藤士	矢作	武井	堀	音無	清水久
賞金	1600	3900	3600	2450	2450	7100	1600	1700	2400	2090	3600
総賞金	2720	8150	9690	4820	5260	14,563	3420	6390	4420	5440	7270
馬主名	ライフハウス	サンデーR	吉川潤	吉田和美	ダノックス	ビッグレッドF	田畑利彦	シルクR	ダノックス	ライフハウス	辻子依旦
牧場名	ノーザンF	ノーザンF	ヒダカF	ノーザンF	社台F	ビッグレッドF	ノーザンF	ノーザンF	ノーザンF	追分F	ヤナガワ牧場
佐藤直		◎		▲				注	△		△
小野智		注				△		○	▲		
久光		◎		▲	△	注		△	△		△
西田		◎				△		△	▲		△
中田		○				注		△	△	△	
本紙武井	西	▲	西	西	西	○	西	△	△	西	△ 西
芝 1600/1800/2000/2400	中1585⑫ 三2120①	東1484③ 中1576⑥	京1340① 1219④ 阪2003⑤ 三2112①	京1468① 中1585⑬	東1[illegible]7④ 京1[illegible]9① 京1[illegible]9④	東1394⑫ 中1571②	東1489⑦ 中1581⑩	札1531① 中1575④	東1481① 東1596①	東ダ1390⑮ 東1489④ 中1580⑨ 大ダ1541①	京1370② 三2174❶ 阪2028① 東2242①
上り最高・騎乗成績	三35.0① 初騎乗	大32.7③ 2 0 1 0	六33.1⑩ 2 1 0 2	大33.7① 初騎乗	六34.1④ 2 0 0 2	三34.2② 1 0 0 0	大33.0⑦ 1 0 0 1	三33.2① 2 1 0 1	大32.7① 2 0 0 0	三35.3⑨ 0 0 1 1	四33.9① 3 1 0 0
クラス実績・当該条件	1 0 0 1 初コース	1 0 1 1 初コース	1 1 0 4 初コース	1 0 0 1 初コース	1 0 0 1 初コース	1 1 0 1 初コース	1 0 0 3 初コース	0 1 0 1 初コース	2 0 0 1 初コース	1 1 1 2 初コース	1 0 0 0 1 0 0 0
前走4	2京 10月22日 ⑦ 1 新馬 8 8頭 内2014 56 Mデムーロ S ①①① 538 人気7 逃切る ¾身 363内352 ヴィスマール 2015 0.1	2函 7月9日 ④ 1 新馬 6 9頭 1498 55 ルメール S ⑥⑥⑤ 452 人気1 中位一気 1½ 381外343 セットアップ 1500 0.2	5阪 12月17日 ⑥朝日FS 4 GI 14 17頭 外1340 56 Mデムーロ M ⑰⑮⑧ 482 人気11 後方追上 1½ 360外349 ジャンタルマン 1338 0.2	兄弟 ジャスミンカーラ（未勝）	2京 10月28日 ⑧ 1 未勝 6 10頭 外1479 56 横山典 M ②②② 508 人気5 先行抜出 1½ 356中350 シルヴァリーム 1481 0.2	3京 11月25日 ⑦京都2才 8 GⅢ 11 14頭 内2004 56 角田河 H ⑫⑦⑩ 502 人気14 直線不利 3¾ 371外359 シンエンペラー 1598 0.6	5中 12月28日 ⑨ホープフル 5 GI 18 16頭 内2007 56 坂井 M ⑬⑬⑫ 474 人気7 前塞る 3½ 366中354 レガレイラ 2002 0.5	2札 8月13日 ② 1 新馬 6 10頭 1531 55 横山武 S ⑤④④ 512 人気1 中位差切 クビ 396中342 ヴィクトリアド 1531 0.0	3東 6月11日 ④ 1 新馬 2 9頭 1481 55 レーン S ①②② 466 人気1 先行抜出 1¼ 365中352 ピースヒロフェ 1483 0.2	5東 11月25日 ⑦カトレア 15 オープン 7 16頭 ダ1390 57 マーカンド M ⑫⑪⑨ 514 人気4 もまれる 8½ 363内380 アマンテビアン 1375 1.5	2京 2月4日 ④ 2 新馬 14 17頭 内1370 57 武豊 S ⑧⑥⑤ 506 人気1 中位伸 1身 362外347 ワールズエンド 1369 0.1
前走3	5中 12月28日 ⑨ホープフル GI 17 16頭 内取消 56 Mデムーロ 左前挫跖のため レガレイラ 2002	4東 10月21日 ⑥アイビー 3 L 3 6頭 1484 55 ルメール S ③③③ 456 人気1 好位伸 1身 383外327 ダノンエアズロ 1482 0.2	1阪 2月24日 ①すみれS 2 L 2 10頭 内2123 57 岩田望 S ⑦⑧⑦ 488 人気3 後方伸 1½ 356外344 サンライズアー 2120 0.3	5阪 12月2日 ① 1 新馬 5 12頭 内2014 56 ムルザバエフ S ⑨⑧⑧ 458 人気2 中位一気 3身 380外339 エイシンボチバ 2019 0.5	3京 11月25日 ⑦京都2才 4 GⅢ 4 14頭 内1599 56 横山典 H ⑩⑨⑩ 502 人気11 中団伸も ½身 369外352 シンエンペラー 1598 0.1	1中 1月8日 ③ 2 1勝 4 11頭 内1599 57 丹内 M ⑩⑩⑨ 498 人気5 後方伸 クビ 380外349 ファビュラスス 1598 0.1	1東 2月11日 ⑥共同通信 7 GⅢ 4 10頭 1489 57 坂井 S ⑤⑥⑦ 476 人気2 中位まま 5½ 379中330 ジャスティンミ 1480 0.9	5東 11月5日 ② 1 1勝 4 9頭 1594 56 横山武 S ⑨⑦⑦ 512 人気3 直線一気 クビ 378外332 マーゴットソラ 1595 0.1	4東 10月21日 ⑥アイビー 1 L 1 6頭 1482 56 モレイラ S ②②② 486 人気2 先行抜出 ¾身 380外327 ホウオウプロサ 1483 0.1	5中 12月28日 ⑨ホープフル 3 GI 5 16頭 内2006 56 菅原明 M ④⑤⑤ 512 人気13 好位伸 2¾ 356外359 レガレイラ 2002 0.4	1阪 2月24日 ① 1 未勝 9 13頭 内2028 57 武豊 S ⑤④② 504 人気1 漸抜出 1¼ 367外345 サラトガチップ 2030 0.2
前走2	1阪 2月24日 ①すみれS 1 L 9 10頭 内2120 57 Mデムーロ S ⑨①① 542 人気7 向正一気 1½ 363中350 ジューンテイク 2123 0.3	5中 12月28日 ⑨ホープフル 1 GI 13 16頭 内2002 55 ルメール M ⑭⑪⑩ 454 人気1 直線一気 ¾身 370外350 シンエンペラー 2003 0.1	1阪 3月16日 ⑦若葉 5 L 2 9頭 内2003 57 和田竜 S ⑤④⑥ 486 人気4 中位まま 4身 369中348 ミスタージーチ 1597 0.6	2京 2月4日 ④きさらぎ 1 GⅢ 12 12頭 外1468 57 ビーヒュレク S ⑪⑪⑨ 450 人気1 直線一気 ハナ 365外337 ウォーターリヒ 1468 0.0	1中 1月14日 ⑤京成杯 1 GⅢ 14 14頭 内2005 57 横山典 S ⑤⑤⑤ 506 人気5 好位差切 ¾身 364外341 アーバンシック 2006 0.1	2中 3月3日 ④弥生 1 GⅡ 7 11頭 内1598 57 Mデムーロ S ⑦②② 504 人気6 漸抜出 1¼ 369中349 シンエンペラー 2000 0.2	1阪 3月16日 ⑦若葉 1 L 3 9頭 内1597 57 藤岡佑 S ③④④ 472 人気1 好位抜出 ½身 365内342 ホウオウプロサ 1598 0.1	1中 1月14日 ⑤京成杯 2 GⅢ 6 14頭 内2006 57 横山武 S ⑪⑧⑩ 516 人気2 後方伸 ¾身 379中339 ダノンデサイル 2005 0.1	2中 3月3日 ④弥生 7 GⅡ 9 11頭 内2007 57 キング S ③④③ 504 人気2 好位一杯 5½ 357中357 コスモキュラン 1598 0.9	1京 1月20日 ❻若駒 1 L 6 7頭 内2028 57 武豊 S ⑤⑥⑦ 516 人気1 直線一気 1¾ 373外361 ミカエルパシャ 2031 0.3	1中京 3月24日 ❻ 1 1勝 10 10頭 三2174 57 武豊 S ①①① 498 人気1 逃切る 2身 358内356 オールナット 2177 0.3
前走	3中 4月14日 ⑧皐月 12 GI 15 17頭 内1585 57 Mデムーロ H ⑪⑪⑬ 532 人気12 4角不利 8¼ 362外352 ジャスティンミ 1571R1.4	3中 4月14日 ⑧皐月 6 GI 10 17頭 内1576 55 北村宏 H ⑮⑭⑬ 456 人気1 後方差詰 2¾ 366中339 ジャスティンミ 1571R0.5	3京 5月4日 ⑤京都新聞 1 GⅡ 1 15頭 三外2112 57 藤岡佑 S ④④⑤ 486 人気8 好位抜出 1身 360内336 ウエストナウ 2114 0.2	3中 4月14日 ⑧皐月 13 GI 17 17頭 内1585 57 ムルザバエフ H ⑯⑯⑮ 456 人気8 4角不利 8½ 370外347 ジャスティンミ 1571R1.4	3中 4月14日 ⑧皐月 GI 16 17頭 内除外 57 横山典 504 右前肢跛行のため ジャスティンミ 1571R	3中 4月14日 ⑧皐月 2 GI 12 17頭 内1571 57 モレイラ H ⑧⑨⑧ 500 人気7 中位伸 クビ 356外342 ジャスティンミ 1571R0.0	3中 4月14日 ⑧皐月 10 GI 5 17頭 内1581 57 藤岡佑 H ⑤④⑥ 468 B☆9 好位一杯 5¾ 353中356 ジャスティンミ 1571R1.0	3中 4月14日 ⑧皐月 4 GI 9 17頭 内1575 57 横山武 H ⑬⑬⑩ 510 人気6 後方追上 2¼ 364外341 ジャスティンミ 1571R0.4	2東 5月4日 ⑤プリンシパル 1 L 13 13頭 1596 57 モレイラ S ④④⑤ 492 人気1 好位差切 1¼ 376中334 メリオーレム 1598 0.2	3中 4月14日 ⑧皐月 9 GI 1 17頭 内1580 57 菅原明 H ⑦⑦⑧ 510 人気10 中位まま 5¼ 353内353 ジャスティンミ 1571R0.9	2東 4月27日 ③青葉賞 1 GⅡ 7 17頭 四2242 57 武豊 H ⑤⑤⑥ 502 人気2 好位差切 アタマ 367内339 ショウナンラプ 2242 0.0
逃先差追 連対数	1 0 1 0	0 0 1 1	0 2 1 1	0 0 1 1	0 1 1 0	0 2 1 2	0 1 1 0	0 0 1 2	0 2 1 0	0 1 1 1	1 2 1 0
コース	全左ダ右東	全左ダ右東	全左ダ右東	全左ダ右東	全左ダ右東	全左ダ右東	全左ダ右東	全左ダ右東	全左ダ右東	全左ダ右東	全左ダ右東
1着	2 0 0 2 0	2 0 0 2 0	3 2 0 1 0	2 0 0 2 0	2 0 0 2 0	2 1 0 1 0	2 0 0 2 0	2 1 0 1 1	3 3 0 0 3	2 0 1 1 0	3 2 0 1 1
2着	0 0 0 0 0	0 0 0 0 0	1 0 0 1 0	0 0 0 0 0	0 0 0 0 0	3 0 0 3 0	0 0 0 0 0	1 0 0 1 0	0 0 0 0 0	1 0 1 0 0	1 0 0 1 0
3着	0 0 0 0 0	1 1 0 0 1	0 0 0 0 0	0 0 0 0 0	0 0 0 0 0	0 0 0 0 0	0 0 0 0 0	0 0 0 0 0	0 0 0 0 0	1 0 0 1 0	0 0 0 0 0
4着	0 0 0 0 0	0 0 0 0 0	3 0 0 3 0	0 0 0 0 0	2 1 0 1 1	1 0 0 1 0	0 0 0 0 0	1 0 0 1 0	0 0 0 0 0	1 1 0 0 1	0 0 0 0 0
5着	0 0 0 0 0	0 0 0 0 0	1 0 0 1 0	0 0 0 0 0	0 0 0 0 0	0 0 0 0 0	1 0 0 1 0	0 0 0 0 0	0 0 0 0 0	0 0 0 0 0	0 0 0 0 0
着外	1 0 0 1 0	1 0 0 1 0	1 1 0 0 0	1 0 0 1 0	0 0 0 0 0	2 1 0 1 1	2 1 0 1 1	0 0 0 0 0	1 0 0 1 0	2 0 1 1 0	0 0 0 0 0

（コース 1着～5着・着外：東京芝コース）

波乱含

4,500 / 3,000　アイ　53ルメール

記号の説明

厩舎左側の㊙囲は
㊟＝関東・美浦所属
囲＝関西・栗東所属
賞金左の記号は重の巧拙を表します
◎…得意△…苦手

馬場表示

❶ ❶ ① ①
↓ ↓ ↓ ↓
不良 重馬場 稍重 良馬場
開催日の馬場状態

乗替り記号

㊝…ベスト10外の騎手からベスト10への乗替り
圏…それ以外

開催場所・月日
開催日・着順
条件・枠・頭数
距離・タイム
斤量・騎手名
ペース・通過順
馬体重・人気
戦評・馬身差
前半・上り③F
①②着時計・秒

●2024年5月26日・東京11R日本ダービー（GⅠ、芝2400m）

1着⑤ダノンデサイル
（9番人気）
2着⑮ジャスティンミラノ
（1番人気）
3着⑬シンエンペラー
（7番人気）

....

9着⑫シックスペンス
（3番人気）

単⑤ 4660円
複⑤ 700円
⑮ 120円
⑬ 380円
馬連⑤－⑮ 6860円
馬単⑤→⑮ 21490円
3連複③⑤⑮ 21250円
3連単⑤→⑮→⑬ 229910円

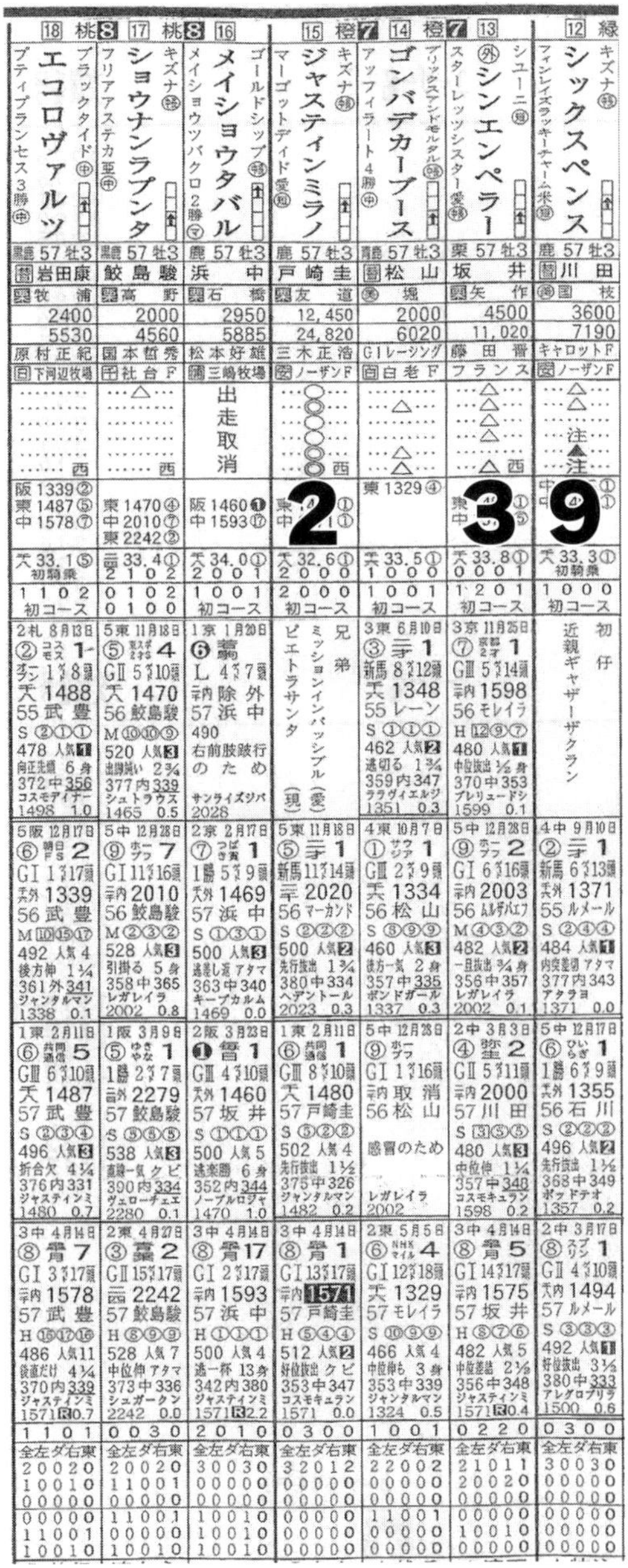

経験できるということが理由になると考えています。

その点で24年のスプリングSは前半3ハロンが37・5秒と、14年以降では最も遅く、道中もかなり緩い流れで決して厳しい競馬だったとはいえません。

実際に2着アレグロブリランテと3着ルカランフィーストは次走の皐月賞で下位に沈んでいるし、4着チャンネルトンネルもNHKマイルCで6着と上位には届いていません。

シックスペンスも素質は高く今後は期待できそうですが、今回の日本ダービーにおいては経験値のなさで一度ハネ返される可能性が高いと予想しています。


結果は3番人気で9着ということで、危険な人気馬の推奨成功となりました。

23年もスローペースといわれましたが、24年は前半3ハロンが36・3秒と23年よりもさらに遅く、14年以降では3番目に遅い展開となりました。

また中盤の6ハロンも74・2秒と、14年以降で4番目に遅く、道中は非常にスローペースで流れました。

ただ、後半の5ハロンから一気にレースが動き、レースの上がり5ハロン56・8秒と4ハロン45・1秒はいずれもダービー最速となります。

後半から長く脚を使わされるレースとなったため、内を立ち回ったダノンデサイルは展開が向いたとともに、横山典弘騎手の騎乗がバッチリ、ハマる見事なレース振りでした。

逆に1番人気で敗れたジャスティンミラノは後半速い流れで外目を回った分、最後の伸びを欠いたかなという印象です。

とはいえ、ダービー史上最速の上がり5ハロンと4ハロンのタイムでしたから、24年の3歳世代はレベルが高いという見立てでいいかと思っています。

また、危険な人気馬として推奨したシックスペンスは経験値のなさを指摘しましたが、前走のような上がり2ハロンだけの競馬ではなく、長く脚を使わされるレースを経験できたことで、次走以降の成長が期待できそうです。

こちらも素質は高いと思うので、次走以降で狙っていきたいところです（見解通り、毎日王冠で1着と好走しました）。

3強の中で評価を下げざるをえないのは……

●2024年3月3日・中山11R弥生賞ディープインパクト記念（GⅡ、芝2000m）

トロヴァトーレ（1番人気）＝6着

■弥生賞出走馬と人気

①アドミラルシップ（7番人気）
②レッドテリオス（10番人気）
③シュバルツクーゲル（5番人気）
④エコロレイズ（11番人気）
⑤シンエンペラー（3番人気）＝3・5倍

⑥トロヴァトーレ（1番人気）＝2・8倍
⑦コスモキュランダ（6番人気）
⑧シリウスコルト（9番人気）
⑨ダノンエアズロック（2番人気）＝3・1倍
⑩ファビュラススター（4番人気）
⑪ニシノフィアンス（8番人気）

前週の中山記念（芝1800m）から1ハロン距離が延びて、最初のコーナーまでの距離が長くなりますが、スタート後に上り坂があるのは同じ。

また、弥生賞は世代限定戦で皐月賞の前哨戦ということもあり、比較的頭数も少ないケースが目立ちます。実際に14年以降では10頭立てが4回、11頭立てが3回と少頭数で開催されています。

そのため、前半3ハロンは平均値で36・1秒と遅く、例えば2400mの日本ダービーの35・6秒よりも遅く、3000mで行なわれる菊花賞の36・3秒とほぼ同水準となります。

さらに少頭数かつ前哨戦ということで、道中も積極的に動いていく競馬にはならず、平均値で4～5ハロン目に12秒台後半のラップが刻まれているように、とにかく道中も中弛みのレース展開となります。

そのため直線の短い中山競馬場とはいえ、瞬発力勝負になりやすく、過去10年の勝ち馬10頭中6頭が上がり1～2位に該当していました。

24年も出走登録段階で少頭数になる見立てで、例年通りトップスピードに優れた瞬発力タイプが狙い目とな

●弥生賞の平均ラップ

1ハロン	2ハロン	3ハロン	4ハロン	5ハロン	6ハロン	7ハロン	8ハロン	9ハロン	10ハロン
12.5	11.3	12.2	12.6	12.7	12.4	12.3	12.0	11.6	12.0
道中3ハロン換算タイム　36.9秒							上がり3ハロン35.9秒		

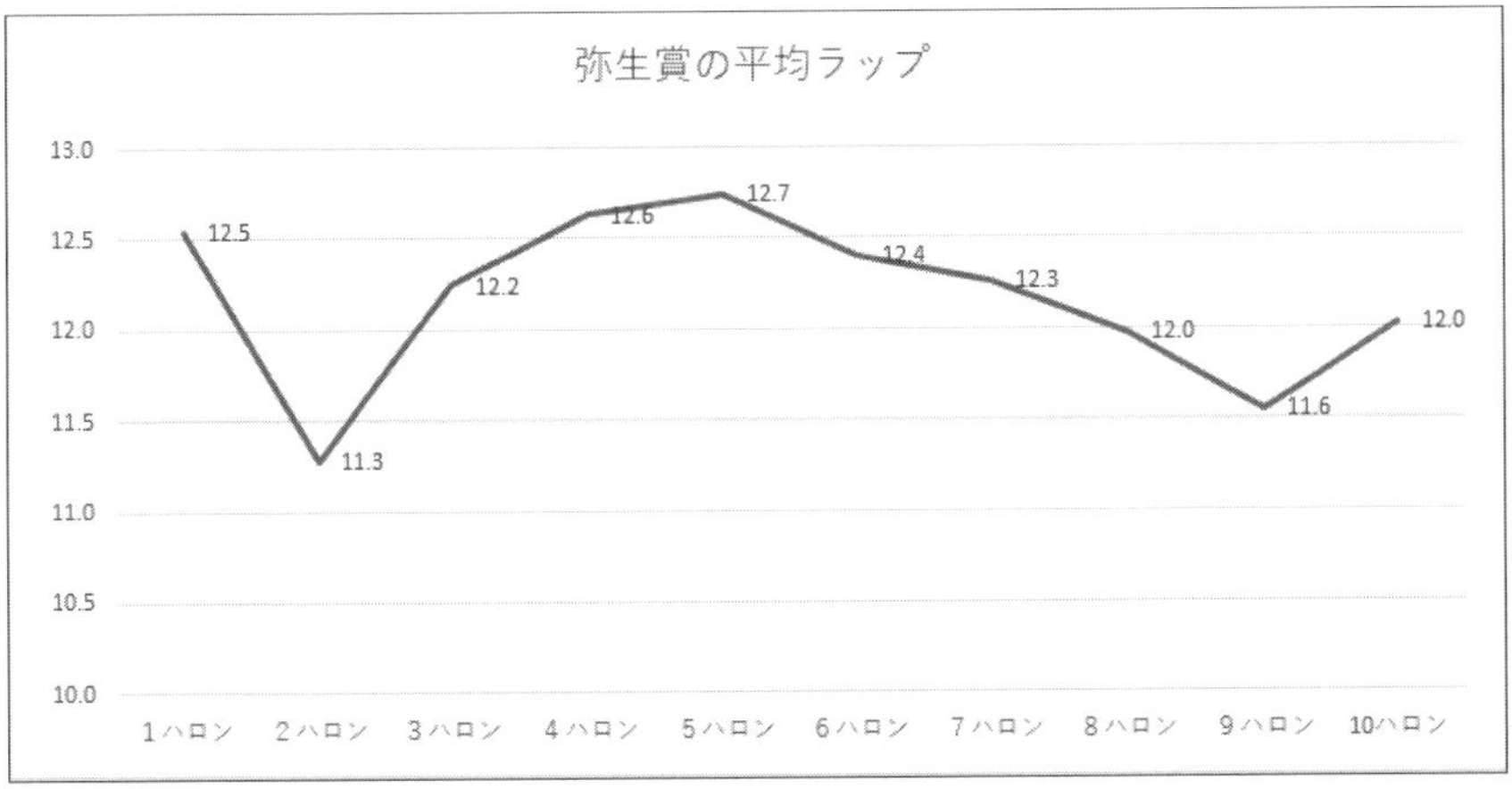

●弥生賞・上がり順位別成績

上がり順位	総レース	1着	2着	3着	着外	勝率	連対率	複勝率
1位	12	3	4	1	4	25.0%	58.3%	66.7%
2位	13	3	2	3	5	23.1%	38.5%	61.5%
3位	7	1	1	2	3	14.3%	28.6%	57.1%
4～5位	21	2	1	4	14	9.5%	14.3%	33.3%
6位以下	57	1	2	0	54	1.8%	5.3%	5.3%

弥生賞●上位人気馬の上がり2ハロン最速タイム

馬名	上がり2F	レース名
ダノンエアズロック	21.9秒	アイビーS
シンエンペラー	22.1秒	新馬戦
トロヴァトーレ	22.6秒	新馬戦

（GII、芝2000m）

中山 11R WIN5⑤

発馬 15.45

第61回 弥生賞ディープインパクト記念（皐月賞トライアル） GII

㊋三才オープン・馬齢

	白1	黒2	赤3	青4	黄5
父	ゴールドシップ(輸)	ジャスタウェイ(中)	キズナ(輸)	アメリカンペイトリオット(マ)	シユーニ(短)
馬名	アドミラルシップ	レッドテリオス	シュバルツクーゲル	エコロレイズ	(外)シンエンペラー
母・母の実績	ヴィーヴァブーケ 1勝(中)	ショーコ 英(マ)	ソベラニア 独(中)	ペブルガーデン 未勝(マ)	スターレッツシスター 愛(輸)
毛色・斤量	鹿 57 牡3	栗 57 牡3	黒鹿 57 牡3	黒鹿 57 牡3	栗 57 牡3
騎手	戸崎圭	替津村	西村淳	替横山和	替川田
厩舎	(美)相沢	(美)古賀慎	(美)鹿戸雄	(美)岩戸	(栗)矢作
賞金	400	400	1150	400	3400
総賞金	1820	620	2220	1030	6820
馬主名	芹澤精一	東京HR	GIレーシング	原村正紀	藤田晋
牧場名	桁白牧場	社台F	白老F	タイヘイ牧場	フランス
佐藤直	…	…	△	…	▲
小野智	△	…	注	△	◎
久光	…	…	△	△	▲
西田	…	…	△	…	○
中田	△	△	注	…	○
本紙武井	…	…	△	△	▲ 西
芝 1400 / 1600 / 1800 / 2000	亖 2279⑦ 中 2007④	中 2079■1	東 1468② 中 2040[1]	東 1382⑨ 中 2002④	2 東 [illegible]① 京 1598①
上り最高	亖 34.7⑦	亍 37.7■1	亍 35.0[1]	芺 34.9⑨	天 33.8①
騎乗成績	1 0 0 1	初騎乗	1 1 0 0	初騎乗	初騎乗
クラス実績	0 0 0 1	0 0 0 0	0 1 0 0	0 0 0 0	1 1 0 0
当該条件	0 0 0 1	1 0 0 0	1 0 0 0	1 1 1 1	0 1 0 0
前走4	兄弟 ライラック（現） ブラックホール（2勝）	兄弟 トランスナショナル（4勝） オメガセニョリーナ（4勝）	兄弟 シュヴァルツリーゼ（2勝） ゼーゲン（現）	4中 9月17日 ④ 亍 2 未勝 7ト10頭 亍内 2017 55 菅原明 H ④③① 488 人気 4 一旦先頭 1/2 身 362中367 レイデラルース 2016 0.1	兄弟 ソットサス（仏） シスターチャーリー（愛）
前走3	3京 11月12日 ④ 亍 1 新馬 7ト8頭 亍内 2054 56 戸崎圭 S ③②③ 458 人気■3 好位抜出 ハナ 383中348 ヴィレム 2054 0.0	兄弟 フォールインラブ（2勝） キネオメジャー（1勝）	4中 9月24日 [7] 亍 1 新馬 7ト8頭 亍内 2040 55 西村淳 S ②②② 476 人気■2 先行抜出 1 3/4 383中350 カニキュル 2043 0.3	4中 9月30日 ⑧ 亍 3 未勝 9ト14頭 亍内 2038 55 横山武 S ⑤⑤④ 486 人気■2 好位伸 2 1/4 378中353 アバンデル 2034 0.4	5東 11月4日 ① 亍 1 新馬 4ト13頭 天 1481 56 横山武 S ②③③ 474 人気■2 楽抜出 3 身 374内338 トゥルーサクセ 1486 0.5
前走2	5中 12月28日 ⑨ ホープフ 4 GI 4ト16頭 亍内 2007 56 Hドイル M ⑫⑬⑫ 460 人気11 後方差詰 3 1/2 366中354 レガレイラ 2002 0.5	レース診断 上昇度○ 外から長く脚を使い抜け出す。スタミナ十分	5東 11月18日 ⑤ 東スポ2才S 2 GII 1ト10頭 天 1468 56 西村淳 M ②②② 474 人気 8 先行粘る 1 1/2 360内356 シュトラウス 1465 0.3	5中 12月10日 ④ 亍 1 未勝 10ト18頭 亍内 2007 56 菅原明 M ⑤④② 498 人気■2 好位抜出 クビ 362中355 タンゴバイラリ 2007 0.0	3京 11月25日 ⑦ 京都2才 1 GIII 5ト14頭 亍内 1598 56 モレイラ H ⑫⑨⑦ 480 人気■1 中位抜出 1/2 身 370中353 プレリュードシ 1599 0.1
前走	1東 2月4日 ④ ゆりかも 7 1勝 9ト9頭 亖 2279 57 戸崎圭 S ③③③ 460 人気■1 好位一息 6 1/4 372中347 ウインマクシマ 2269 1.0	1中 1月21日 ■7 亍 1 新馬 17ト17頭 亍内 2079 57 三浦 S ⑦②③ 466 人気 5 好位抜出 2 身 388外377 スピノザ 2082 0.3	3ヵ月半 放牧 乗込み3週間 仕上り○ 連対体重 474～476 3ヵ月以上休 ①②③外 1 0 0 0	1中 1月8日 ③ 亍 4 1勝 6ト11頭 亍内 2002 57 菅原明 M ⑥⑤③ 506 人気 4 伸一息 2 1/2 368中356 ファビュラスス 1598 0.4	5中 12月28日 ⑨ ホープフ 2 GI 6ト16頭 亍内 2003 56 ムルザバエフ M ④③② 482 人気■2 一旦抜出 3/4 身 356中357 レガレイラ 2002 0.1

810 デ イ
540 57Fベリー

記号の説明

厩舎左側の(美)(栗)は
(美)＝関東・美浦所属
(栗)＝関西・栗東所属
賞金左の記号は重の巧拙を表します
◎…得意△…苦手

馬場表示

■1 ↓ 不良　❶ ↓ 重馬場　[1] ↓ 稍重　① ↓ 良馬場　開催日の馬場状態

乗替り記号

替…ベスト10外の騎手からベスト10への乗替り
替…それ以外

開催場所・月日
開催日・着順
条件・枠・頭数
距離・タイム
斤量・騎手名
ペース・通過順
馬体重・人気
戦評・馬身差
前半・上り③F
①②着時計・秒

①～③着馬に【皐月賞】の優先出走権

11頭中6番人気という低評価を覆し、弥生賞を制した⑦コスモキュランダ。この後、皐月賞2着、セントライト記念2着と“中山巧者”ぶりを存分に発揮し好走を続けた。

●2024年3月3日・中山11R弥生賞ディープインパクト記念

1着⑦コスモキュランダ

（6番人気）

2着⑤シンエンペラー

（3番人気）

3着⑧シリウスコルト

（9番人気）

…………………………

6着⑥トロヴァトーレ

（1番人気）

単⑦ 3490円

複⑦ 560円

⑤ 160円

⑧ 920円

馬連⑤ー⑦ 4250円

馬単⑦→⑤ 14280円

3連複⑤⑦⑧ 33030円

3連単⑦→⑤→⑧ 301710円

11 桃8	10	9 橙7	8	7 緑6	6
サトノダイヤモンド(輸) **ニシノフィアンス** ニシノラヴコール 未勝(中)	エピファネイア(輸) **ファビュラススター** ヴンダーゾンネ 3勝(垣)	モーリス(マ中) **ダノンエアズロック** モシーン 豪(長)	マクフィ(マ) **シリウスコルト** オールドフレイム 未勝(中)	アルアイン(中) **コスモキュランダ** サザンスピード 豪(輸)	レイデオロ(輸) **トロヴァトーレ** シャルマント 未出(中)
鹿 57 牡3	鹿 57 牡3	鹿 57 牡3	鹿 57 牡3	黒鹿 57 牡3	青鹿 57 牡3
替内田博	横山武	替キング	三浦	替Mデムーロ	替ルメール
美竹内	美萩原	美堀	美宗像	美加藤士	美鹿戸雄
400	900	1200	1000	400	900
1130	1500	2420	2630	1163	1790
西山茂行	前田幸貴	ダノックス	飯田正剛	ビッグレッドF	サンデーR
新冠 フクオカF	日高 岡田S	安平 ノーザンF	日高 千代田牧場	新冠 ビッグレッドF	安平 ノーザンF
…△… …… …… …△… …… ……	…注… …△… …△… …注… …▲… …注…	…○… …○… …○… …▲… …◎… …◎…	…△… …△… …注… …△… …… …△…	…… …… …△… …… …△… …△…	…◎… …▲… …◎… …◎… …△… …○…
中 1515① 中 2008⑤	東 1369① 中 1598①	東 1481①	**3** 芝 [illegible]3① 新 [illegible]⑤ 中 [illegible]⑥	**1** 東 [illegible]04⑫ 中 [illegible]②	**6** 中 [illegible]①
芝 34.7⑤ 初騎乗	芝 33.9① 2000	芝 32.7① 初騎乗	芝 33.2⑤ 1002	芝 34.9② 初騎乗	芝 33.8① 1000
0001 0001	0000 1000	1000 初コース	1002 1001	0001 0201	0000 2000
兄弟 ニシノプロポーズ（現）	兄弟 アリンナ（5勝） ホウオウヴォーヌ（現）	兄弟 プリモシーン（4勝） モーソンピーク（現）	2福 7月1日 1 芝 1 新馬 4ト13頭 芝 1113 55 丸田 S ⑩⑧⑧ 448 人気10 直線一気 1½ 362 中 351 ネムレスクイー 1115 0.2	4中 9月30日 ⑧ 芝 2 未勝 7ト14頭 芝内 2035 55 丹内 S ②②② 492 人気6 先行粘る ½身 376 中 352 アバンデル 2034 0.1	兄弟 ライツフォル（現）
近親 ブラックエンブレム ナリタセンチュリー	兄弟 サンディレクション（2勝） ナッツスター（1勝）	3東 6月11日 4 芝 1 新馬 2ト9頭 芝 1481 55 レーン S ①②② 466 人気1 先行抜出 1¼ 365 中 352 ピースヒロフェ 1483 0.2	3新 8月27日 ⑥ 新潟2才 5 GⅢ 9ト12頭 芝外 1346 55 三浦 S ⑪⑪⑧ 458 人気12 後方追上 5身 373 内 332 アスコリピチェ 1338 0.8	4新 10月29日 ⑥ 芝 1 未勝 12ト15頭 芝内 2038 56 丹内 S ②②② 494 人気1 先行抜出 2½ 374 中 362 ロンギングガバ 2042 0.4	4中 9月18日 ⑤ 芝 1 新馬 2ト8頭 芝内 2016 55 ルメール S ④④④ 480 人気1 楽抜出 2½ 382 外 338 エリカサファイ 2020 0.4
5中 12月23日 ⑦ 芝 1 新馬 12ト16頭 芝内 1515 55 永野 S ①①① 498 人気1 逃切る クビ 382 内 355 ドンアレス 1515 0.0	4東 10月9日 3 芝 1 新馬 12ト13頭 芝 1369 56 横山武 S 7⑤④ 500 人気4 中位一気 ½身 371 外 339 アンドアイラヴ 1370 0.1	4東 10月21日 ⑥ アイビー 1 L 1ト6頭 芝 1482 56 モレイラ S ②②② 486 人気2 先行抜出 ¾身 380 外 327 ホウオウプロサ 1483 0.1	4中 9月30日 ⑧ 芙蓉 1 オープン 5ト8頭 芝内 2030 55 三浦 S ④④② 466 人気4 楽抜出 2身 378 中 356 キャントウェイ 2033 0.3	3京 11月25日 ⑦ 京都2才 8 GⅢ 11ト14頭 芝内 2004 56 角田河 H 12⑦10 502 人気14 直線不利 3¾ 371 外 359 シンエンペラー 1598 0.6	5中 12月2日 ① 葉牡丹 1 1勝 1ト9頭 芝内 2004 56 ビュイック S ⑤⑤⑥ 490 人気1 中位抜出 2身 369 中 339 マイネルフラン 2007 0.3
1中 1月14日 ⑤ 京成杯 5 GⅢ 1ト14頭 芝内 2008 57 三浦 S ④④④ 498 人気12 好位一息 2身 362 中 347 ダノンデサイル 2005 0.3	1中 1月8日 ③ 芝 1 1勝 9ト11頭 芝内 1598 57 横山武 M ⑨⑧⑥ 498 人気3 後方追込 クビ 376 外 350 コスモキュラン 1599 0.1	4ヵ月余 放牧 乗込み5週間 仕上り○ 連対体重 466～486 3ヵ月以上休 ①②③外 2000	5中 12月28日 ⑨ ホープフ 6 GⅠ 10ト16頭 芝内 2008 56 三浦 M ⑩⑩⑧ 480 人気9 中位差詰 3¾ 361 中 358 レガレイラ 2002 0.6	1中 1月8日 ③ 芝 2 1勝 4ト11頭 芝内 1599 57 丹内 M 10⑩⑨ 498 人気5 後方伸 クビ 380 外 349 ファビュラスス 1598 0.1	3ヵ月休 放牧 乗込み3週間 仕上り○ 連対体重 480～490 3ヵ月以上休 ①②③外 1000

りそうです。

この弥生賞で危険な人気馬となるのは、トロヴァトーレだと考えました。

今回、上位人気が予想されるシンエンペラー、トロヴァトーレ、ダノンエアズロックの3頭の中で評価を下げるならトロヴァトーレだと考えています。

今回の弥生賞で重要な点はトップスピード性能だとお話ししましたが、これはレースの上がり2ハロンに表れると考えています。

上位人気が予想される3頭の、ここまでのレースの上がり2ハロンタイムは、ダノンエアズロックが最も速く21・9秒。

次いでシンエンペラーの22・1秒で、トロヴァトーレは22・6秒と、2頭とは少し差があります。

究極の瞬発力勝負になったときに、トロヴァトーレはトップスピードの差で少し分が悪くなる、と考えています。

基本的に瞬発力勝負は人気馬が強く、弥生賞も1～4番人気の単勝回収率が100%超えと、素直に上位人気馬を評価すべきレース。

……ですが、その中でも序列をつけるのであれば、トロヴァトーレが一番下の評価になると見ています。

結果、トロヴァトーレは1番人気で6着に敗退。危険な人気馬の推奨成功となりました。

スローペースになりやすい弥生賞では、トップスピード性能の差でトロヴァトーレがわずかに劣るという話をしていましたが、意外な結果に。

24年の弥生賞の前半3ハロン35・2秒は、平均値よりも1秒近く速く、14年以降では2番目に速いタイムだったのです。

また、スタートから上がり3ハロン目までのタイムを3ハロンに換算した値は36・3秒で、これは14年以降では最も速いタイムとなります。

弥生賞で1000m通過タイムが60・4秒以下となったのは、長い歴史の中でもわずか5回しかないことからも、24年のペースの速さを物語っています。

勝利したコスモキュランダと2着シンエンペラーは、前半5ハロン59・1秒の京都2歳S経験組で、2着シンエンペラーと3着シリウスコルトは前半5ハロン60・1秒のホープフルS経験組。

ダノンエアズロックもそうですが、今回危険な人気馬に挙げたトロヴァトーレもトップスピード性能ではなく、ペース対応力が敗因だったかなと考えています。

「スローの弥生賞で好走↓ハイペースの皐月賞で軽視」が定石ですが、24年は弥生賞が皐月賞ペースになったので、弥生賞好走組は皐月賞でも注目できるかと思います（見解通り、コスモキュランダが皐月賞で7番人気2着と好走）。

この人気馬はハイペースには対応できない

●2024年2月18日・東京11RフェブラリーS（GⅠ、ダ1600m）

オメガギネス（1番人気）＝14着

■フェブラリーS出走馬と人気

①イグナイター（8番人気）
②シャンパンカラー（14番人気）
③ミックファイア（9番人気）
④ドゥラエレーデ（3番人気）＝5・5倍
⑤オメガギネス（1番人気）＝3・2倍
⑥カラテ（16番人気）
⑦ガイアフォース（5番人気）
⑧セキフウ（13番人気）
⑨ペプチドナイル（11番人気）
⑩タガノビューティー（7番人気）
⑪キングズソード（4番人気）
⑫スピーディキック（15番人気）
⑬レッドルゼル（6番人気）
⑭ウィルソンテソーロ（2番人気）＝3・9倍
⑮ドンフランキー（10番人気）
⑯アルファマム（12番人気）

過去10年で1番人気が複勝率90％。２番人気も３勝・２着２回と優秀で、当番組泣かせのレースでもあります（笑）。

そんなフェブラリーSですが、舞台となる東京競馬場のダート１６００ｍは芝スタートであるということと、スタート後に下り坂があることで前半のペースが速くなりやすいのが特徴です。

GIのフェブラリーSともなると、前半３ハロンの平均値は34・６秒で、メンバーレベルが高くテンに速い馬が揃うため、ハイペースになりやすい傾向があります。

そのため、過去10年の勝ち馬全頭が上がり5位以内を記録しています。

特に上がり1位を記録した馬は勝ち切れていないものの、複勝率は90・９％と非常に高い好走率を誇っています。

一方、逃げた馬は過去10年で2回しか馬券内に残れておらず、そのうち1回は重馬場の22年で、残り1回は前半3ハロン35・8秒と超スローペースだった19年しかありません。

レースの上がり2ハロン目には平均値で11・7秒と速いラップも刻まれており、上がりの速いスピード勝負で、しっかりと自身で加速するという能力が必要となってきます。

そして、そうした馬は人気馬に多く、先に紹介した1～2番人気の好走につながっていると考えられます。

いずれにしても狙うべきは、**速い上がりを使える差し馬**だといえるでしょう。

このフェブラリーSで危険な人気馬となるのは、オメガギネスだと考えました。

予想オッズでは、オメガギネスとウィルソンテソーロの2強ムードなので、この2頭で評価を下げるならオメガギネスかなと考えています。

2走前のグリーンチャンネルCは時計的にも非常に優秀ですが、不良馬場で時計も出やすく鵜呑みにするのは禁物だと思います。

実際に圧勝したとはいえ、2着ベルダーイメルはその後の武蔵野S6着などで、3着ペリエールも武蔵野Sは1番人気で9着と大敗しています。

オメガギネスも次走の東海Sでは1番人気で2着と勝ち切れておらず、重馬場で前が有利だったとはいえ、ウィリアムバローズを捕らえられなかった点には不満が残ります。

特にダートGIは古馬相手に揉まれた経験が重要で、このレースの4歳馬はGI経験が重要。

今回が初の古馬GIというケースの4歳馬は23年のドライスタウトや、18年サンライズノヴァ、14年ベストウォーリアと人気でも馬券圏外というケースが見られます。

オメガギネスは近走こそ前で競馬をしていますが、いずれも道悪で楽なペースを追走しており、一転してGI級のメンバー相手にハイペースで揉まれると厳しくなるのでは……と予想できます。

結果、オメガギネスは1番人気で14着と大敗を喫し、危険な人気馬の推奨成功

●フェブラリーS・1～3番人気馬の4歳馬の古馬GI経験

年	馬名	人気順	確定着順	古馬GI経験
2023	ドライスタウト	2	4	なし
2021	カフェファラオ	1	1	あり
2019	オメガパフューム	3	10	あり
2018	サンライズノヴァ	3	4	なし
2017	ゴールドドリーム	2	1	あり
2016	モーニン	2	1	なし
2016	ノンコノユメ	1	2	あり
2014	ベストウォーリア	3	13	なし

●フェブラリーSの平均ラップ

1ハロン	2ハロン	3ハロン	4ハロン	5ハロン	6ハロン	7ハロン	8ハロン
12.3	10.9	11.4	12.1	12.5	12.0	11.7	12.3
道中3ハロン換算タイム　35.5秒					上がり3ハロン36.0秒		

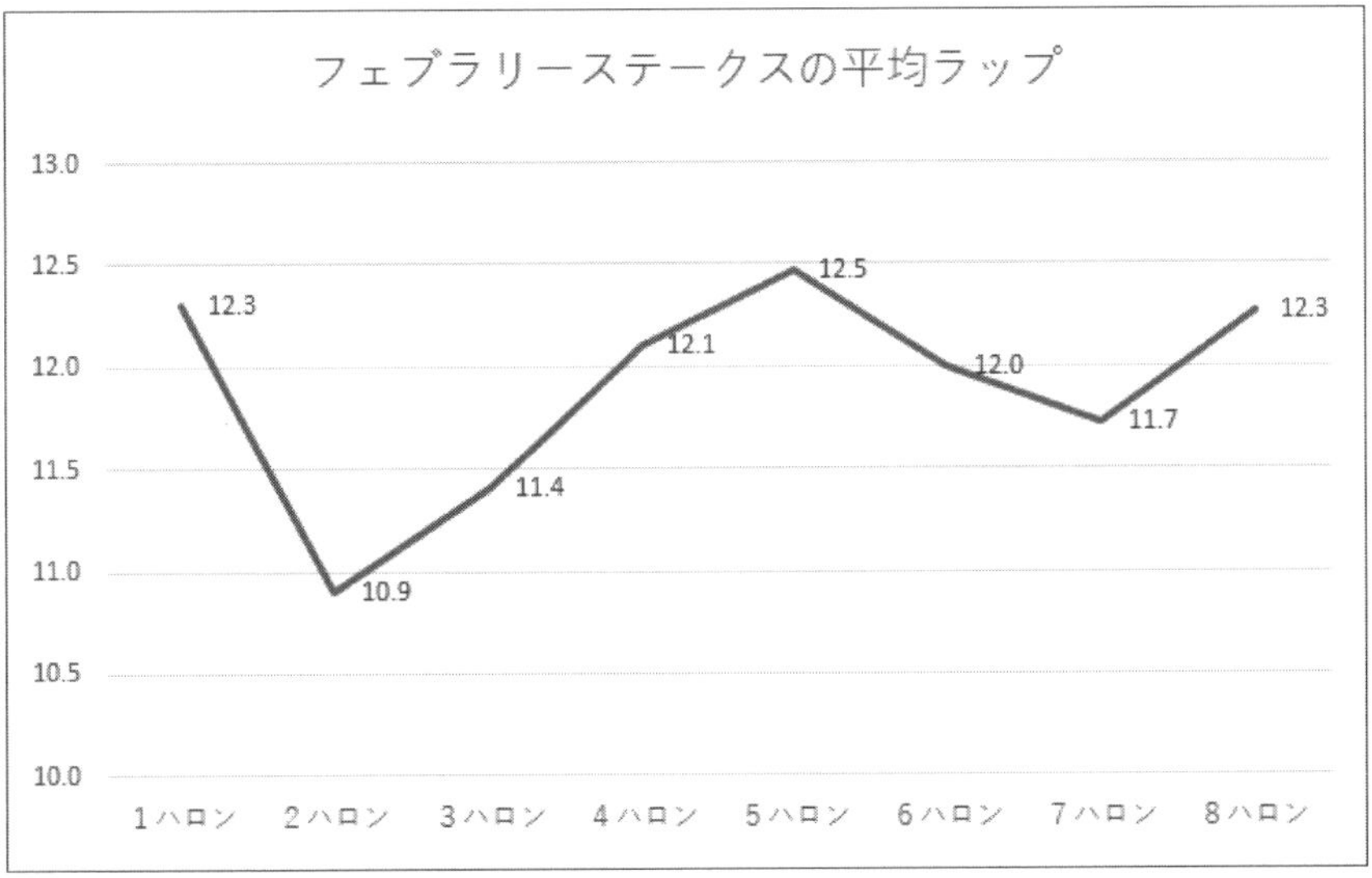

●フェブラリーS・1～2番人気の成績

人気	総レース	1着	2着	3着	着外	勝率	連対率	複勝率	単回値	複回値
1番人気	10	5	2	2	1	50.0%	70.0%	90.0%	130	127
2番人気	10	3	2	0	5	30.0%	50.0%	50.0%	152	85

●フェブラリーS・上がり順位別成績

上がり順位	総レース	1着	2着	3着	着外	勝率	連対率	複勝率
1位	11	2	5	3	1	18.2%	63.6%	90.9%
2位	10	1	1	2	6	10.0%	20.0%	40.0%
3位	10	3	0	2	5	30.0%	30.0%	50.0%
4～5位	30	4	3	2	21	13.3%	23.3%	30.0%
6位以下	97	0	1	1	95	0.0%	1.0%	2.1%

●フェブラリーS・逃げた馬の成績

総レース	1着	2着	3着	着外	勝率	連対率	複勝率
10	1	1	0	8	10.0%	20.0%	20.0%

東京 11R

WIN5⑤

発馬 15.40

第41回 フェブラリーステークス (GI)

(指)四才上オープン・定量

馬番	枠	馬名	父	母	毛色・斤量	騎手	厩舎	賞金	総賞金	馬主名	牧場名
1	白1	(地)イグナイター	エスポワールシチー	ビアンコ 2勝	鹿 58 牡6	(替)西村淳	(園田)新子雅	13,620	29,104	野田善己	(日)春木F
2	白1	シャンパンカラー	ドゥラメンテ	メモリアルライフ 英	栗 58 牡4	内田博	(美)田中剛	7400	16,130	青山洋一	(日)社台F
3	黒2	(地)ミックファイア	シニスターミニスター	マリアージュ 4勝	鹿 58 牡4	(替)矢野貴	(大井)渡辺和	9500	18,250	星加浩一	(日)高橋F
4	黒2	ドゥラエレーデ	ドゥラメンテ	マルケッサ 未勝	黒鹿 58 牡4	ムルザバエフ	(栗)池添学	5210	16,007	スリーエイチR	(安)ノーザンF
5	赤3	オメガギネス	ロゴタイプ	スタートアップ 未勝	栗 58 牡4	(替)ルメール	(美)大和田	4200	7680	原禮子	(白)社台F
6	赤3	カラテ	トゥザグローリー	レディーノパンチ 未出	黒鹿 58 牡8	菅原明	(美)辻野	12,200	25,480	小田切光	(新)中地康弘
7	青4	ガイアフォース	キタサンブラック	ナターレ 公	芦 58 牡5	(替)長岡	(栗)杉山晴	4800	16,270	KRジャパン	(胆)追分F
8	青4	セキフウ	ヘニーヒューズ	シャボナ 米	栗 58 牡5	武豊	(栗)武幸	6770	17,981	中辻明	(新)パンプー牧場
9	黄5	ペプチドナイル	キングカメハメハ	クイーンオリーブ 4勝	鹿 58 牡6	藤岡佑	(栗)武英	6400	13,740	沼川一彦	(浦)杵臼牧場
10	黄5	タガノビューティー	ヘニーヒューズ	スペシャルディナー 1勝	鹿 58 牡7	石橋脩	(栗)西園正	8600	26,155	八木良司	(新)新冠タガノF

馬番	佐藤直	小野智	久光	西田	中田	本紙武井	備考
1	△		△	△	△		地方
2	△						
3	△			△	▲	△	地方
4	◎	▲	◎	▲	◎	▲	西
5	▲	◎	○	△	注	注	
6				△			西
7			△		△	△	西
8							西
9					△		B 西
10	△	注	△			△	B 西

馬番	ダ1200	ダ1400	ダ1600	ダ1800	上り最高	騎乗成績	クラス実績	当該条件
1	盛ダ1098⑤	浦ダ1253❶	盛ダ1348④	大ダ1534❷	34.5⑤	初騎乗	4 1 2 5	1 0 0 1
2			東芝1326⑭	中芝2030⑥	初ダート	1 0 1 1	1 0 1 2	初コース
3		中ダ2030❶	大ダ1407①	大ダ1509①	36.7❶	2 0 0 0	1 0 0 1	初コース
4	大芝1460④	中ダ1466①	中ダ2075③	中京ダ1509③	37.5③	1 0 2 0	1 1 2 4	初コース
5	14				35.2❶	初騎乗	1 2 0 0	1 0 0 0
6	大芝1322⑤	大芝1468②	東ダ1415⑧	中ダ1585⑬	39.0⑧	6 2 1 10	4 2 1 10	0 0 0 1
7	2 ⑤	①	②	②	初ダート	初騎乗	1 1 0 6	初コース
8	3 ③	③	②	④	35.5②	1 0 0 1	2 3 3 10	0 1 0 3
9	1 ①	❸	⑥	❻	35.5❷	2 0 0 1	3 0 0 7	初コース
10	1321④	1219①	1342❸	1515②	34.4❸	7 4 2 11	3 5 4 14	3 3 2 3

馬番	4走前	3走前	2走前	前走
1	浦和 5月31日 ❸さきたま 1 交流GII 3ﾄ10頭 ダ1253 56笹川翼 M④④③ 508 人気7 直線競る クビ 355内373 スマイルウイ 1254 0.1	園田 9月15日 ⑥園田CC 1 重賞 6ﾄ8頭 ダ1282 56田中学 M①①① 517 人気❶ 逃楽勝 2½ 382内383 アポロティアモ 1286 0.4	盛岡 10月9日 ⑤南部杯 2 交流GI 12ﾄ14頭 ダ1358 57笹川翼 S②②② 506 人気4 二位付粘 10身 358内366 レモンポップ 1338 2.0	大井 11月3日 ⑥JBCスプリ 1 交流GI 8ﾄ15頭 ダ1120 57笹川翼 H②②② 503 人気❸ 先行抜出 1½ 344内376 リメイク 1123 0.3
2	3中 4月8日 ⑤ニュージ 3 GII 6ﾄ16頭 芝外1340 56内田博 M⑥⑥④ 504 人気7 漸進伸 1½ 356中357 エエヤン 1337 0.3	2東 5月7日 ⑥NHKマイル 1 GI 11ﾄ17頭 芝1338 57内田博 M⑭⑫⑬ 500 人気9 中位抜出 アタマ 357中344 ウンブライル 1338 0.0	3東 6月4日 ②安田記念 14 GI 9ﾄ18頭 芝1326 54内田博 S⑦⑥⑤ 504 人気11 出遅る 6¾ 349中345 ソングライン 1314 1.2	8ヵ月余 放牧 乗込み2ヵ月 仕上り○ 連対体重 500～502 3ヵ月以上休 ①②③外 1 0 0 0
3	大井 6月7日 ❸東京ダービー 1 重賞 12ﾄ15頭 ダ2048 56御神本訓 S②②① 483 人気❶ 先行楽勝 6身 378内370 ヒーローコール 2060 1.2	大井 7月12日 ③JDダービー 1 交流GI 6ﾄ11頭 ダ2046 57御神本訓 H⑤⑤③ 487 人気❶ 好位差切 2½ 352中387 キリンジ 2051 0.5	盛岡 10月1日 ❶ダービーGP 1 重賞 7ﾄ7頭 ダ2030 56御神本訓 S①①① 484 人気❶ 逃切る 1½ 368内367 マンダリンヒー 2032 0.2	大井 12月29日 ④東京大賞典 8 交流GI 8ﾄ9頭 ダ2097 56御神本訓 S⑤⑤⑥ 494 人気❸ 中位一杯 11¾ 375中396 ウシュバテソー 2073 2.4
4	3阪 6月25日 ⑧宝塚記念 10 GI 17ﾄ17頭 芝内2123 53幸 M②②② 506 人気7 先行一杯 6身 341中365 イクイノックス 2112 1.1	4中 9月18日 ⑤セントライト 8 GII 5ﾄ15頭 芝外2125 56坂井 S①①① 524 人気5 逃一杯 7身 352内355 レーベンスティ 2114 1.1	4中京 12月3日 ②チャンピオンズC 3 GI 5ﾄ15頭 ダ1509 57ムルザバエフ S②②② 510 人気9 先行粘る 1½ 366中375 レモンポップ 1506 0.3	大井 12月29日 ④東京大賞典 3 交流GI 6ﾄ9頭 ダ2075 56ムルザバエフ S②②② 510 人気4 先行粘る ¾身 371内378 ウシュバテソー 2073 0.2
5	2中 2月25日 ① 1 1勝 7ﾄ12頭 ダ1532 56戸崎圭 S⑦⑤⑤ 494 人気4 G前差す クビ 389中377 プレミアペガサ 1532 0.0	2新 8月6日 ④レパード 2 GIII 6ﾄ15頭 ダ1508 56戸崎圭 M③④④ 494 人気❸ 好位伸 クビ 363中371 ライオットガー 1508 0.0	4東 10月9日 ❸グリーンCh 1 L 9ﾄ16頭 ダ1343 55戸崎圭 M③③② 494 人気❷ 楽抜出 3½ 350中352 ベルダーイメル 1349 0.6	1京 1月21日 ❼東海S 2 GII 10ﾄ16頭 ダ1494 56戸崎圭 S③②② 494 人気❶ 先行伸 1身 368中361 ウイリアムバロ 1492 0.2
6	1新 5月7日 ❹新潟大賞 1 GIII 2ﾄ16頭 芝外2038 59菅原明 M④⑤⑤ 534 人気5 好位差切 ¾身 366内360 セイウンハーデ 2039 0.1	3阪 6月3日 ①鳴尾記念 9 GIII 2ﾄ15頭 芝内1596 57菅原明 M④④⑤ 538 人気4 前塞る 2¼ 362内358 ボッケリーニ 1591 0.5	3阪 6月25日 ⑧宝塚記念 16 GI 2ﾄ17頭 芝内2126 58菅原明 M③④⑥ 538 人気15 好位一杯 8¼ 344内365 イクイノックス 2112 1.4	1中 1月21日 ❼AJCC 10 GII 9ﾄ12頭 芝外2182 57菅原明 M④⑥⑧ 540 人気6 中位一杯 9¾ 378中388 チャックネイト 2166 1.6
7	3東 6月4日 ②安田記念 4 GI 7ﾄ18頭 芝1316 58西村淳 S⑪⑨⑨ 492 人気8 中位伸も 1½ 351中333 ソングライン 1314 0.2	4中 9月24日 ⑦オールカマー 5 GII 7ﾄ15頭 芝外2124 57西村淳 S③③③ 490 人気❷ 好位一息 2¾ 368中357 ローシャムパー 2120 0.4	4東 10月29日 ⑨天皇賞 5 GI 5ﾄ11頭 芝1562 58西村淳 M②②② 496 人気7 先行一息 6¼ 353中355 イクイノックス 1552Ⓡ 1.0	5阪 12月2日 ①チャレンジC 6 GIII 6ﾄ13頭 芝内1592 57西村淳 S③③③ 500 人気❶ 好位一杯 2½ 368中353 ベラジオオペラ 1588 0.4
8	1札 8月6日 ❻エルムS 1 GIII 6ﾄ14頭 ダ1428 57武豊 S⑬⑪⑨ 488 人気6 後方追込 ½身 375外355 ワールドタキオ 1429 0.1	船橋 9月27日 ③日テレ盃 4 交流GII 11ﾄ11頭 ダ1525 56戸崎圭 S⑧⑦⑥ 475 人気❸ 中位伸も 4¼ 377中371 ウシュバテソー 1517 0.8	5東 11月11日 ③武蔵野S 8 GIII 5ﾄ16頭 ダ1361 57藤岡佑 M⑬⑭⑭ 488 人気8 後方差詰 5¼ 362中361 ドライスタウト 1352 0.9	園田 12月20日 ②兵庫GT 5 交流GIII 10ﾄ11頭 ダ1291 58武豊 H⑨⑥④ 499 人気❶ 伸一息 1¾ 380外392 サンライズホー 1288 0.3
9	3京 11月5日 ②みやこS 4 GIII 12ﾄ16頭 ダ1515 57富田 S①①① 530B 人気7 逃一息 4身 363内380 セラフィックコ 1509 0.6	3京 11月26日 ⑧カノープス 7 オープン 14ﾄ16頭 ダ1581 58富田 M①①① 534B 人気❷ 逃一息 3½ 359内388 ウェルカムニュ 1575 0.6	5阪 12月28日 ⑨ベテルギ 1 L 15ﾄ15頭 ダ1521 59藤岡佑 M③③⑤ 530B 人気❷ 好位差切 ½身 373中369 ハピ 1522 0.1	1京 1月21日 ❼東海S 6 GII 6ﾄ16頭 ダ1497 57藤岡佑 S⑤④③ 534B 人気❸ 好位一杯 2¾ 370中362 ウイリアムバロ 1492 0.5
10	3中京 7月9日 ④プロキオ 14 GIII 13ﾄ15頭 ダ1268 57石橋脩 H⑭⑬⑬ 518B 人気❸ 異常歩様 大差 353外397 ドンフランキー 1230 3.8	盛岡 10月9日 ⑤南部杯 4 交流GI 1ﾄ14頭 ダ1360 57石橋脩 S⑪⑩⑩ 519 人気5 中位差詰 11¼ 370中353 レモンポップ 1338 2.2	5東 11月11日 ③武蔵野S 2 GIII 4ﾄ16頭 ダ1355 57石橋脩 M⑬⑭⑭ 518B 人気6 直線一気 1¾ 362中356 ドライスタウト 1352 0.3	1東 1月28日 ②根岸S 13 GIII 12ﾄ16頭 ダ1256 57石橋脩 S⑯⑭⑮ 520B 人気❸ 出遅る 8½ 380中354 エンペラーワケ 1241 1.5

1,800 ル ト
1,200 54戸崎圭

記号の説明

厩舎左側の㊫㊚は
㊫＝関東・美浦所属
㊚＝関西・栗東所属
賞金左の記号は重の巧拙を表します
◎…得意△…苦手

馬場表示

❶ ➊ ① ①
↓ ↓ ↓ ↓
不良 重馬場 稍重 良馬場
開催日の馬場状態

乗替り記号

(替)…ベスト10外の騎手からベスト10への乗替り
(替)…それ以外

開催場所・月日
開催日・着順
条件・枠・頭数
距離・タイム
斤量・騎手名
ペース・通過順
馬体重・人気
戦評・馬身差
前半・上り③F
①②着時計・秒

●2024年2月18日・東京11Rフェブラリ－S（GⅠ、ダ1600m）

1着⑨ペプチドナイル
（11番人気）
2着⑦ガイアフォース
（5番人気）
3着⑧セキフウ
（13番人気）

……………………………

14着⑤オメガギネス
（1番人気）

単⑨ 3800円
複⑨ 850円
⑦ 510円
⑧ 1030円
馬連⑦－⑨ 27850円
馬単⑨→⑦ 62030円
3連複⑦⑧⑨ 197060円
3連単⑨→⑦→⑧ 1530500円

16 桃8	15	14 橙7	13	12 緑6	11
マジェスティックウォリアー(米) アルファマム ダイオブサイド 未勝(中)	ダイワメジャー ドンフランキー ウィーミスフランキー 米(マ)	キタサンブラック ウィルソンテソーロ チェストケローズ 未出	ロードカナロア レッドルゼル フレンチノワール 4勝(中)	タイセイレジェンド 地 スピーディキック デザートフラワー 公(マ)	シニスターミニスター キングズソード キングスベリー 3勝
鹿 56 牝5	栗 58 牡5	鹿 58 牡5	鹿 58 牡8	栗 56 牝5	鹿 58 牡5
キング	池 添	松 山	北村友	御神本訓	岩 田 望
佐々木晶	斉藤崇	小手川	安田隆	(浦和)藤原智	寺 島
4800	7770	10,700	18,590	8730	9800
10,387	16,191	21,560	43,152	18,675	21,312
平 井 裕	早 野 誠	了徳寺健二HD	東京HR	加藤鈴幸	ヒダカBU
カナイシS	ノーザンF	リョーケンF	社台F	熊谷武	日進牧場
…… …… …… …… …… …… 西	…… △ …… …… …… …… 西	○ ○ 注 ○ ○ ◎	注 △ ▲ ◎ △ △ 西	…… △ △ …… …… 地 △ 方	△ △ …… 注 △ ○ 西
中京ダ1105① 東ダ1227① 千ダ59.2⑤ 名ダ1172①	盛ダ1090❷ 中京ダ1228① 阪芝1337⑫ 中京ダ1539⑦	名ダ1311① ダ2018❶ 東ダ1365① 中京ダ1508②	京ダ1094❶ 東ダ1223① 東ダ1346❻ 名ダ1172①	門ダ1122❶ ダ1099② 東ダ1366⑥ 大ダ1525❺	ダ1420① 中京ダ1247⑥ ダ2051① 阪ダ1499❸
ダ34.7① 初騎乗	ダ35.4❷ 5 2 0 2	ダ35.5① 初騎乗	ダ33.5④ 3 4 1 1	ダ36.5⑥ 5 1 1 4	ダ35.6❶ 1 0 0 1
2 0 0 2 初コース	3 1 0 2 初コース	3 1 0 2 2 0 0 0	5 5 2 6 0 1 1 2	1 1 1 5 0 0 0 1	3 0 1 1 初コース
3新 8月20日 ④ NST賞 1 オープン 7ト14頭 ダ1112 53丸 田 H ⑫⑫⑪ 462 人気1 後方追込 ½身 357中355 チェイスザドリ 1113 0.1	3中京 7月9日 ④ プロキオ 1 GⅢ 7ト15頭 ダ1230 57池 添 H ①①① 594 人気2 逃切る クビ 339内375 リメイク 1231 0.1	金沢 9月26日 ④ 白山大賞 1 交流GⅢ 3ト12頭 ダ2110 55川 田 M ⑤③② 488 人気1 好位差切 ½身 393外359 メイショウフン 2111 0.1	1東 2月19日 ⑧ フェブラ 2 GⅠ 15ト16頭 ダ1358 58川 田 M ⑮⑭⑭ 488 人気3 後方伸 1½ 359中357 レモンポップ 1356 0.2	川崎 7月5日 ③ Sレディ 2 交流GⅢ 9ト9頭 ダ1413 55 御神本訓 S ⑧⑦⑤ 480 人気1 直線一気 アタマ 387内376 レディバグ 1413 0.0	3阪 6月11日 ❹ 三宮 1 オープン 1ト15頭 ダ1499 565川 田 S ⑩⑩⑩ 502 人気1 中位差切 ハナ 375中356 メイクアリープ 1499 0.0
4東 10月29日 ⑨ ベルセウ 9 オープン 3ト13頭 ダ1247 55菅原明 M ⑩⑪⑪ 468 人気3 後直だけ 4身 367内350 ヘリオス 1236 0.7	盛岡 8月15日 ❻ クラスタ 2 交流GⅢ 6ト14頭 ダ1090 55池 添 M ①①① 588 人気2 逃粘る 2½ 336内354 リメイク 1086 0.4	大井 11月3日 ⑥ JBCクラシ 5 交流GⅠ 5ト10頭 ダ2069 57菅原明 M ⑤④④ 486 人気3 中位まま 8½ 366内394 キングズソード 2051 1.8	3月25日 ゴールデンシャヒ 6 GⅠ 良 14頭 ダ1110 57川 田 ⑬⑭⑫ メイダン アラブ首長国 内突差詰 2¾ シベリウス 1106 0.4	大井 10月5日 ❹ レディブ 5 交流GⅡ 3ト10頭 ダ1525 55 御神本訓 S ⑤⑥⑤ 484 人気2 中位まま 5身 382内382 アーテルアスト 1516 0.9	3小 8月12日 ① 阿蘇 1 オープン 4ト16頭 ダ1420 58川 田 M ⑥⑥⑤ 502 人気1 漸抜出 1¼ 360中363 スレイマン 1422 0.2
5東 11月19日 ⑥ 霜月 1 オープン 6ト16頭 ダ1227 56菅原明 M ⑪⑫⑫ 466 人気5 G前差す アタマ 364中347 レッドヴェイロ 1227 0.0	大井 10月4日 ❸ 東京盃 1 交流GⅡ 12ト13頭 ダ1100 56池 添 M ②①② 588 人気1 先行抜出 1身 342内358 リュウノユキナ 1102 0.2	4中京 12月3日 ② チャンピ 2 GⅠ 7ト15頭 ダ1508 58 原 S ⑬⑬⑬ 482 人気12 後方伸 1¼ 380中366 レモンポップ 1506 0.2	5東 11月11日 ③ 武蔵野 3 GⅢ 12ト16頭 ダ1358 58横山典 M ⑬⑪⑪ 490 人気5 後方伸 3½ 360外361 ドライスタウト 1352 0.6	大井 11月3日 ⑥ JBCレディ 4 交流GⅠ 3ト12頭 ダ1548 55 御神本訓 M ⑨⑨⑧ 480 人気7 後方差詰 9½ 386中396 アイコンテーラ 1529 1.9	大井 11月3日 ⑥ JBCクラシ 1 交流GⅠ 9ト10頭 ダ2051 57モレイラ M ③③③ 514 人気4 好位楽抜 4身 364中379 ノットゥルノ 2060 0.9
1東 1月28日 ② 根岸 8 GⅢ 14ト16頭 ダ1250 55菅原明 S ⑪⑬⑬ 466 人気4 後方差詰 5¼ 377内351 エンペラーワケ 1241 0.9	4ヵ月余 骨折放牧 乗込み4週間 仕上り○ 連対体重 576～598 3ヵ月以上休 ①②③外 2 1 0 0	大井 12月29日 ④ 東京大賞 2 交流GⅠ 9ト9頭 ダ2074 57 原 S ①①① 487 人気6 逃粘る ½身 369内379 ウシュバテソー 2073 0.1	3ヵ月余 放 牧 乗込み4週間 仕上り○ 連対体重 466～494 3ヵ月以上休 ①②③外 3 1 3 1	大井 12月30日 ⑤ 東京CM 1 牝馬重賞 11ト16頭 ダ1436 57 御神本訓 H ⑩⑪⑩ 487 人気1 中位抜出 クビ 384外409 ラブラブパイロ 1436 0.0	大井 12月29日 ④ 東京大賞 5 交流GⅠ 1ト9頭 ダ2077 57岩田望 S ⑥⑥⑤ 510 人気2 中位伸も 1¾ 377中376 ウシュバテソー 2073 0.4

となりました。

人気馬が強いレースという話をしていたフェブラリーSですが、24年は3連単が150万馬券になるなど大波乱。

結果的に上位人気馬がすべて馬券外だったので、どの馬を選んでも成功だったのですが、その中で最も人気を集めて最も着順が悪かったオメガギネスを推奨できたのは間違っていなかったかなと思います。

24年のフェブラリーSは前半3ハロンが33・9秒と非常に速く、14年以降だと最速のタイムでした。

また、良馬場で行なわれた東京競馬場のダート1600mで見ても、前半3ハロン33・9秒以下になったのは12件しかありません。

歴代屈指のハイペースになったことで、差し馬が圧倒的に有利な展開になりました。

これを4番手から押し切ったペプチドナイルは強い競馬でしたし、人気を集めたウィルソンテソーロやドゥラエレーデは先行しての敗戦なので、巻き返しが期待できそうです。

一方、オメガギネスは6番手と人気馬の中では後ろのほうにいたことを考えると、見解通りハイペース戦への耐久力がなかったかなと思います。

ただ、今回で厳しい流れを経験できたし、まだ4歳馬なので、今回の経験を糧に成長していくのではないかなと思っています。

ジョッキーが生む過剰人気にダマされるな！

●2024年4月28日・京都11R天皇賞（春）（GⅠ、芝3200m）

タスティエーラ（4番人気）＝7着

■天皇賞（春）出走馬と人気

①サリエラ（3番人気）＝7・5倍
②ヒンドゥタイムズ（取り消し）
③プリュムドール（12番人気）
④ワープスピード（8番人気）
⑤ブローザホーン（5番人気）
⑥ディープボンド（6番人気）
⑦タスティエーラ（4番人気）＝7・9倍
⑧ゴールドプリンセス（13番人気）
⑨シルヴァーソニック（7番人気）
⑩サヴォーナ（10番人気）
⑪マテンロウレオ（11番人気）
⑫ドゥレッツア（1番人気）＝2・8倍
⑬スカーフェイス（17番人気）
⑭テーオーロイヤル（1番人気）＝2・8倍
⑮メイショウブレゲ（16番人気）

⑯チャックネイト　（8番人気）
⑰スマートファントム（14番人気）
⑱ハピ　（15番人気）

3200mという長丁場で行なわれる天皇賞（春）ですが、上がり3ハロンの平均値は35・3秒とそこまで遅くありません。

芝2500m以上の重賞の上がり3ハロン平均値では3番目に速く、阪神競馬場開催時と比較すると、1秒以上も上がりの速い決着となっています。

上がりがかかるということは、いい換えるとスタミナが問われることだと考えており、その点から京都競馬場で行なわれる天皇賞（春）は、そこまでスタミナが要求されるレースではないことがわかります。

ちなみに、これは菊花賞でも同様に見られている点からも理解できます。

ただし平坦コースでスタミナが問われないとはいえ、長丁場を走るわけなので、逃げた馬には厳しく、京都開催時の過去8回でキタサンブラック以外すべて馬券圏外に敗れています。

また、4コーナーで3番手以内だった馬も3勝・2着6回・3着2回で、イメージよりも苦戦しています。

スタミナが問われるとはいえ、内回りコースで行なわれる阪神競馬場時代のほうが先行馬の成績がよい点は、面白いところでしょう。

つまり、上がりが速い競馬になるため、直線でしっかりと速い脚を使える馬が狙い目になるということです。

●天皇賞(春)の平均ラップ

1ハロン	2ハロン	3ハロン	4ハロン	5ハロン	6ハロン	7ハロン	8ハロン	9ハロン	10ハロン	11ハロン	12ハロン	13ハロン	14ハロン	15ハロン	16ハロン
12.9	11.6	11.9	12.1	12.3	12.1	11.8	12.9	12.6	12.5	12.7	12.5	11.9	11.8	11.5	12.1
道中3ハロン換算タイム　36.9秒													上がり3ハロン 35.3秒		

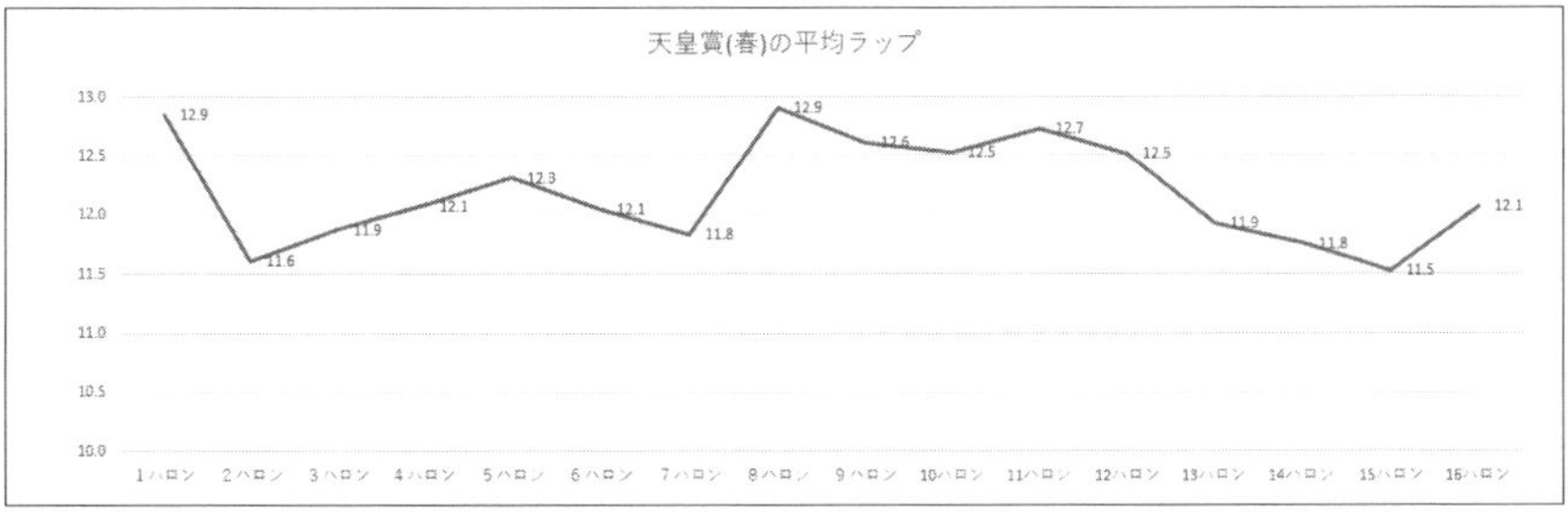

●天皇賞(春)・逃げた馬の成績

総レース	1着	2着	3着	着外	勝率	連対率	複勝率
10	1	0	0	9	10.0%	10.0%	10.0%

●天皇賞(春)・4コーナー3番手以内の馬の成績

競馬場	総レース	1着	2着	3着	着外	勝率	連対率	複勝率
京都	31	3	6	2	20	9.7%	29.0%	35.5%
阪神	6	1	2	2	1	16.7%	50.0%	83.3%

●芝2500m以上重賞の
上がりタイム平均値

競馬場	レース名	上がり3F
東京	アルゼンチン共和国杯	34.5秒
東京	目黒記念	34.8秒
京都	天皇賞(春)	35.3秒
中山	日経賞	35.5秒
東京	ダイヤモンドS	35.6秒
京都	菊花賞	35.7秒
中山	ステイヤーズS	35.7秒
阪神	阪神大賞典	35.9秒
阪神	菊花賞	36.1秒
中山	有馬記念	36.0秒
阪神	天皇賞(春)	36.9秒

●阪神大賞典で上がり1ハロン11.9秒以下の
勝ち馬の天皇賞(春)成績

年	馬名	天皇賞(春)着順
2024	テーオーロイヤル	(1)
2023	ジャスティンパレス	1
2014	ゴールドシップ	7
2003	ダイタクバートラム	3
2001	ナリタトップロード	3
1998	メジロブライト	1
1995	ナリタブライアン	出走なし
1994	ムッシュシェクル	3
1991	メジロマックイーン	1
1988	タマモクロス	1
1988	ダイナカーペンター	16

※テーオーロイヤルは当然、番組では結果がまだ出ていないので（1）とした。

京都 11R

WIN5⑤

発馬 15.40

第169回 天皇賞（春）（GI）

㊕四才上オープン・定量

	1	2	3	4	5	6	7	8	9	10	11
枠	1 白	1 白	2 黒	2 黒	3 赤	3 赤	4 青	4 青	5 黄	5 黄	6
父	ディープインパクト	ハービンジャー	ゴールドシップ	ドレフォン	エピファネイア	キズナ	サトノクラウン	ゴールドアクター	オルフェーヴル	キズナ	ハーツクライ
馬名	サリエラ	ヒンドゥタイムズ	プリュムドール	ワープスピード	ブローザホーン	ディープボンド	タスティエーラ	ゴールドプリンセス	シルヴァーソニック	サヴォーナ	マテンロウレオ
母・実績	サロミナ 独	マハーバーラタ 1勝	シュヴァリエ 3勝	ディープラヴ 未勝	オートクレール 4勝	ゼフィランサス 3勝	パルティトゥーラ 3勝	ゴールドエルフ 公	エアトゥーレ 6勝	テイケイラビッド 1勝	サラトガヴィーナス 3勝
毛色・斤量	鹿 56 牝5	鹿 58 騸8	栗 56 牝6	鹿 58 牡5	鹿 58 牡5	青鹿 58 牡7	鹿 58 牡4	黒鹿 56 牝4	芦 58 牡8	鹿 58 牡4	黒鹿 58 牡5
騎手	替 武豊	替 団野	和田竜	替 三浦	菅原明	替 幸	替 モレイラ	替 田口	替 Mデムーロ	池添	横山典
厩舎	美 国枝	西 斉藤崇	西 奥村豊	美 高木	西 吉岡	西 大久保龍	美 堀	西 寺島	西 池江寿	西 中竹	西 昆
賞金	4200	6800	3650	3750	6650	27,600	26,100	2400	15,380	3750	5900
総賞金	9470	20,340	9291	11,585	17,145	67,796	52,700	5620	43,163	11,300	18,560
馬主名	シルクR	シルクR	ノルマンディーTR	山田弘	岡田牧雄	前田晋二	キャロットF	居城寿与	社台RH	加藤誠	寺田千代乃
牧場名	安 ノーザンF	安 ノーザンF	日 岡田S	安 ノーザンF	日 岡田S	新 村田牧場	安 ノーザンF	新 北勝F	千 社台F	浦 高昭牧場	日 猪野毛牧場
持木	…	出走取消	△	△ B	◎	…	▲	…	△	△	…
広田	△		…	△	注	△	▲	…	△	…	…
加茂	注		…	…	△	…	◎	…	△	△	…
市場	注		△	…	△	…	○	…	…	△	…
田崎	…		…	…	△	△	▲	…	…	…	△
本紙須藤	△ 東		…	東	△	注	▲ 東	…	△	△	…
芝2000	東1585①	阪1580⑥	東1585⑦	東1595②	函2015⑤	京2011①	阪1580①	阪2001⑫	小1593①	福2020①	阪1578④
芝2400	三2129⑥	阪2250④	東2265④	東2233③	京[illegible]	東[illegible]⑩	東[illegible]①	阪2244③	東2242③	阪2235②	東2240⑬
芝3000	亖2309③	大1461①	阪3042①	京3037①	阪30[illegible]①	阪3[illegible]①	京3[illegible]7②	阪3073❶	東3045③	京3041⑤	亖2316④
芝3200	亖3302②		阪3206③	亖3304③	兵2[illegible]⑤	阪[illegible]②	亖[illegible]5⑥	三2137⑦	阪3154③	兵2419①	京3170⑤
上り最高	32.9①	32.9④	33.4①	33.7③	34.9④	34.6①	33.5①	33.8③	33.6③	33.4②	33.9⑫
騎乗成績	初騎乗	0 0 0 3	0 0 0 1	1 0 1 0	2 0 1 1	初騎乗	0 1 0 0	初騎乗	初騎乗	1 3 0 4	3 2 0 11
クラス実績	1 2 1 2	2 1 2 11	0 1 0 4	0 1 1 1	2 0 2 1	4 4 1 14	2 2 0 3	0 0 0 1	2 0 4 3	0 2 0 4	2 2 0 13
当該条件	初コース	初コース	初コース	初コース	初コース	0 1 0 0	初コース	初コース	0 0 1 0	初コース	0 0 0 1

732

前走	1	2	3	4	5	6	7	8	9	10	11
開催場所・月日	2東 5月28日	2福 7月9日	5中 22年12月	2京 10月29日	1札 8月5日	2京 10月9日	2東 5月28日	4阪 9月17日	5中 22年12月	4阪 9月24日	5阪 12月2日
開催日・着順	⑫ 3	④ 7	① ステイヤ 2	⑨ 1	⑤ 札幌日経 1	❸ 京都大賞 3	⑫ ダービー 1	④ 3	① ステイヤ 1	⑦ 神戸新聞 2	① チャレン 5
条件・枠・頭数	GII 16ト18頭	GIII 13ト16頭	GII 12ト14頭	3勝 8ト17頭	L 6ト14頭	GII 4ト14頭	GI 12ト18頭	2勝 3ト11頭	GII 7ト14頭	GII 6ト13頭	GIII 12ト13頭
距離・タイム	2309	2005	芝内3464	芝外3037	2420	芝外2254	2252	芝外2244	芝内3463	芝外2235	芝内1591
斤量・騎手名	555 ルメール	585 団野	54 横山武	56 荻野極	57 岩田康	57 和田竜	57 レーン	53 岩田望	56 レーン	56 池添	57 横山典
ペース・通過順	S ⑩⑪⑪	S ⑬⑫⑨	S ⑩⑪⑩	S ⑦⑦⑤	S ③②①	S ⑧⑨⑨	S ④④④	S ④③③	S ⑦⑧⑥	M ③③④	S ⑦⑦⑨
馬体重・人気	430 人気1	456 人気8	472 人気5	500B 公3	422 人気1	508 人気1	478 人気4	474 人気4	456 人気3	528 人気10	484 人気6
戦評・馬身差	中位伸 3/4身	後方差詰 4身	中位伸 3/4身	中位抜出 1身	楽抜出 6身	G前競い 1身	先行抜出 クビ	好位伸 1 1/2	内つき伸 3/4身	好位伸 アタマ	中位差詰 2身
前半・上り③F	376中338	374外349	397外353	380外353	377内354	376外351	361中335	382内339	393内355	374中334	370中348
①②着馬	ヒートオンビー	セイウンハーデ	シルヴァーソニ	メイショウブレ	アケルナルスタ	プラダリア	ソールオリエン	ライリッズ	プリュムドール	サトノグランツ	ベラジオオペラ
①②着時計・秒	2308 0.1	1598 0.7	3463 0.1	3039 0.2	2430 1.0	2253 0.1	2252 0.0	2242 0.2	3464 0.1	2235R 0.0	1588 0.3

2走前	1	2	3	4	5	6	7	8	9	10	11
開催場所・月日	3新 9月3日	2京 10月9日	5東 11月5日	5中 12月2日	2京 10月9日	5東 11月26日	2京 10月22日	3京 11月25日	23年2月	2京 10月22日	1中 1月6日
開催日・着順	⑧ 新潟記念 7	❸ 京都大賞 4	② アルゼン 9	① ステイヤ 4	❸ 京都大賞	⑧ ジャパン 10	⑦ 菊花 2	⑦ 1	レッドシーターフ 1	⑦ 菊花 5	① 中山金杯 7
条件・枠・頭数	GIII 1ト14頭	GII 8ト14頭	GII 1ト18頭	GII 2ト16頭	GII 1ト14頭	GI 14ト18頭	GI 7ト17頭	2勝 11ト12頭	GIII 良 13頭	GI 8ト17頭	GIII 10ト17頭
距離・タイム	芝外1594	芝外2255	2303	芝内3461	芝外 中止	2236	芝外3037	芝外2248	芝左3064	芝外3041	芝内1593
斤量・騎手名	555 ルメール	57 団野	54 岩田康	57 荻野極	57 菅原明	58 和田竜	57 モレイラ	54 モレイラ	565 レーン	57 池添	585 横山典
ペース・通過順	S ⑧⑫⑪	S ⑧⑨⑥	S ⑮⑯⑱	S ⑤⑤⑤	S ⑧⑫⑭	H ⑥⑥⑥	S ⑪⑨⑧	S ⑥⑧⑦	③③④	S ⑮③②	S ⑫⑬⑩
馬体重・人気	428 人気1	472 人気9	478 人気10	504B 公4	414 人気2	494 人気8	480 人気2	474 人気1	アブドゥルアジーズ	536 人気7	482 人気3
戦評・馬身差	出遅る 2身	中位伸も 1 1/4	後伸だけ 2 3/4	内々回る 4身	直線にて	好位一杯 11 1/4	中位伸 3 1/2	中位一気 1/2身	サウジアラビア	マクるも 5 3/4	後方差詰 2 1/4
前半・上り③F	372中338	374内353	379内343	389内345	心房細動	378外347	375中348	365中354	好位抜出 2 1/2	383中356	373外340
①②着馬	ノッキングポイ	プラダリア	ゼッフィーロ	アイアンバロー	プラダリア	イクイノックス	ドゥレッツァ	ゴールデンスナ	エネミー	ドゥレッツァ	リカンカブール
①②着時計・秒	1590 0.4	2253 0.2	2299 0.4	3454 0.7	2253	2218 1.8	3031 0.6	2249 0.1	3067 0.3	3031 1.0	1589 0.4

3走前	1	2	3	4	5	6	7	8	9	10	11
開催場所・月日	3京 11月12日	1京 1月14日	1京 1月6日	1東 2月17日	1京 1月14日	5中 12月24日	5中 12月24日	2京 1月28日	1京 4月30日	1京 1月14日	2京 2月11日
開催日・着順	④ エリザベ 6	⑤ 日経新春 12	① 6	⑦ ダイヤモ 3	⑤ 日経新春 1	⑧ 15	⑧ 6	② 7	④ 3	⑤ 日経新春 2	⑥ 京都記念 9
条件・枠・頭数	牝GI 13ト15頭	GII 11ト14頭	オープン 8ト13頭	GIII 5ト10頭	GII 8ト14頭	GI 6ト16頭	GI 13ト16頭	3勝 1ト12頭	GI 16ト17頭	GII 13ト14頭	GII 11ト12頭
距離・タイム	芝外2129	芝外2254	芝外3059	3304	芝外2237	芝内2324	芝内2315	芝外2137	芝外3167	芝外2238	芝外2131
斤量・騎手名	56 マーカンド	58 ルメートル	54 岩田康	56 菅原明	57 菅原明	58 マーカンド	56 ムーア	55 岩田望	58 レーン	56 池添	57 横山典
ペース・通過順	S ⑬⑬⑫	H ⑩⑪⑨	S ⑬⑬⑫	S ⑦⑦⑦	H ⑧⑧⑥	M ⑩⑫⑫	M ⑨⑥⑨	M ⑪⑩⑩	H ⑫⑪⑨	H ③④④	M ③③④
馬体重・人気	422 人気6	472 人気9	482 人気1	504B 公3	426 人気1	500B 公9	498 人気5	478 人気5	462 人気6	534 人気4	488 人気4
戦評・馬身差	後方差詰 2身	中位一杯 10 3/4	後伸だけ 3 1/4	中位伸 1 1/3	中位差切 1身	後方まま 9 1/4	直線不利 3 1/4	直線不利 6身	後方伸 3 1/2	好位伸 1身	好位一杯 6身
前半・上り③F	381外342	356外373	393外366	378中337	353外358	378中356	374中349	375中365	374外351	345中363	360中359
①②着馬	ブレイディヴェ	ブローザホーン	メイショウブレ	テーオーロイヤ	サヴォーナ	ドウデュース	ドウデュース	サスツルギ	ジャスティンパ	ブローザホーン	プラダリア
①②着時計・秒	2126 0.3	2237 1.7	3053 0.6	3302 0.2	2238 0.1	2309 1.5	2309 0.6	2127 1.0	3161 0.6	2237 0.1	2121 1.0

4走前	1	2	3	4	5	6	7	8	9	10	11
開催場所・月日	1東 2月17日	3ヵ月余	1阪 3月17日	1阪 3月17日	1阪 3月17日	1阪 3月17日	2阪 3月31日	1阪 2月25日	1阪 3月17日	1阪 3月17日	3中 3月23日
開催日・着順	⑦ ダイヤモ 2	放牧	⑧ 阪神大賞 4	⑧ 阪神大賞 2	⑧ 阪神大賞 3	⑧ 阪神大賞 7	④ 11	❷ 1	⑧ 阪神大賞 11	⑧ 阪神大賞 6	① 4
条件・枠・頭数	GIII 8ト10頭	乗込み4週間	GII 1ト15頭	GII 9ト15頭	GII 2ト15頭	GII 12ト15頭	GI 3ト16頭	3勝 7ト12頭	GII 13ト15頭	GII 10ト15頭	GII 2ト10頭
距離・タイム	3302	仕上り○	芝内3078	芝内3076	芝内3076	芝内3081	芝内1589	芝内3073	芝内3090	芝内3081	芝内2316
斤量・騎手名	555 ルメール	連対体重	55 和田竜	57 川田	58 菅原明	57 岩田望	58 松山	53 松山	57 武豊	56 池添	57 横山典
ペース・通過順	S ③③③	452～478	S ⑥⑩⑦	S ⑪⑤⑤	S ⑥⑤⑤	S ③③③	S ③④④	S ⑦⑥⑤	S ⑤⑥⑦	S ⑤⑧⑦	M ①①①
馬体重・人気	432 人気1	3ヵ月以上休	474 人気7	502B 公6	426 人気1	510 人気5	494 人気1	478 人気2	454 人気4	536 人気3	480 人気5
戦評・馬身差	好位伸 クビ	①②③外	中位伸も 6 1/4	断逃伸 5身	中位伸 5 1/4	好位一杯 8 1/4	好位一杯 4 1/2	断抜出 1 1/2	中位一杯 13 1/2	中位まま 8 1/4	逃一息 1 1/4
前半・上り③F	369中339	2 1 1 3	393中353	394中354	391中353	386中361	362内354	386外369	391中367	389中356	365内364
①②着馬	テーオーロイヤ		テーオーロイヤ	テーオーロイヤ	テーオーロイヤ	テーオーロイヤ	ベラジオオペラ	タイムオブフラ	テーオーロイヤ	テーオーロイヤ	シュトルーヴェ
①②着時計・秒	3302 0.0		3068 1.0	3068 0.8	3068 0.8	3068 1.3	1582 0.7	3075 0.2	3068 2.2	3068 1.3	2314 0.2

	1	2	3	4	5	6	7	8	9	10	11
逃先差追 連対数	1 1 2 1	0 1 7 1	0 1 5 1	2 1 3 1	0 4 3 1	1 4 5 0	0 3 2 0	0 0 3 1	0 5 4 0	1 2 2 2	0 2 3 0
コース	全左ダ右京	全左ダ右京	全左ダ右京	全左ダ右京	全左ダ右京	全左ダ右京	全左ダ右京	全左ダ右京	全左ダ右京	全左ダ右京	全左ダ右京
1着	3 3 0 0 0	6 1 0 5 1	4 2 0 2 0	4 3 0 1 1	6 0 0 6 2	5 0 0 5 2	3 2 0 1 0	4 0 0 4 1	6 2 0 4 0	3 0 0 3 0	3 1 0 2 0
2着	2 2 0 0 0	3 0 0 3 0	3 0 0 3 0	3 1 1 1 0	2 0 0 2 0	5 0 0 5 1	2 0 0 2 1	0 0 0 0 0	3 0 0 3 2	4 1 0 3 1	2 1 0 1 0
3着	1 1 0 0 0	3 0 0 3 1	4 0 0 4 1	4 3 0 1 0	4 0 0 4 0	2 0 0 2 2	0 0 0 0 0	2 1 0 1 0	7 2 0 5 2	1 1 0 0 0	0 0 0 0 0
4着	0 0 0 0 0	5 2 0 3 1	2 1 0 1 0	8 4 1 3 0	2 1 0 1 0	3 1 0 2 1	1 1 0 0 0	0 0 0 0 0	1 1 0 0 0	1 0 0 1 0	2 0 0 2 0
5着	0 0 0 0 0	0 0 0 0 0	1 1 0 0 0	0 0 0 0 0	2 0 0 2 0	3 1 0 2 0	0 0 0 0 0	0 0 0 0 0	3 1 0 2 0	2 0 0 2 1	3 0 0 3 1
着外	2 1 0 1 1	7 2 0 5 1	7 5 0 2 1	2 1 0 1 0	3 0 0 3 1	9 1 0 8 1	2 0 0 2 0	3 1 0 2 1	3 1 0 2 0	2 1 0 1 0	8 1 0 7 1
最終情報	△連下	—	連なら	連なら	△連下	☆特注	▲単穴	入着級	★伏兵	△連下	連なら

軸二分

レコード 3,300 ブラック… 2,200 58武豊

記号の説明

厩舎左側の㊮㊨は
㊮＝関東・美浦所属
㊨＝関西・栗東所属
賞金左の記号は馬の巧拙を表します
◎…得意△…苦手

馬場表示

❶❶①① ↓↓↓↓ 不重稍良 良馬馬馬 場場重場 — 開催日の馬場状態

乗替り記号

㊢…ベスト10外の騎手からベスト10への乗替り
㊣…それ以外

開催場所・月日
開催日・着順
条件・枠・頭数
距離・タイム
斤量・騎手名
ペース・通過順
馬体重・人気
戦評・馬身差
前半・上り③F
①②着時計・秒

㊃㊉㊇㊈連対数

コース 1着 2着 3着 4着 5着 着外 京都芝コース

●2024年4月28日・京都11R天皇賞(春)(GⅠ、芝3200m)

1着⑭テーオーロイヤル

（1番人気）

2着⑤ブローザホーン

（5番人気）

3着⑥ディープボンド

（6番人気）

………………………………

7着⑦タスティエーラ

（4番人気）

単⑭ 280円

複⑭ 140円

⑤ 250円

⑥ 490円

馬連⑤－⑭ 1070円

馬単⑭→⑤ 1450円

3連複⑤⑥⑭ 7750円

3連単⑭→⑤→⑥ 23960円

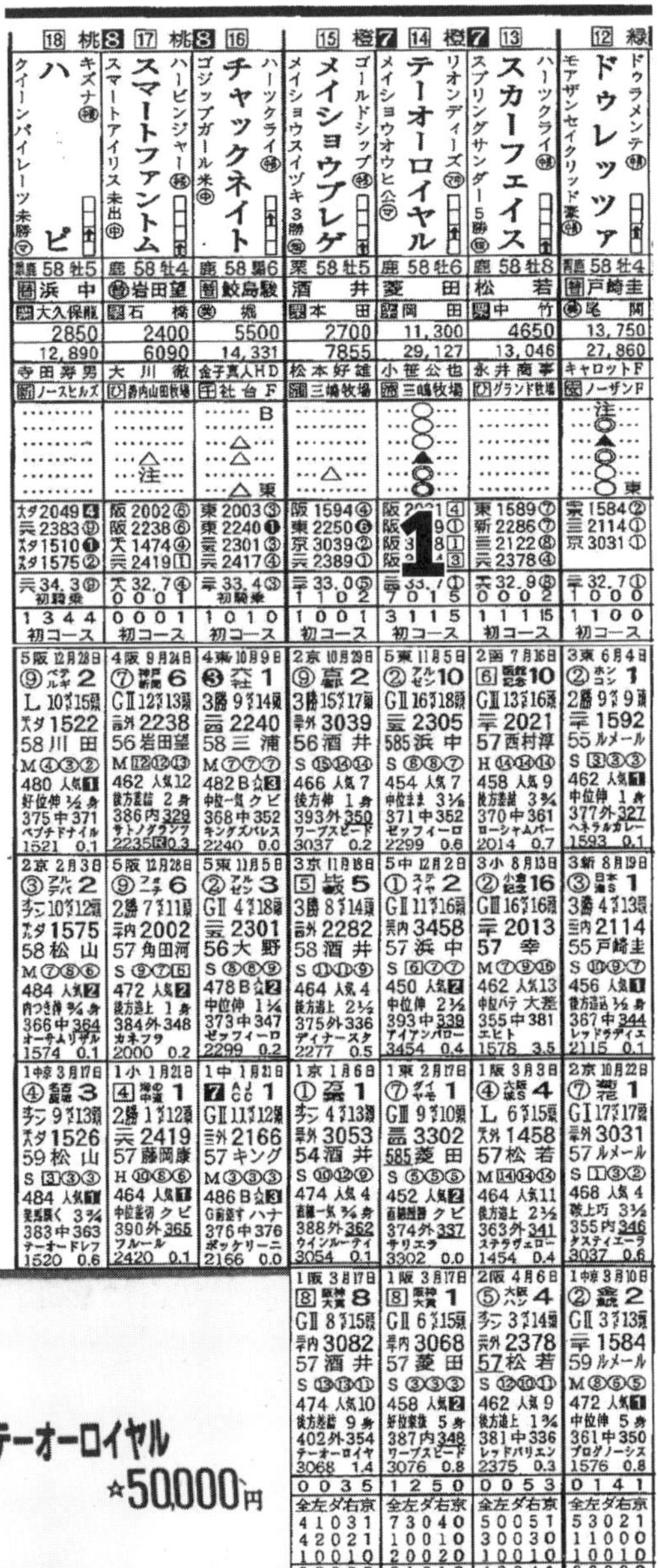

18 桃8 ハピ
17 桃8 スマートファントム
16 チャックネイト
15 橙7 メイショウブレゲ
14 橙7 テーオーロイヤル
13 スカーフェイス
12 緑 ドゥレッツァ

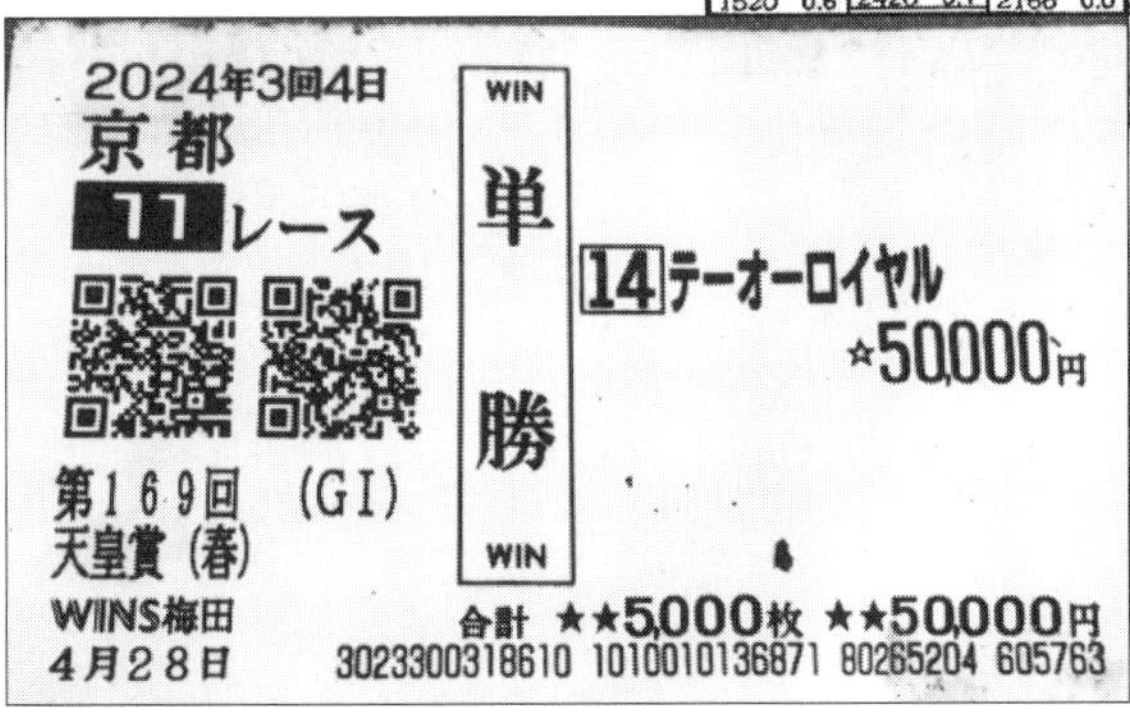

単勝2.8倍を5万円的中（払戻14万円）！

この天皇賞（春）で危険な人気馬となるのは、タスティエーラだと考えました。不利があったとはいえ有馬記念は6着で、前走の大阪杯も11着と大敗。タスティエーラが最も強い競馬をしたのはやはり皐月賞だと考えており、このレースは道悪に加えて、ハイペースで上がり3ハロンは37・2秒を要したスタミナ勝負となりました。

これを先行して僅差の2着に好走したのはかなり強い競馬だったのですが、これがベストパフォーマンスというのであれば、適性は「上がりを要する展開で粘り込むタイプ」と表現することができます。となると、阪神開催の天皇賞（春）は非常にマッチするのですが、決め手を必要とする京都開催の天皇賞（春）には適性が合致しません。

実際に菊花賞では控える形で上がりも使って2着に好走しているのですが、ドゥレッツァには0・6秒差と完敗しています。

今回は、ドゥレッツァ以外にも有力馬が揃っており、この状況でも上位人気になりそうというのは、完全に鞍上のモレイラ騎手人気だと考えられます。

適性面からは過剰人気に見えますし、今回は馬券的には軽視したい存在です。

結果は4番人気で7着、危険な人気馬の推奨成功となりました。

24年の天皇賞（春）はマテンロウレオの積極策で、前半5ハロンは59・7秒とハイペースを刻みました。スタートからの3ハロンは36・7秒で、これは14年以降では3番目に速いタイムとなります。

勝ったテーオーロイヤルや3着ディープボンドが前目で粘っている点から、前残りと見えるかもしれませんが、実際は厳しい展開で4着以下には人気薄の差し馬が台頭しています。

タスティエーラはこの流れを中団の内で進めるという、いい形で直線に向かいましたが、結果的には伸び切れず。これは力負けと考えてよさそうです。

もちろん、長距離適性などいろいろな要素はあると思いますが、今回に関しては前回の動画でも話したようにモレイラ騎手による過剰人気だったかと思います。

そして、今回の流れを終始前目から抜群の手応えで早めに仕掛け、2馬身差をつけて完勝したテーオーロイヤルはまさに圧巻の競馬でした。

予想でも歴代の名ステイヤーに肩を並べる逸材と評していたのですが、今回のレース振りでそれが証明できたかなと思います。

歴史的名ステイヤーとして、今後は国内外の活躍に期待したいところです。

テン2ハロンの基準値・狙える脚質

東京コース

コース	距離	直線距離	コーナー半径	初角までの距離	向正面起伏	直線起伏	直線向き	テン2F基準値	時計	狙える脚質
芝	1400	長い	大	普通	下り→上り→下り	上り→平坦	西	23.7	速い	差し・追込馬
芝	1600	長い	大	長い	下り→上り→下り	上り→平坦	西	23.9	速い	差し・追込馬
芝	1800	長い	大	短い	下り→上り→下り	上り→平坦	西	24.4	速い	差し・追込馬
芝	2000	長い	大	短い	下り→上り→下り	上り→平坦	西	24.9	速い	差し・追込馬
芝	2300	長い	大	短い	下り→上り→下り	上り→平坦	西	18.6	速い	差し・追込馬
芝	2400	長い	大	普通	下り→上り→下り	上り→平坦	西	24.3	速い	差し・追込馬
芝	2500	長い	大	普通	下り→上り→下り	上り→平坦	西	18.6	速い	差し・追込馬
芝	3400	長い	大	短い	下り→上り→下り	上り→平坦	西	25.1	遅い	差し・追込馬
ダート	1300	長い	大	普通	下り→上り→下り	上り→平坦	西	18.2	速い	差し・追込馬
ダート	1400	長い	大	長い	下り→上り→下り	上り→平坦	西	23.8	速い	差し・追込馬
ダート	1600	長い	大	長い	下り→上り→下り	上り→平坦	西	23.7	速い	差し・追込馬
ダート	2100	長い	大	短い	下り→上り→下り	上り→平坦	西	18.6	速い	差し・追込馬
ダート	2400	長い	大	長い	下り→上り→下り	上り→平坦	西	24.7	速い	差し・追込馬

※テン2ハロン基準値は、1ハロン目～2ハロン目のタイムの基準値となります。ただし1300 mの場合は、最初の1ハロンが100 mのため、厳密には1.5ハロンの基準値となります。その他の特殊な距離も同様の算出となっています。

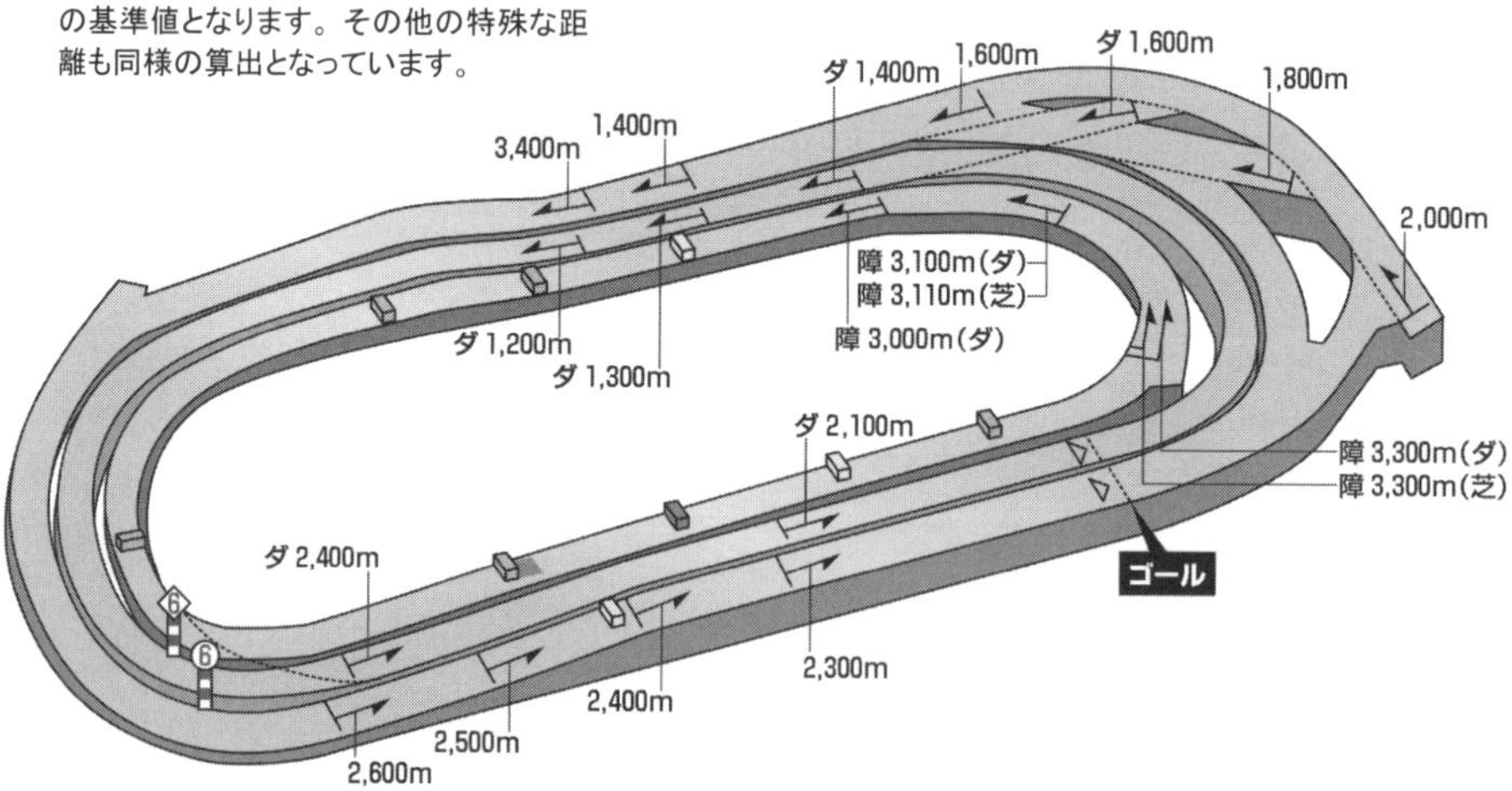

中山コース

コース	距離	直線距離	コーナー半径	初角までの距離	向正面起伏	直線起伏	直線向き	テン2F基準値	時計	狙える脚質
芝内回り	1800	短い	中	短い	急な下り	急な上り	北北東	24.9	遅い	逃げ・先行馬
芝内回り	2000	短い	中	普通	急な下り	急な上り	北北東	24.0	遅い	逃げ・先行馬
芝内回り	2500	短い	中	短い	急な下り	急な上り	北北東	18.8	遅い	逃げ・先行馬
芝内回り	3600	短い	中	普通	急な下り	急な上り	北北東	25.0	遅い	逃げ・先行馬
芝外回り	1200	短い	中	短い	急な下り	急な上り	北北東	22.7	速い	逃げ・先行馬
芝外回り	1600	短い	中	短い	急な下り	急な上り	北北東	24.0	遅い	逃げ・先行馬
芝外回り	2200	短い	中	普通	急な下り	急な上り	北北東	24.2	遅い	逃げ・先行馬
ダート	1200	短い	中	長い	急な下り	急な上り	北北東	22.8	遅い	逃げ・先行馬
ダート	1800	短い	中	普通	急な下り	急な上り	北北東	24.7	遅い	逃げ・先行馬
ダート	2400	短い	中	短い	急な下り	急な上り	北北東	25.3	遅い	逃げ・先行馬
ダート	2500	短い	中	普通	急な下り	急な上り	北北東	18.4	遅い	逃げ・先行馬

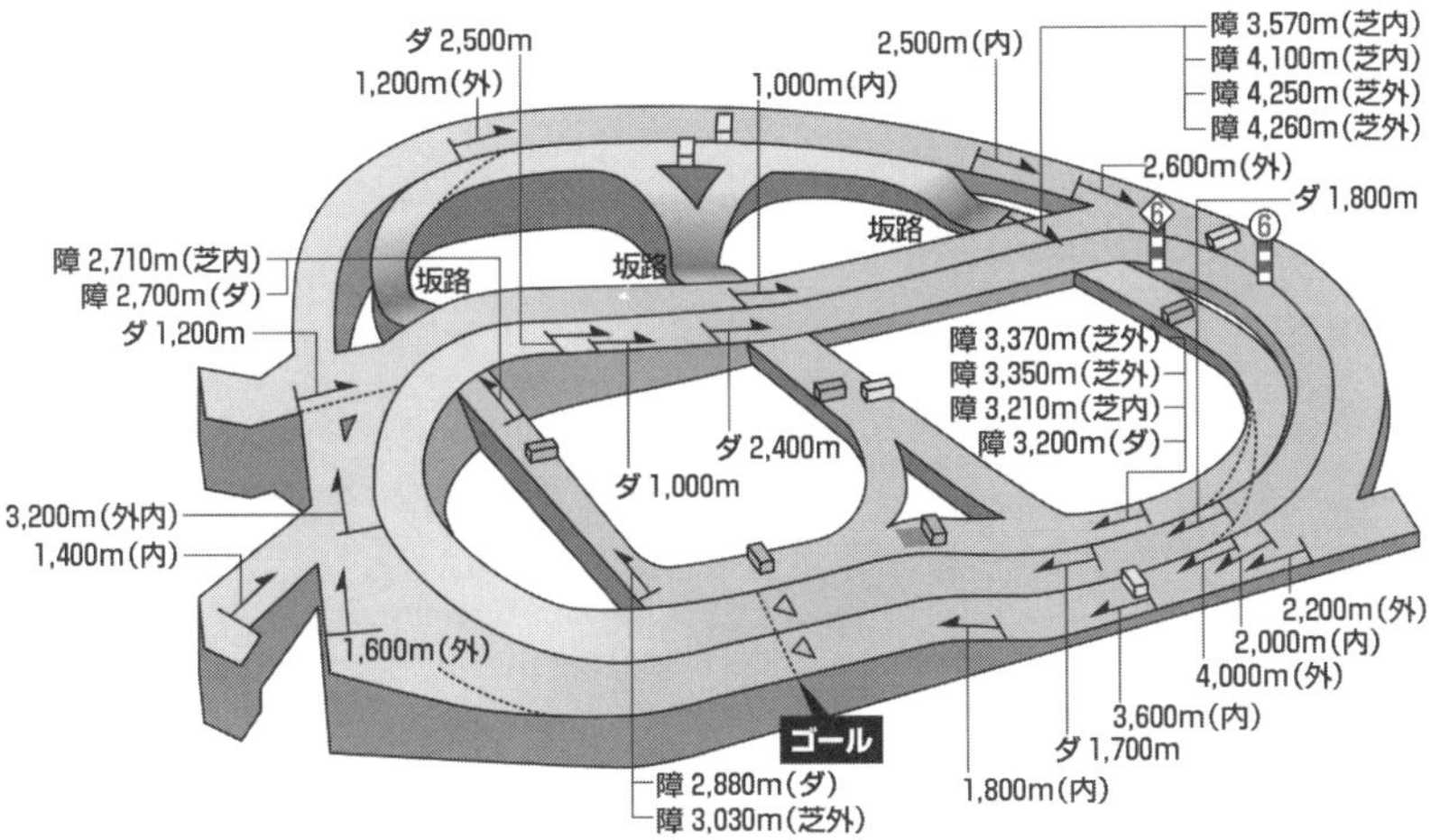

テン2ハロンの基準値・狙える脚質

京都コース

コース	距離	直線距離	コーナー半径	初角までの距離	向正面起伏	直線起伏	直線向き	テン2F基準値	時計	狙える脚質
芝内回り	1200	短い	中	普通	急な上り	平坦	東北東	23.2	速い	逃げ・先行馬
芝内回り	1400	短い	中	長い	急な上り	平坦	東北東	23.4	速い	逃げ・先行馬
芝内回り	1600	短い	中	長い	急な上り	平坦	東北東	23.7	速い	差し・追込馬
芝内回り	2000	短い	中	普通	急な上り	平坦	東北東	24.1	速い	差し・追込馬
芝外回り	1400	長い	中	長い	急な上り	平坦	東北東	23.6	速い	差し・追込馬
芝外回り	1600	長い	中	長い	急な上り	平坦	東北東	23.6	速い	差し・追込馬
芝外回り	1800	長い	中	長い	急な上り	平坦	東北東	24.0	速い	差し・追込馬
芝外回り	2200	長い	中	普通	急な上り	平坦	東北東	23.8	速い	差し・追込馬
芝外回り	2400	長い	中	長い	急な上り	平坦	東北東	24.0	速い	差し・追込馬
芝外回り	3000	長い	中	短い	急な上り	平坦	東北東	24.9	速い	差し・追込馬
芝外回り	3200	長い	中	普通	急な上り	平坦	東北東	24.7	遅い	逃げ・先行馬
ダート	1200	短い	中	長い	急な上り	平坦	東北東	23.6	速い	逃げ・先行馬
ダート	1400	短い	中	長い	急な上り	平坦	東北東	23.3	速い	逃げ・先行馬
ダート	1800	短い	中	短い	急な上り	平坦	東北東	23.9	速い	逃げ・先行馬
ダート	1900	短い	中	普通	急な上り	平坦	東北東	18.4	速い	逃げ・先行馬

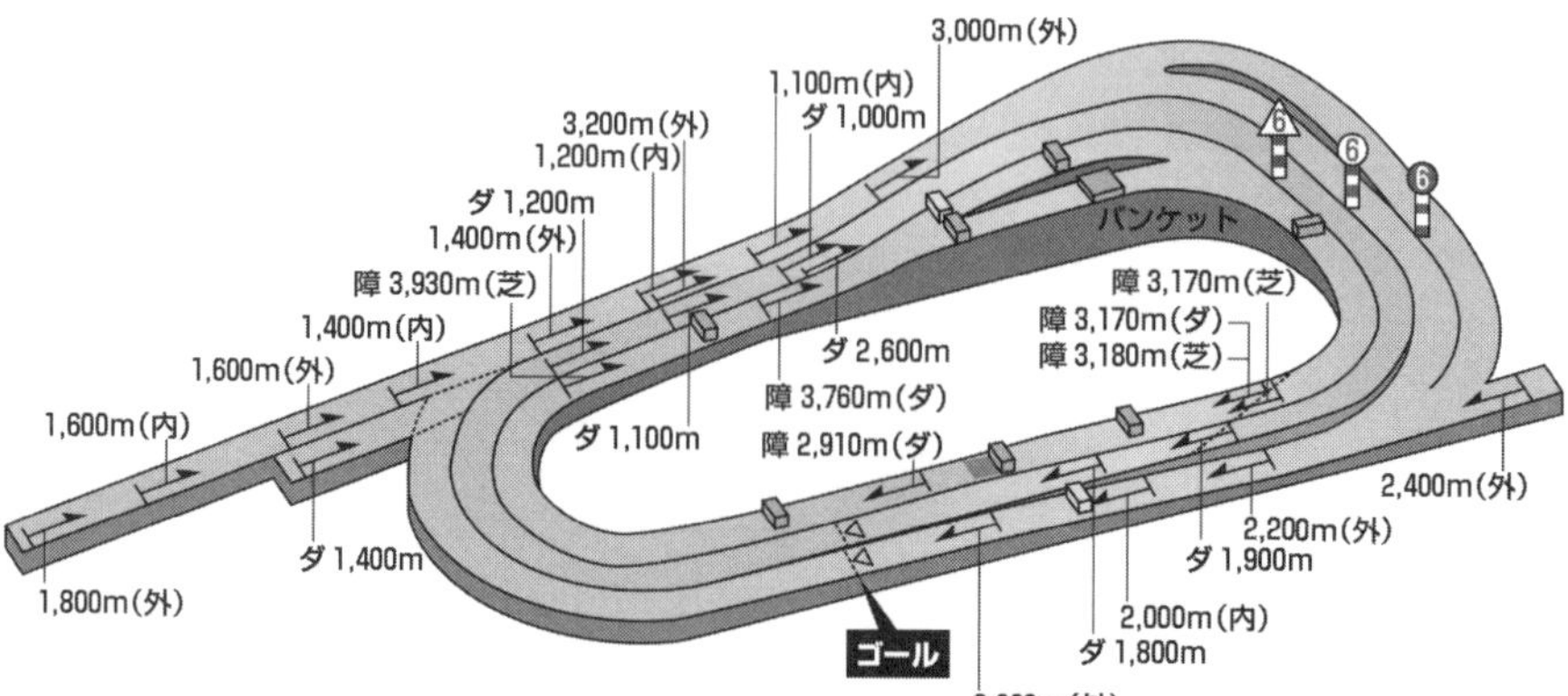

阪神コース

コース	距離	直線距離	コーナー半径	初角までの距離	向正面起伏	直線起伏	直線向き	テン2F基準値	時計	狙える脚質
芝内回り	1200	短い	大	短い	緩やかな下り	下り→急な上り	北西	23.2	速い	逃げ・先行馬
芝内回り	1400	短い	大	普通	緩やかな下り	下り→急な上り	北西	23.2	遅い	差し・追込馬
芝内回り	2000	短い	大	普通	緩やかな下り	下り→急な上り	北西	24.1	遅い	逃げ・先行馬
芝内回り	2200	短い	大	長い	緩やかな下り	下り→急な上り	北西	23.9	遅い	差し・追込馬
芝内回り	3000	短い	大	普通	緩やかな下り	下り→急な上り	北西	24.4	遅い	逃げ・先行馬
芝外回り	1600	長い	大	普通	平坦	下り→急な上り	北西	23.9	速い	差し・追込馬
芝外回り	1800	長い	大	長い	平坦	下り→急な上り	北西	24.1	速い	差し・追込馬
芝外回り	2400	長い	大	普通	平坦	下り→急な上り	北西	24.5	遅い	差し・追込馬
芝外回り	2600	長い	大	長い	平坦	下り→急な上り	北西	24.2	遅い	差し・追込馬
ダート	1200	短い	大	普通	緩やかな下り	下り→急な上り	北西	23.4	速い	逃げ・先行馬
ダート	1400	短い	大	長い	緩やかな下り	下り→急な上り	北西	23.2	速い	逃げ・先行馬
ダート	1800	短い	大	短い	緩やかな下り	下り→急な上り	北西	24.1	遅い	差し・追込馬
ダート	2000	短い	大	長い	緩やかな下り	下り→急な上り	北西	24.2	遅い	差し・追込馬

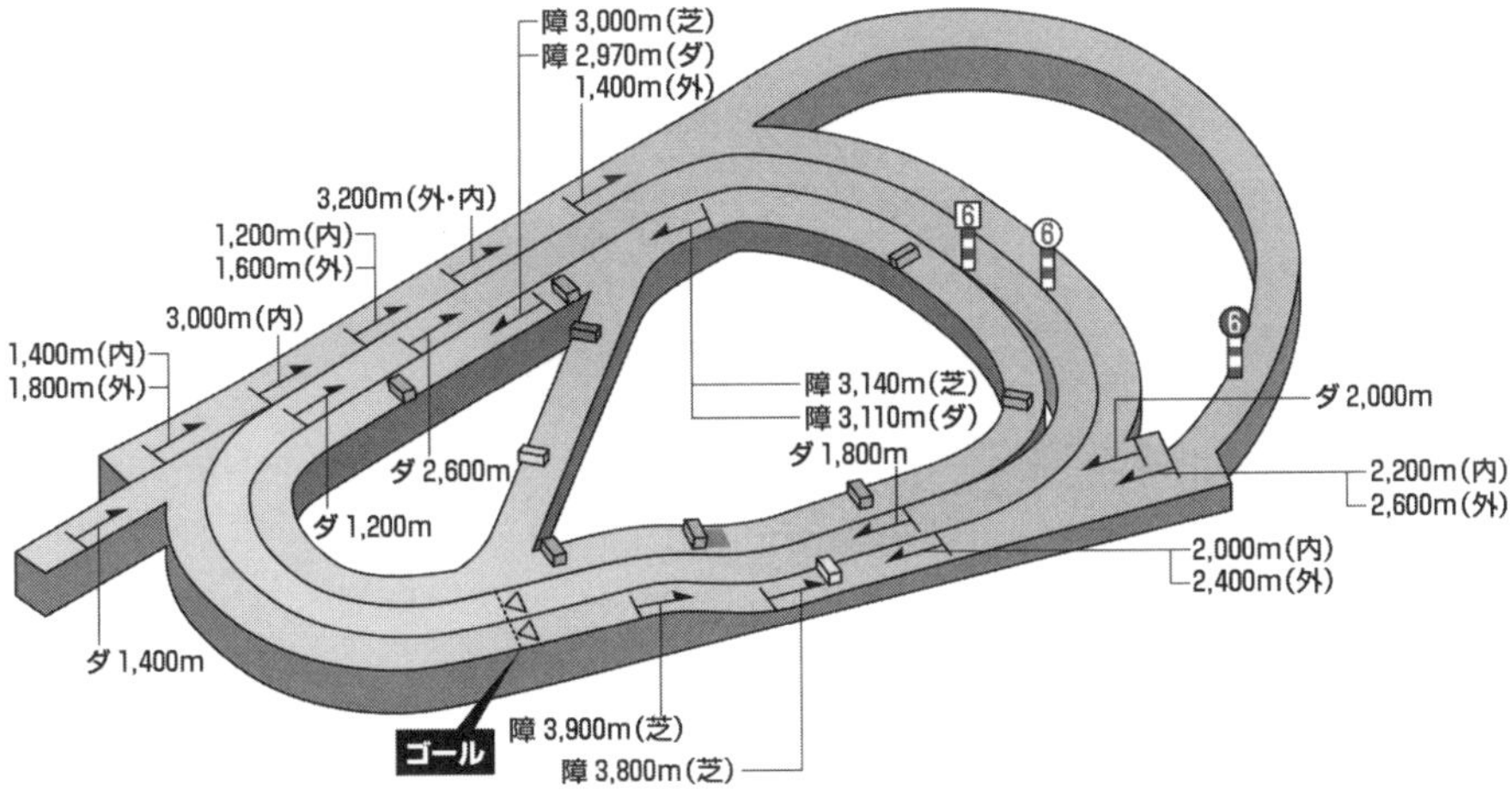

中京コース

コース	距離	直線距離	コーナー半径	初角までの距離	向正面起伏	直線起伏	直線向き	テン2F基準値	時計	狙える脚質
芝	1200	長い	小	普通	上り→下り	急な上り	西南西	22.8	速い	逃げ・先行馬
芝	1400	長い	小	長い	上り→下り	急な上り	西南西	23.2	遅い	差し・追込馬
芝	1600	長い	小	短い	上り→下り	急な上り	西南西	24.0	速い	差し・追込馬
芝	2000	長い	小	普通	上り→下り	急な上り	西南西	24.1	遅い	逃げ・先行馬
芝	2200	長い	小	長い	上り→下り	急な上り	西南西	24.0	遅い	差し・追込馬
ダート	1200	長い	小	長い	上り→下り	急な上り	西南西	23.4	速い	逃げ・先行馬
ダート	1400	長い	小	長い	上り→下り	急な上り	西南西	23.3	速い	逃げ・先行馬
ダート	1800	長い	小	短い	上り→下り	急な上り	西南西	24.3	遅い	逃げ・先行馬
ダート	1900	長い	小	普通	上り→下り	急な上り	西南西	18.7	遅い	逃げ・先行馬

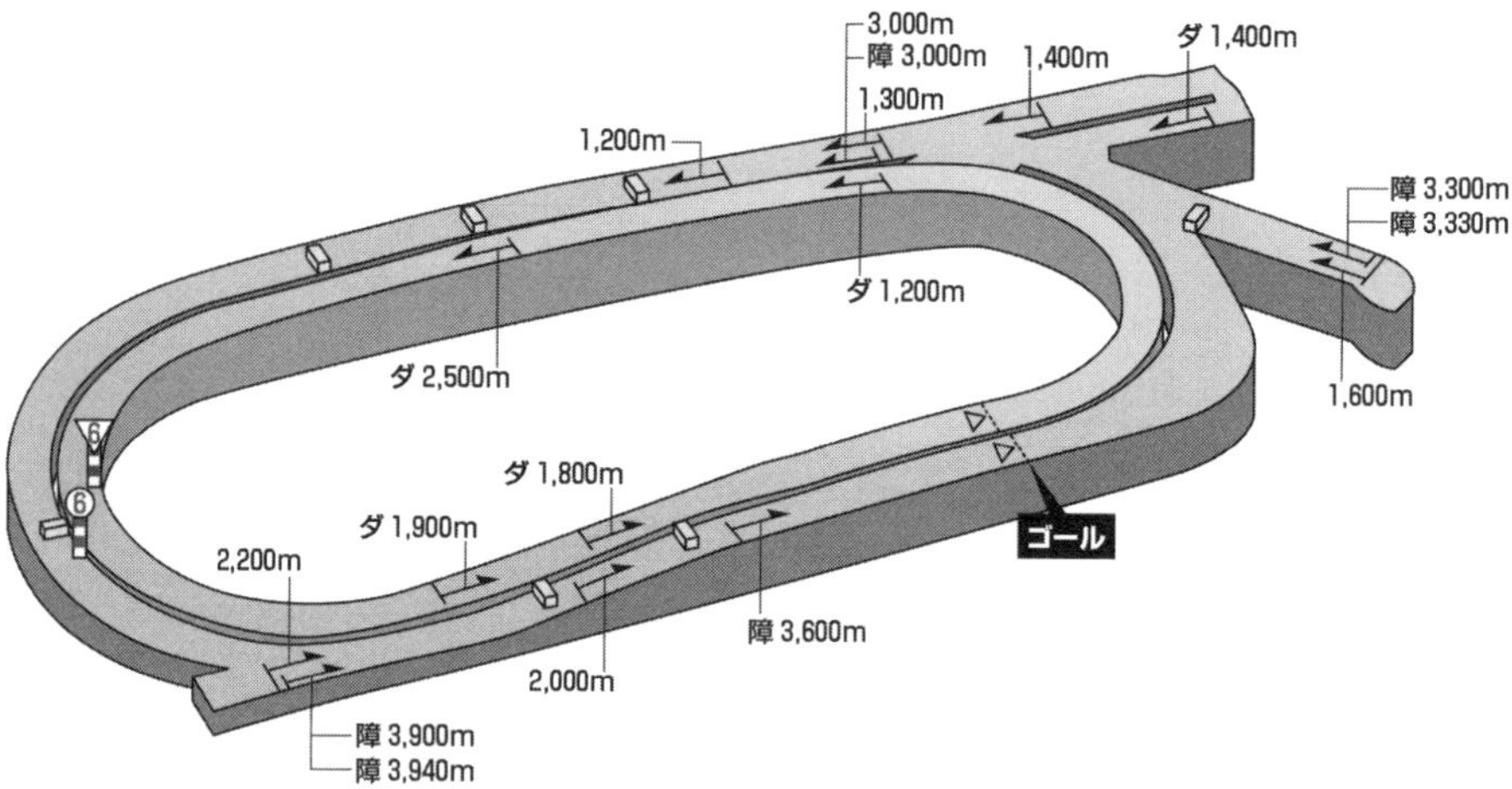

新潟コース

コース	距離	直線距離	コーナー半径	初角までの距離	向正面起伏	直線起伏	直線向き	テン2F基準値	時計	狙える脚質
芝直線	1000	長い	小	なし	上り	下り→平坦	西南西	22.2	速い	逃げ・先行馬
芝内回り	1200	短い	小	普通	平坦	平坦	西南西	22.9	速い	逃げ・先行馬
芝内回り	1400	短い	小	長い	平坦	平坦	西南西	23.2	遅い	差し・追込馬
芝内回り	2000	短い	小	普通	平坦	平坦	西南西	23.8	遅い	逃げ・先行馬
芝内回り	2200	短い	小	長い	平坦	平坦	西南西	23.9	遅い	逃げ・先行馬
芝内回り	2400	短い	小	長い	平坦	平坦	西南西	24.1	遅い	逃げ・先行馬
芝外回り	1600	長い	小	長い	上り	下り→平坦	西南西	24.0	速い	差し・追込馬
芝外回り	1800	長い	小	長い	上り	下り→平坦	西南西	24.1	速い	差し・追込馬
芝外回り	2000	長い	小	長い	上り	下り→平坦	西南西	24.2	速い	差し・追込馬
ダート	1200	短い	小	長い	平坦	平坦	西南西	22.9	速い	逃げ・先行馬
ダート	1800	短い	小	普通	平坦	平坦	西南西	24.0	遅い	逃げ・先行馬
ダート	2500	短い	小	普通	平坦	平坦	西南西	18.9	遅い	逃げ・先行馬

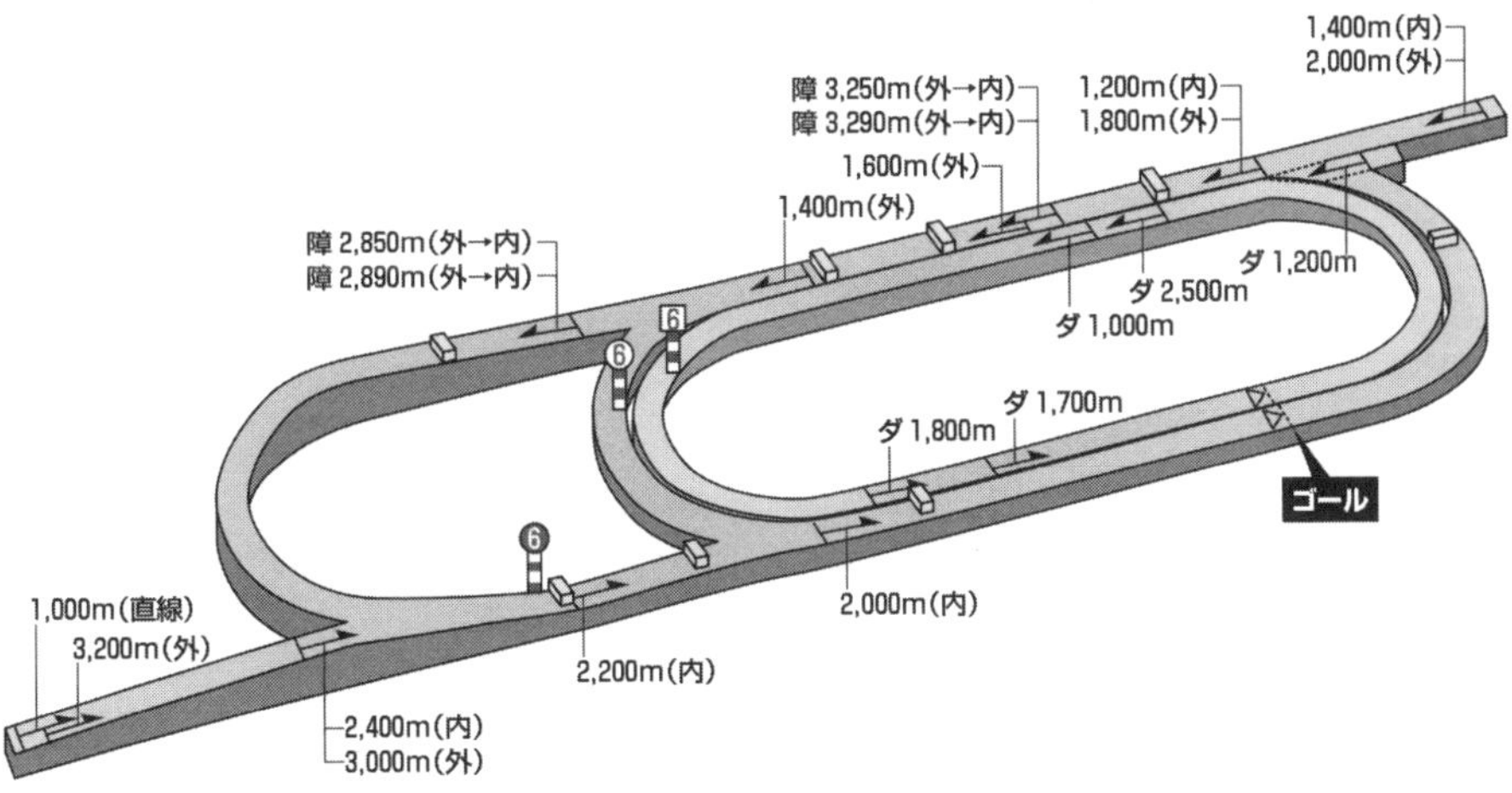

テン2ハロンの基準値・狙える脚質

福島コース

コース	距離	直線距離	コーナー半径	初角までの距離	向正面起伏	直線起伏	直線向き	テン2F基準値	時計	狙える脚質
芝	1200	短い	中	普通	上り	下り→上り	北東	23.0	遅い	差し・追込馬
芝	1800	短い	中	普通	上り	下り→上り	北東	23.9	遅い	逃げ・先行馬
芝	2000	短い	中	長い	上り	下り→上り	北東	23.6	遅い	差し・追込馬
芝	2600	短い	中	短い	上り	下り→上り	北東	24.8	遅い	差し・追込馬
ダート	1150	短い	中	長い	上り	下り→上り	北東	20.4	速い	逃げ・先行馬
ダート	1700	短い	中	普通	上り	下り→上り	北東	18.3	遅い	差し・追込馬
ダート	2400	短い	中	短い	上り	下り→上り	北東	24.9	遅い	差し・追込馬

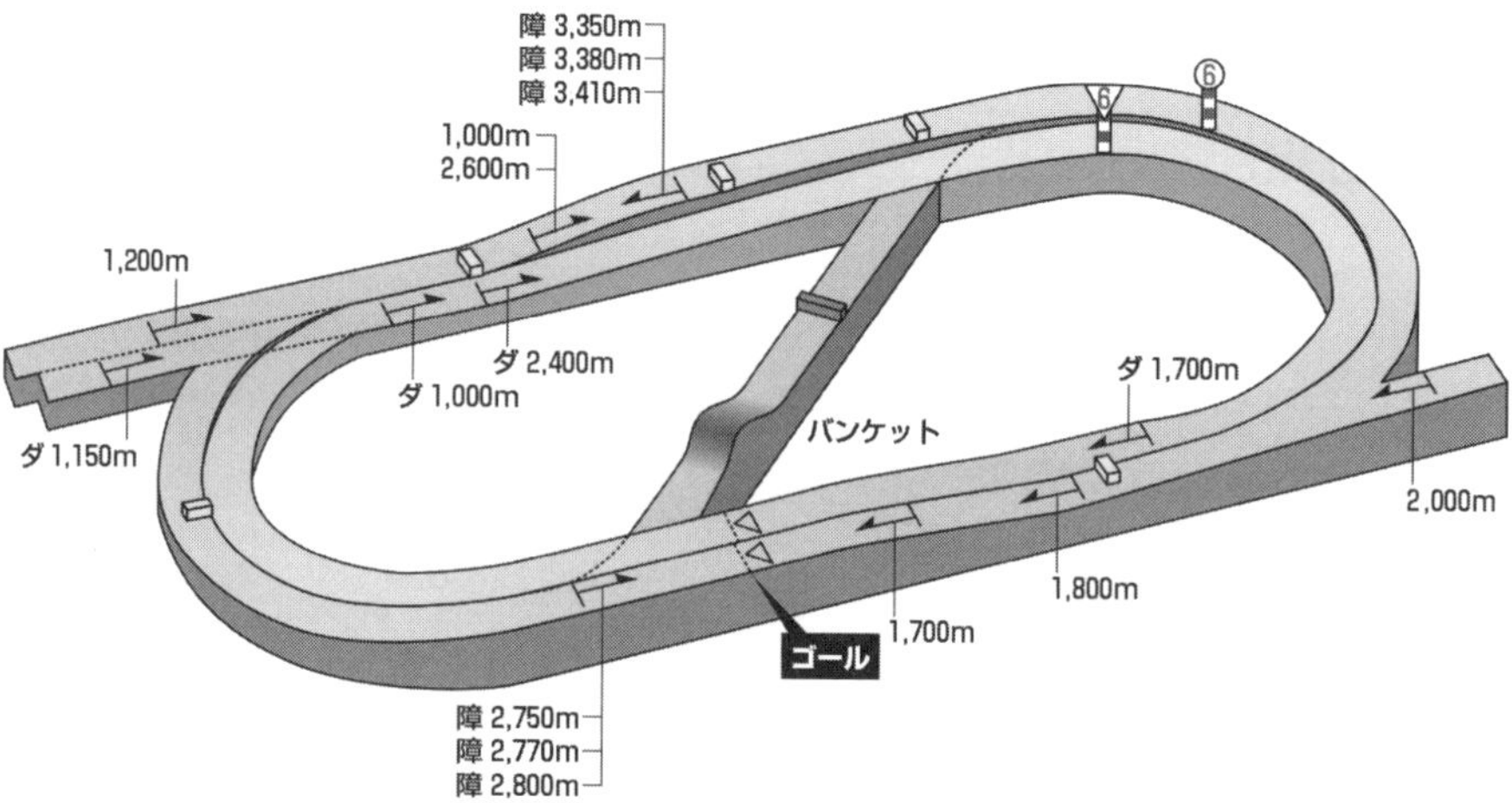

小倉コース

コース	距離	直線距離	コーナー半径	初角までの距離	向正面起伏	直線起伏	直線向き	テン2F基準値	時計	狙える脚質
芝	1200	短い	小	普通	下り	平坦	南南東	22.5	遅い	差し・追込馬
芝	1700	短い	小	短い	下り	平坦	南南東	18.3	遅い	逃げ・先行馬
芝	1800	短い	小	短い	下り	平坦	南南東	23.9	遅い	逃げ・先行馬
芝	2000	短い	小	普通	下り	平坦	南南東	23.6	遅い	逃げ・先行馬
芝	2600	短い	小	短い	下り	平坦	南南東	24.4	遅い	逃げ・先行馬
ダート	1000	短い	小	普通	下り	平坦	南南東	22.9	速い	逃げ・先行馬
ダート	1700	短い	小	普通	下り	平坦	南南東	18.1	遅い	差し・追込馬
ダート	2400	短い	小	普通	下り	平坦	南南東	24.9	遅い	差し・追込馬

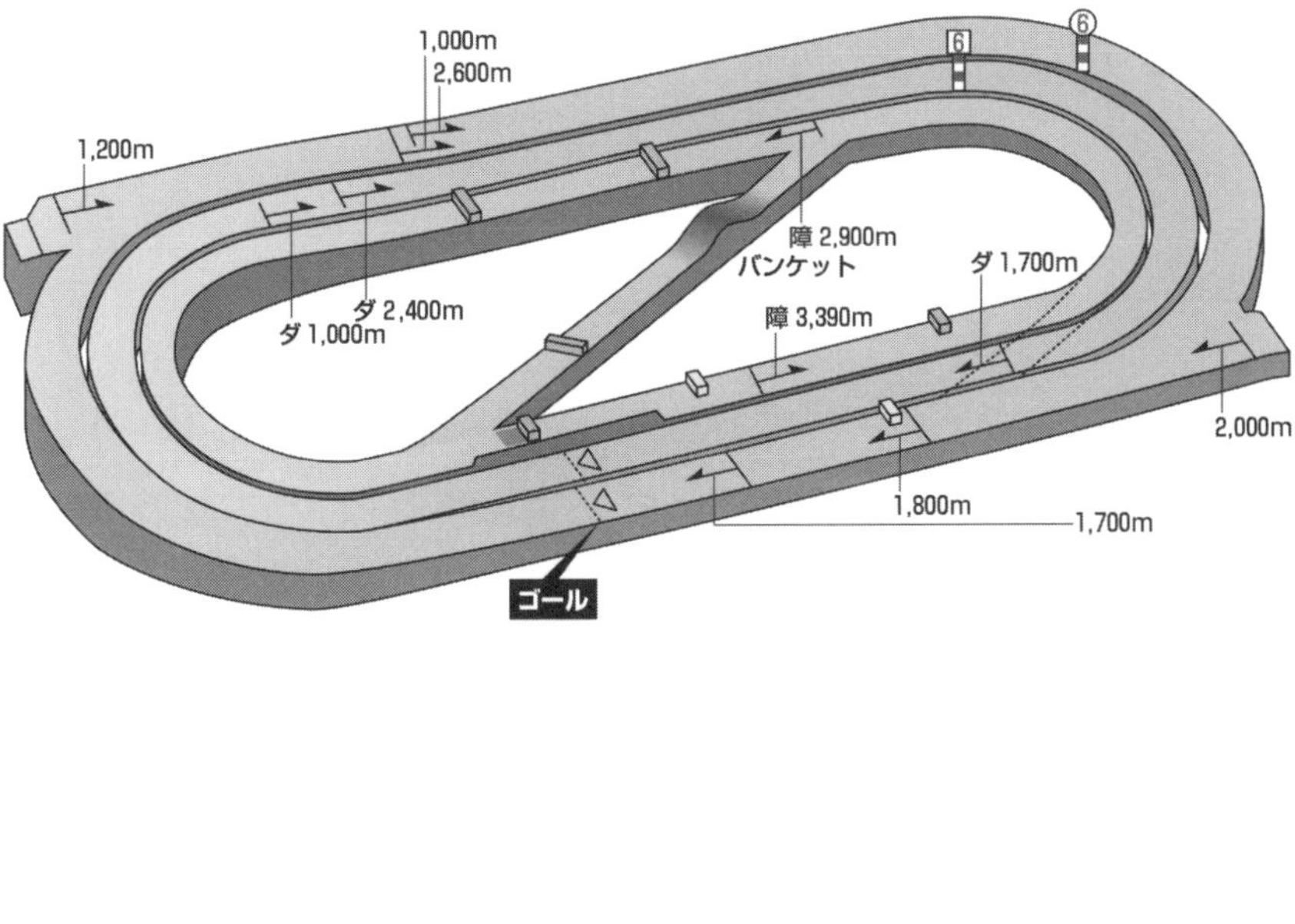

札幌コース

コース	距離	直線距離	コーナー半径	初角までの距離	向正面起伏	直線起伏	直線向き	テン2F基準値	時計	狙える脚質
芝	1200	短い	大	普通	平坦	平坦	北	23.0	遅い	差し・追込馬
芝	1500	短い	大	短い	平坦	平坦	北	18.3	遅い	逃げ・先行馬
芝	1800	短い	大	短い	平坦	平坦	北	24.5	遅い	逃げ・先行馬
芝	2000	短い	大	普通	平坦	平坦	北	23.9	遅い	逃げ・先行馬
芝	2600	短い	大	短い	平坦	平坦	北	25.0	遅い	差し・追込馬
ダート	1000	短い	大	短い	平坦	平坦	北	23.4	速い	逃げ・先行馬
ダート	1700	短い	大	短い	平坦	平坦	北	18.0	遅い	逃げ・先行馬
ダート	2400	短い	大	短い	平坦	平坦	北	25.4	遅い	逃げ・先行馬

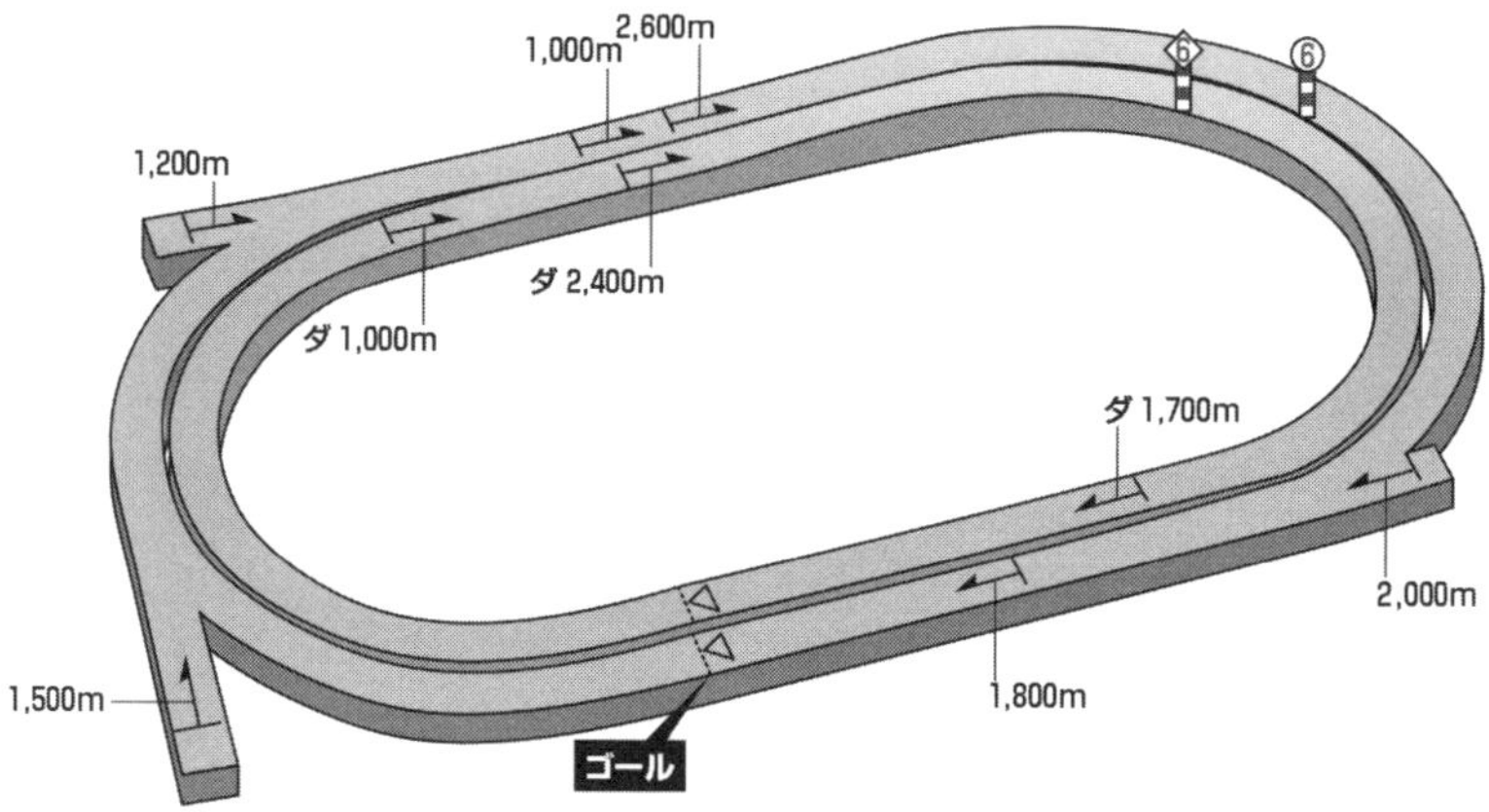

函館コース

コース	距離	直線距離	コーナー半径	初角までの距離	向正面起伏	直線起伏	直線向き	テン2F基準値	時計	狙える脚質
芝	1000	短い	中	短い	上り	下り	南東	23.5	速い	逃げ・先行馬
芝	1200	短い	中	普通	上り	下り	南東	22.8	速い	逃げ・先行馬
芝	1800	短い	中	短い	上り	下り	南東	24.1	遅い	逃げ・先行馬
芝	2000	短い	中	普通	上り	下り	南東	23.7	遅い	逃げ・先行馬
芝	2600	短い	中	短い	上り	下り	南東	24.8	遅い	差し・追込馬
ダート	1000	短い	中	普通	上り	下り	南東	23.1	速い	逃げ・先行馬
ダート	1700	短い	中	普通	上り	下り	南東	18.1	速い	逃げ・先行馬
ダート	2400	短い	中	短い	上り	下り	南東	25.1	遅い	逃げ・先行馬

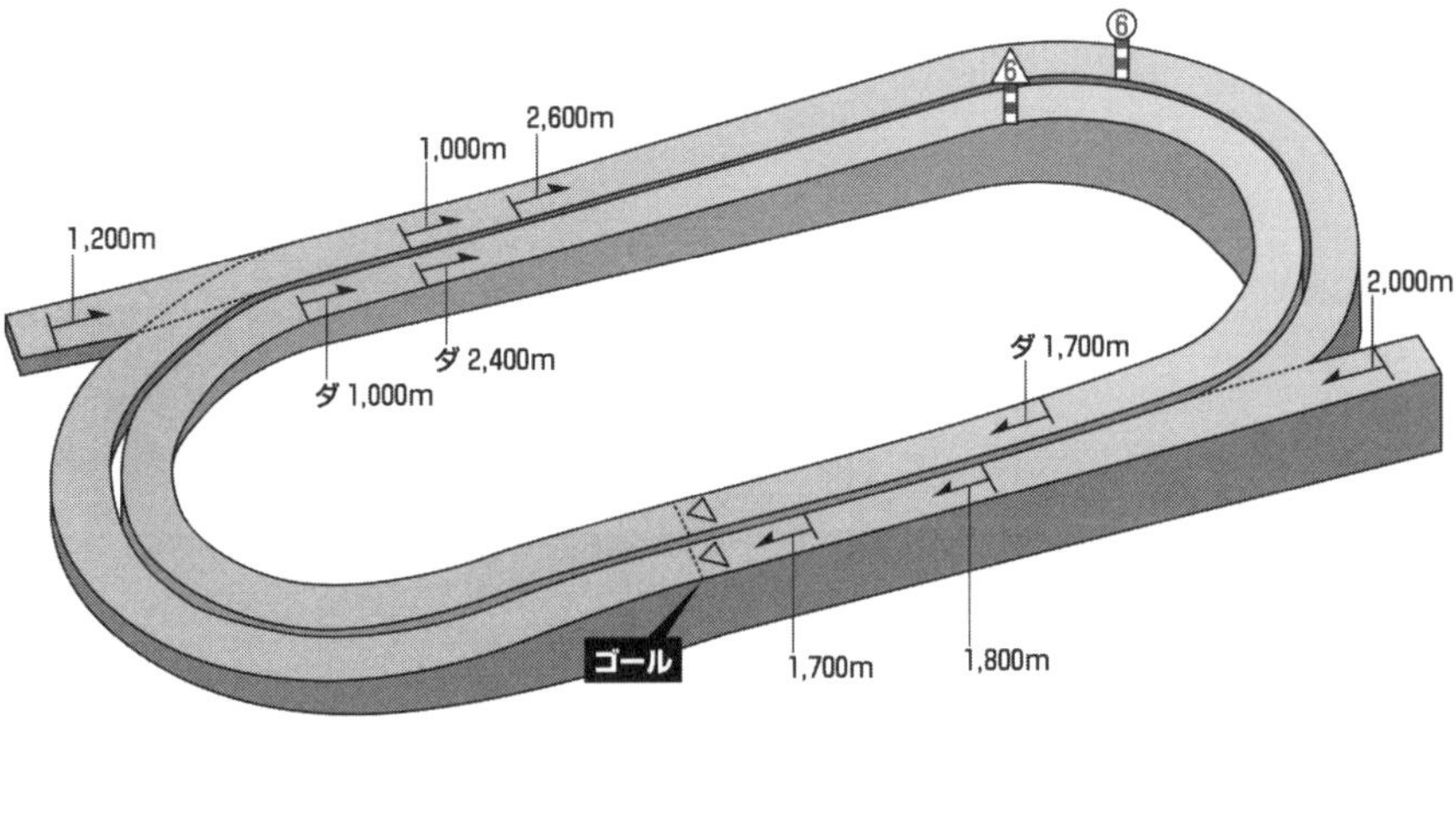

おわりに

「日本の競馬ファンは世界一」

これは、よくいわれることです。

欧州の馬券の中心がブックメーカーということもありますが、世界的に見ても日本競馬の馬券の売上は非常に大きく、ギネス記録にも認定されているそうです。

また２０２３年には、ＩＦＨＡ（国際競馬統括機関連盟）が、世界のトップ１００のＧＩ競走を発表し、「ロンジンワールドベストレースホース」に輝いたイクイノックスが優勝した同年のジャパンCを「ロンジンワールドベストレース」に認定しました。

名実ともに「日本の競馬は世界一」といっても過言ではありません。

また、予想においても日本の競馬ファンは世界一。

本書でも言及している通り、現在の日本競馬のオッズは非常に優秀ですし、ＡＩ技術の発展などにより、その精度は高くなることはあっても低くなることはないでしょう。

そんな競馬ファンがつくり出すオッズは非常に優秀。

そんな中で我々が馬券で勝つには、人気馬の取捨をしっかりと見極めることが重要になると考えています。

もちろん、私自身も見誤ることがありますし、まだまだ勉強中の身です。

それでも今回、私自身が考えている視点を本書にまとめさせていただきました。少しでもお役に立てれば嬉しい限りです。

また、本書でも紹介させていただいています netkeiba さんで連載中の「安井涼太の危険な人気馬」。毎週木曜日20時に配信しておりますので、ぜひ危険な人気馬の取捨について参考にしていただけますと幸いです。

■安井涼太の危険な人気馬
https://tv.netkeiba.com/program/?id=49

さらに、今秋からが YouTube チャンネルもスタートしました。毎週注目レースの全頭診断やプロの競馬予想における考え方を発信しています。

全頭診断では競馬をゲームのように見立てて、各馬のステータスを独自の計算式で出力してわかりやすく楽しんでいただけるように工夫しています。

面白いなと思っていただいた方はぜひ「チャンネル登録」ボタンから登録のほどお願いします!

■安井涼太の YouTube チャンネル（次ページの画像）
https://www.youtube.com/@passion_yasui

そして、最終的な予想や買い目については netkeiba さんの「ウマい馬券」にて提供中です。

他にも私が作成しているフォーミュラ新聞（下の画像）など各コンテンツもあり、Xのフォローもしていただいて、いろいろと活動を応援していただけると幸いです。

■安井涼太のX　https://x.com/RyotaYasui

■安井涼太のウマい馬券
https://yoso.netkeiba.com/nar/?pid=yosoka_profile&id=462

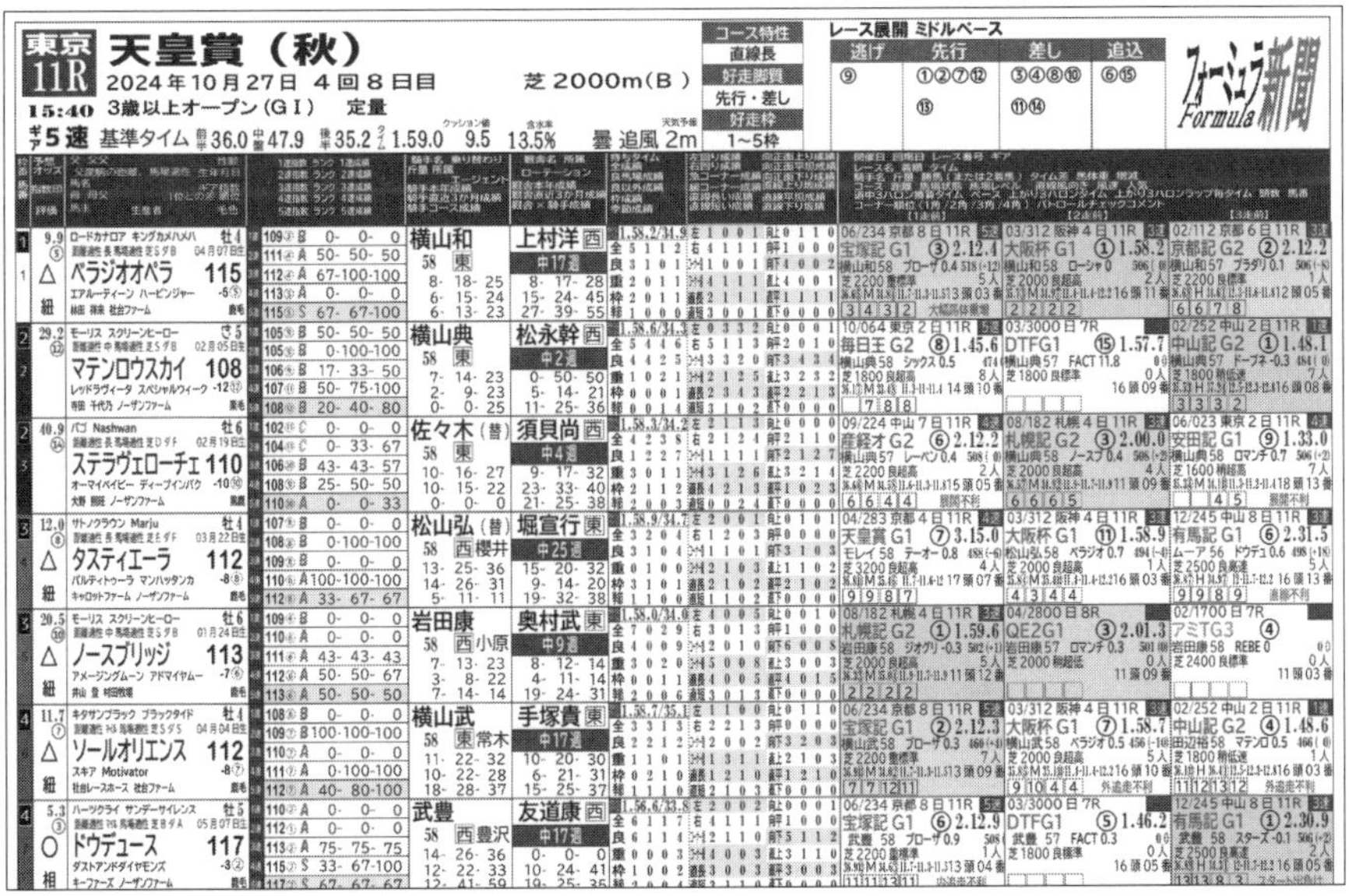
東京 11R 天皇賞（秋）
2024年10月27日 4回8日目 芝 2000m（B）
15:40 3歳以上オープン（GI） 定量
ギア5速 基準タイム 36.0 47.9 35.2 1.59.0 9.5 13.5% 曇 追風 2m
コース特性 直線長 好走脚質 先行・差し 好走枠 1～5枠
レース展開 ミドルペース
逃げ ⑨ 先行 ①②⑦⑫⑬ 差し ③④⑧⑩⑪⑭ 追込 ⑥⑮
フォーミュラ新聞 Formula

1 ベラジオオペラ 115 横山和 58 上村洋
2 マテンロウスカイ 108 横山典 58 松永幹
3 ステラヴェローチェ 110 佐々木 58 須貝尚
4 タスティエーラ 112 松山弘 58 堀宣行
5 ノースブリッジ 113 岩田康 58 奥村武
6 ソールオリエンス 112 横山武 58 手塚貴
7 ドウデュース 117 武豊 58 友道康

それでは最後に、あるレースについて振り返りつつ締めたいと思います。

1冊目の『安井式ラップキャラ』ではディープインパクトについて、2冊目の『超穴馬の激走を見抜く！追走力必勝法』ではキタサンブラックと思い出の競走馬について言及していたので、今回は私の最新の思い出馬であるジャスティンミラノについて。

新馬戦が非常に優秀なタイムで勝利。このレースは、上がり4ハロンが45・9秒を記録しており、2歳戦の芝2000mで上がり4ハロン45・9秒以下を記録したレースは歴代遡っても12件のみしかありませんでした。該当レースの勝ち馬にはディープインパクトやエフフォーリアなどがいます。

さらにジャスティンミラノは、共同通信杯ではレースの上がり2ハロンは21・7秒を記録。共同通信杯でレースの上がり2ハロンが22・9秒以下となったのは12件だけで、エフフォーリアなど活躍しています。

この時点で「クラシックはこの馬が中心」と確信していました。

皐月賞では、2番人気と半信半疑な人気。休み明けで急遽の乗り替わりとなったレガレイラ、共同通信杯で劣ったジャンタルマンタルが人気なら、私にとってジャスティンミラノは信頼できる人気馬でした。

馬券は単勝を5万円購入して、見事的中！

人気馬の取捨がしっかりできれば馬券的中につながるレースということを証明できる結果だったかなと思います。

ちょうど皐月賞当日はnetkeibaさんの「ウマい!予想ライブ」に出演させていただいていました。ライブ配信をしながら応援していたのですが、ゴール前の盛り上がりを今でも覚えています。

その後、日本ダービーも本命にして2着に惜敗。そして天皇賞（秋）で巻き返しを期待していたところ、残念ながら屈腱炎を発症して回避。そのまま引退となってしまいました。

非常に残念ではありますが、ここまでのジャスティンミラノが見せたパフォーマンスを考えれば、種牡馬としての成功の確率は高いと思っています。今度は父として、また興奮と感動を味合わせてくれることを今から楽しみにしています。

最後になりましたが、netkeibaの危険な人気馬を担当してくださっているOさん、YouTube運営でご尽力いただいているTさんをはじめ、本書の執筆にあたり多大なご協力をいただきました方々へ、心より感謝を申し上げます。

2024年11月吉日　安井涼太

●著者紹介

安井 涼太（やすい・りょうた）

1988年生まれ。競馬予想家、ライター、プログラマーと競馬に関する様々な分野で活動を続ける。

現在は主にオンラインサロンで日々競馬における予想理論を発表。サロンでは「みんなで新しいコンテンツを作ろう！」というテーマで運営している。オリジナルデータが掲載された『フォーミュラ新聞』をサロン、e-SHINBUNにて提供中。

2022年9月、netkeibaの予想販売コーナー「ウマい馬券」でデビューを果たす（現在、お気に入り登録数が1万人超）。また、netkeibaTV（動画）では「安井涼太の危険な人気馬」（木曜日更新）、「今週使える！予想の格言」（金曜日更新）を担当し、人気を博している。2024年秋にはYouTubeもスタートさせ、活動の場をさらに広げている。

著書に『安井式ラップキャラ』（KKベストセラーズ）、『超穴馬の激走を見抜く！追走力必勝法』『安井式上がりXハロン攻略法』（秀和システム）など。

馬券のサバイバル・スキル
こんな人気馬は買うな！

発行日　2024年12月25日　第1版第1刷

著　者　安井　涼太

発行者　斉藤　和邦
発行所　株式会社　秀和システム
〒135－0016
東京都江東区東陽2-4-2　新宮ビル2F
Tel 03-6264-3105（販売）　Fax 03-6264-3094

印刷所　三松堂印刷株式会社　Printed in Japan

ISBN978-4-7980-7425-2 C0075